はじめに

「日　ということばは意外に感じるかもしれないが、本書は日本文化とジャ　の日本文化とジャズがきわめて密着している、という主張から始まる　ジャズに触れずには戦後日本文化が十分に語れない、と断言してみ

　また　、ジャズと日本文化は切っても切れない関係にある。私事を述べるの　だけるなら、現在はアメリカの大学で戦後日本文学を専門としてい　降、日本とアメリカを行ったり来たりしており、ざっと計算してみ　年間も東京を中心に在住したことになる。最初は日本語や日本文化　な目的だったが、生活に慣れてくるとあつかましくなり、東京のジ　出し、下手なピアノを弾いて大恥をかくことが一種の自虐的な喜びとなってしまった。告白すれば、いまだにこの悪い癖が完全に抜けていないらしい。それだけでなく、私の妻(沖縄の西表島生まれ)と知り合った場所は、やはり東京のジャズクラブであり、結婚することになったらお定まりの式や披露宴の代わりに西荻窪の

〈アケタの店〉という壁も天井も真っ黒に塗られている、決しておしゃれでないジャズのライブハウスで夜通しのジャムセッションで祝福してもらった。おまけに新郎新婦の服装となると、純白の豪華な衣裳ではなく、黒のTシャツでお揃いだった。もう二十年以上前の話だが、〈アケタの店〉も私達の結婚も奇跡的に続いている。まあ、要するに私の「日本体験」とジャズとは密接な関係にあると言いたいだけなのだ。

しかし、本書は私の自伝でもなく、普通のジャズ史やジャズ評論書でもなく、しいていえばジャズからみた日本の戦後文化史の試論である。日本の映画や文学作品などのなかでジャズがどのように取り上げられ、どのような「意味」を付与されたのか。そしてその意味が時代とともにどのように変わってきたのか。これらの問いが本書の出発点である。ジャズを通して日本の戦後映画や文学などを再考することによって新たな要素が浮かび上がってくる、というのが本書の前提であり主張でもある。同時にもうひとつの目的は、戦後日本文化そしてその根源にある太平洋戦争やアメリカによる占領や安保闘争などの歴史体験を通してジャズを考えなおすことである。簡単にいえば、ジャズを通して戦後日本文化を見なおす、そして戦後日本文化を通して日本でのジャズ受容の歴史を見なおすというのが本書のねらいである。

ジャズを取り上げた日本の戦後映画と文学作品(エッセイを含めて)がこの本の主な対象となるが、そのほかにも日米両国のジャズ評論、ミュージシャンの自伝、インタビューや座談会、新聞記事、そして欧米の学者による最新のジャズ研究などにも触れる。これらの表現形態を一括して「ジャズ言説」と呼ぶ。アメリカのジャズ言説をみると、人種をめぐる発言がよく出てくることに気づくはずである。ジャズとアメリカの歴史を考える上で、これは避けて通れない問題であり、当然のことだろう。しかし一九六〇年代以降の日本のジャズ言説は、アメリカ以上に「人種の違い」に重点をおいてきたように思える。

〈ジャズと人種〉という問題に注目しながら日米のジャズ言説を比較すると決定的な違いがいくつか目立つ。その中でおそらく最大の相違点は、アメリカの言説の場合(つい最近出版された、ごく限られたジャズ研究を除けば)〈白・黒〉という二項対立の枠組みに限定されていることである。つまりアメリカ人がジャズを語るとき、白人と黒人しか視野にないということだ。一見日本のジャズ評論の主流もそのような傾向がありそうだが、書き手は自分自身が白人でも黒人でもないという自意識をもつ以上、どうしてもこの二項対立論理に〈ひび〉が入る、あるいはその枠組み自体が崩れていく。(日本人の評論家が自国のジャズ・ミュージシャンの演奏を語るときにこの傾向がさらに顕著となるのは当然のことだろう。)私はこのような思考の〈ひび〉を崩壊するまで拡大する必要があると考える。なぜなら、〈白・黒〉という二項対立論理は必ず盲点を生み出すからである。しかしその盲点がアメリカ側だけに存在するわけではない。単一民族観という神話のなかで育った日本人も、当然ながら人種に関する盲点を大いに抱えているといわざるを得ない。本書では、日本の映画や小説などをこまめに読み解きながらそれぞれの〈人種〉に関する発想およびステレオタイプを暴露するようにしたい。

日米両国のジャズ言説が〈人種〉という問題にしばしば触れるのと対照的に、著しく欠如しているのは〈ジェンダー〉に対する問題意識だといえよう。まず最もわかりやすい例を挙げよう。「ジャズメン」という一九五〇年代以降よく使われてきた日本語の表現に反映されているとおり、女性のミュージシャンはある意味で視野外に置かれてきた。もちろん世界中のジャズ・ミュージシャン人口には男性が圧倒的に多いことは否定できないし、日本も例外ではない。しかし、私が問題にしたいのはミュージシャンの性別による人口比率などではなく、ジャズに対する意識なのである。

これは単なる例であるが、終戦直後から現在にいたるまでのすべての日本のプロ・ジャズ・ミュージシャン(歌手を除いて)の九〇パーセント以上が男性だったと仮定しよう。そしてその半世紀余りを振り返って日本が世に出したすべてのジャズ・ミュージシャンの中で、世界的なレベルで一番有名で影響力が大きかったのは誰だったかというと、おそらく秋吉(穐吉)敏子だといわざるを得ないだろう。秋吉はピアニストとしてだけでなく(あるいはピアニストというよりも)作曲家、編曲家、そして長年ビッグバンドジャズの最前線を切り拓いてきたリーダーとして欧米のジャズ界で定評を得てきた。また、秋吉は日本のジャズ界にも大きく貢献していることを忘れてはいけない。一九五六年に米国バークレー音楽院に留学した日本人の第一号であり、渡米するまでに東京と横浜で率いていたコージー・カルテットなどのバンドで渡辺貞夫をはじめ、後に日本のジャズ界の大物になるミュージシャンを幾人か「育てた」、いろいろな意味で日本のモダンジャズ史の開拓者的存在である。（渡辺貞夫はインタビューや回顧録では、自分のジャズ・ミュージシャンとしての成長に秋吉が大きな役割を果たした、とよく述べている。）要するに、日本人の最も重視すべき「ジャズメン」の一人がむしろ「ジャズウーマン」であある、ということ。

本書では、さまざまなジャズ関係の作品を解読するなかで人種やジェンダーに着眼するほかに、「ジャズ演奏とは何か」や「ジャズを聴くことはどのような行為・体験なのか」という問いも追求する。このような問題を、単なる研究者としてだけでなく、さらに日米両国に長く在住した一プレイヤー兼ファンの立場からも考察したい。私は一人前のプロのジャズ・ミュージシャンではないにせよ、多くのプロと共通しているのは、「ライブ演奏重視」という意識だと思う。スピーカーから流れる、すでに録音されたジャズにしか耳を傾けない読者にとっては、あるいはこの〈意識〉がむしろ〈偏見〉に思えるかもしれない。

もちろん、録音再生メディア（レコード、ラジオ、カセットテープ、ＣＤ、そして最近はインターネットやMP3プレイヤーなど)を無視しては、近・現代の社会における音楽聴取体験に迫れないのはいうまでもない。いや、それだけでなく、メディアの意義に触れずには、そもそもジャズの歴史や「発展」が十分に語れない、と断言してもよいだろう。すなわち、二〇世紀初期から発達した音楽として、ジャズとメディアはごく密接な関係にあり、しかもジャズが楽譜を継承媒体として軽視してきた音楽なので、なおさらメディアの役割は大きいといえるかもしれない。

しかし同時に、ジャズは即興演奏と自発的グループプレイとミュージシャンひとりひとりの創造性を重視する音楽である以上、やはり世界各地での、録音されなかった無数のライブ演奏の存在がジャズを理解するのに不可欠だと思う。また、同じライブ演奏のなかでも、コンサートホールや野外で行われる大きなジャズ祭よりも、ミュージシャンと聴衆が身近に接触できる、こぢんまりしたクラブでの演奏のほうが〈ジャズ〉という音楽の最適の場である、というのが、私の長年のミュージシャンおよびファンとしての結論である。

日本では、このような小さなクラブを「ライブハウス」と呼ぶことがあるが、思えばこれは妙な和製英語の造語でありながら実に上手い表現だと思う。というのは、「ライブハウス」をカタカナから普通の日本語に直訳しなおすと、「生きている家」という表現になるが、これはジャズの聴取空間の真髄を凝縮しているではないか。つまり、ジャズのライブ演奏はまさにクリエイティヴなエネルギーに充満して生きていなければならないし、大きなコンサートホールとは対照的に、いわゆる「ライブハウス」は、「家」のようにひとつの小さな共同体となりうる魅力を含有しているだろう。確かに、コンサートホールに比べて音響も悪いし、ピアノの調律が狂っていることも多いし(この点、日本のライブハウスはアメリカのジャズクラブよりはるかに良い状況だが)、演奏者のすぐそばに座っている客のなかに、音楽を一切無視してガヤガヤ喋り続ける者がいる場合もめずらしくない。だが、ジャズがこのような小さな、ある意味で「悪状況」の場所で育ったのは、単なる経済的な理由やアメリカでの黒人に対する差別制度の影響などだけでは説明しきれないと思う。やはり、〈ジャズ〉という音楽はミュージシャン同士そしてミュージシャンとすぐそばで聴いたり踊ったりしている(つまり反応をもろに表現している、いっしょに参加している)ファンたちとの活発で自発的なやりとりが欠かせない。これは多くのジャズ・ミュージシャンが現在でも共有している意識ではないかと思う。

以上の「ライブ重視」の主張が本書の根底に流れているが、日本の読者の中の生演奏に一切足を運ばない「ジャズ喫茶族」やオーディオ狂のジャズファンたちに対し、私は尊敬の念を抱きながらもいささか〈挑発〉したい、という意図を持っていることをお許しいただきたい。

さらにジャズマニアの読者に対してお願いがある。本書では終戦直後から現在に至るまでのさまざまな日本のジャズ関連の作品を読みなおし観なおしながら、〈ジャズ〉という音楽についてだけでなく、各作品についても、戦後日本文化一般についても考察することが目的であることを確認したい。つまり、取り上げる映画や文学作品などをジャズと結びつけて解釈しながら、作品によってはジャズと関係のない側面にも触れたりする場合もあることをあらかじめご了解いただきたい。

一方、本書を主に戦後文化論として読んでくださる、ジャズにはとくに興味のない読者も歓迎したい。ただし、本書では音楽をはじめ、多くのジャンルや作品や人物を対象にしているので、どうしても伝統的な「作家論」や「監督論」などにあるような、各々に対する包括的な研究は、盛り込めないことをご理解いただきたい。

そして、本書で取り上げている作品群を「鑑賞」する、つまり美的「価値」について判断を下すことも目的ではないことを付け加えたい。むしろ、ここで取り上げるさまざまな作品——石原裕次郎の『嵐を呼ぶ男』にせよ、五木寛之の「さらばモスクワ愚連隊」にせよ、村上春樹の『国境の南、太陽の西』にせよ——これらの作品群は、私の個人的な好みを基準にして選んだのではなく、その作品が出現した時代において、なんらかの意味で「代表的」なジャズ表象に思えるから選んだものである。とにかく、各作品をできるかぎり丁寧に解釈しながら簡潔にまとめようと心がけた。

最後に、英語でのちょっとした名言を紹介しよう。誰が言い出したか不明だが(セロニアス・モンクという説も、エルヴィス・コステロという説もあるが)、簡単ながらおもしろいと思う。

Writing about music is like dancing about architecture.
——文章によって音楽を説明しようとすることは、ダンスによって建築を表現しようとするほど愚劣である。

その通りだとしたら、私はこの本でさらなる愚劣な行為に乗り出そうとしているのかもしれない。音楽について書かれた文章について書こうとしているのだから。しかし、その判断は読者に任せたほうがよかろう。結局、本書がわずかでも読者に刺激を与えられれば、私にとってこれ以上の幸いはない。

＊インターネット上の情報など、単行本執筆時から変化した情報もあるが、当時の記述をそのまま残した。

目　次

第1章　自由・平等・スウィング？

――戦前・終戦後の日米ジャズ再考

戦後日本のジャズ文化を取り上げる前に、まず戦前のジャズ状況に多少触れたほうがよいだろう。そして、日本のジャズ受容を語るには、アメリカのジャズ状況にも言及する必要があるので、本章では日米両国の戦前・戦後初期のジャズ受容の歴史を概観したい。ただし、ここでは両国のジャズ史を単に要約するのではなく、人種・エスニシティ・ジェンダー、そして新しく登場したメディアの影響や日米それぞれの社会背景などに注目することによって、両国の終戦前後のジャズ受容を再考することが目的である（本書では「戦後初期」という聞き慣れない表現を、終戦直後から一九五〇年代半ばまでの期間を指すのに用いる）。

長い間、日米両国においてジャズは、主に陽気なダンスミュージックとして認識されていたという事実は、現在忘れられがちかもしれない。とくに、戦前・戦中のアメリカ、そして戦後初期の日本では〈スウィングジャズ〉が大衆向けのダンスミュージックとして多くの市民に楽しまれ、その後の日本のジャズ文化に大きな影響を与えた。以下に論じるように、日米で〈スウィング〉が最高の人気に達した時期は違ったものの、両国における〈スウィング〉に対する見方やそれぞれのスウィング全盛期の社会状況には、意外な共通点も見出せる。しかも、この共通点こそ両国におけるスウィングの人気を理解するのに不可欠だ、というのが本章の主要な論点のひとつである。また、両国でスウィングは、〈アメリカを代表する音楽〉として見なされる傾向があり、〈自由〉や〈平等〉など――大まかにいえば〈アメリカ民主主義の象徴〉――として称揚されがちだったということに注目したい。

同様に、モダンジャズの原点とされる〈ビバップ〉も、日米で出現した時期に多少のずれがあったものの、ビバップに対しても両国共通の認識が確認できる。すなわち、大衆音楽として受容された〈スウィング〉に対し、両国で〈ビバップ〉は、主に「通向け」のアンダーグラウンド音楽として認識されたわけである。さらに、スウィングには有名な白人バンドリーダーが多かったのに対し、ビバップの〈顔〉は断然黒かったことも見逃せない。言い換えれば、スウィングはアメリカ全体を象徴する陽気なとっつきやすいダンスミュージックだったとすれば、ビバップはダンスも拒み、大衆も拒む難解な「黒人音楽」だと見なされていた。しかし日本では、この黒人(そして男性中心の)音楽の先駆者のひとりは秋吉(穐吉)敏子という女性だったことを考える必要もある。したがって、本章の最後で、秋吉を含めて日本人の女性バンドリーダーを紹介する一九五五年当時の雑誌記事を分析する。ごく短い記事ではあるが、〈ジェンダー〉や〈人種〉や〈ナショナリティ〉や〈社会階層〉などの位相が重複しながら行間から読み取れるので、当時のジャズ言説の興味深い一例として精読したい。では、まず戦前日本のジャズ受容史から始めよう。

大阪から上海まで踊りふけり――ダンスホール全盛時代

「ジャズ」らしき音楽が日本に入ってきた年は正確に突きとめがたいが(当然、「ジャズ」の定義にもよる)、大正中期にはいわゆるダンス熱が大都会で広がり、関東大震災後の大阪や神戸中心の〈カフェ〉(つまり、ダンスホール)で、「ジャズ」と呼ばれる音楽に合わせてモガとモボたちが踊りふけっていたことは周知のとおりである。当時は「ジャズ」のイメージが〈モダン文化〉と大変密着しており、「ジャズ」が新聞や雑誌などで注目されるほかに、谷崎潤一郎の『痴人の愛』(初出一九二四年)のような同時代の風俗を描いた文学作品にも登場する。

しかし、ジャズが全国に浸透しはじめたのは昭和初期からであり、やはりその普及の主なきっかけはレコードや映画などの近代メディアの発達だった。当時の日本の大手レコード会社(ポリドール、日本コロンビア、日本ビクター)はほとんどが外資系だったこともあり、欧米のクラシックやポピュラー音楽を輸入盤で紹介していた。だが、輸入盤のレコードよりも二村定一という国内の歌手が一九二八年に「青空」(My Blue Heaven)や「アラビヤの唄」(Sing Me a Song of Araby)など、日本語で歌った「ジャズソング」を発表することによって「ジャズ」が大衆的な人気を集め始めたといえよう。

二村の「青空」と「アラビヤの唄」がジャズをめぐる一般の認識および人気を広めた

とすれば、翌年に上映された日活映画『東京行進曲』の同名の主題歌が、さらにジャズの話題性を高めたのである（監督は若き溝口健二、原作は菊池寛、主演は夏川静江と小杉勇など、歌手は佐藤千夜子）。この歌は日本の映画史上、最初の主題歌といわれており、とにかく相当に注目されたのである。「東京行進曲」はジャズソングというより、小唄と呼ぶべきだろうが、「ジャズ」ということばが一番の歌詞に含まれていたためにジャズと連想されがちな流行歌となった。

昔恋しい　銀座の柳
仇な年増を　誰が知ろ
ジャズで踊って　リキュルで更けて
明けりゃダンサーの　涙雨
（作詞：西条八十、作曲：中山晋平）

「東京行進曲」のレコードは、発売一年で三十万枚も売れたほどの人気盤だったといわれているが、その背景には日本映画の第一号の主題歌だったというほかにも、当時出現したばかりの最新録音技術による〈音質の革命〉も見逃せない。すなわち、「ラッパ吹き込み」方式から「電気吹き込み」方式への移行によって、レコードの音質が急によくなり、「流行歌」というジャンルの発展に大きな拍車をかけたわけである。

「東京行進曲」の出現と同年には、本郷赤門前の〈ブラックバード〉と新橋の〈デュエット〉という日本初と思われるジャズ喫茶が生まれ、一二月から川端康成の「浅草紅団」が東京朝日新聞の夕刊に連載され始めたことを考えると、日本で最初の〈ジャズブーム〉は一九二九年に始まったといってもよいだろう。

レコードによるジャズの普及のおかげで、一九三〇年代半ばまでに新しいダンスホールが次々と現れた。京橋の「銀座ダンスホール」や赤坂の溜池ホールの三階を占める有名な「フロリダ」など、ダンスホールが国内の大都会に限らず、地方にも、朝鮮半島や満州などの植民地にも現れた。ダンス好きの若者にとっても、ダンスホールで荒稼ぎするミュージシャンたちにとっても、ありがたい時代だったといえよう。

しかし、当時本格的なジャズに接したいと思っていた日本人ミュージシャンたちは、上海に渡りたがったようである。「東洋のジャズの都」として知られていた上海は、距離の近さだけでなく、日本人地区もできていたため、アメリカよりも身近に感じられたのだろう。一九二〇年代後半から一九三〇年代までの日本のジャズ界では、「上海帰り」のミュージシャンたちが最ももてはやされ、高給取りでもあった。思えば、当時の上海は現在のニューヨーク在住やバークレー音楽院留学と同じく、「本物のジャズ」を身につけさせてくれる体験と見なされていたようである。もちろん、外国の空気を吸ったり外国人ミュージシャンたちに接したりするだけで、演奏が上手くなる保証はどこにもないが、確かに南里文雄や服部良一など、上海帰りのミュージシャンが後の日本のジャズ史に少なからず影響を及ぼしたことは否定できないだろう。

一九三七年七月七日のいわゆる「盧溝橋事件」が日中戦争に火をつけたが、それ以降上海のジャズ状況は衰え、日本国内の軍国主義による風俗の取り締まりも厳しくなった。一九四〇年一一月一日から日本全国のダンスホールに対する閉鎖命令が施行された。そして翌年の真珠湾攻撃以降、アメリカを代表する音楽としてジャズが「敵性音楽」のレッテルを貼られ、ジャズ・ミュージシャンもファンもさらに苦しい時代に入っていった。ただし、見落とせないのは、一九四〇年代前半においても、ジャズが完全に日本から消えたというわけではなく、抑圧および検閲に対応して「軽音楽」に変身して演奏されつづけた例が少なくないことである。また、数カ月ジャズを控えてから、ほとぼりが冷めたころ、徐々にジャズのレコードをかけ出した喫茶店もあったらしい(1)。

あらためて言うまでもないかもしれないが、一九二〇年代末期から一九三〇年代半ばまでの「戦前のジャズブーム」は、戦後初期の「ジャズ黄金時代」と共通あるいは連続している側面が多い。ひとつは、「ジャズ」という音楽自体が西洋風の大衆歌一般を指すことである。もうひとつの共通点は、ジャズの人気が録音再生メディアと映画音楽の連携によって築き上げられたことである。そして、戦前にも戦後初期にも、ジャズは基本的にダンスミュージックだったことも過小評価してはいけないし、歌詞(とくに日本語の歌詞)がついたジャズ曲が一番人気を集めたことも注目に値する。これらの問題はそれぞれ各章で考察したいが、本章では主に〈スウィングジャズ〉と〈ビバップ〉の受容に重点をおきたい。

暗い谷間で開花した音楽——アメリカ大恐慌と〈スウィング〉

一九三五年ごろから終戦まで、スウィングジャズはまさにアメリカの大衆音楽であり、米国の若者の間で一番流行っていた音楽であった。たとえば、一九三九年には全米のレコード売上の中でスウィングバンドがその全体の八五パーセントを占めていた。(2) とはいえ、当時は多くのスウィングファンが音楽を自宅のラジオや、飲食店などのジュークボックスで聴いたりしていた。スウィング全盛期の頃、二四五万人のアメリカ人がラジオを所有しており、一日平均五時間も聴いていたと記録されている。そして収入が高ければ高いほどラジオの所有率が高かった反面、低ければ低いほど聴く時間が長かった、というちょっと逆説的な統計も残されている。当時ジュークボックスも急増し、全米で発売された「人気レコード」の四四パーセント(年間約三百万枚)がジュークボックス専用だったといわれている。(3)

また、ニューヨーク市中心のビバップなどの「モダンジャズ」と違って、スウィングの場合、デューク・エリントンやベニー・グッドマンなどの有名なビッグバンドが、常時、東部の大都会だけでなく、中西部や南部のかなり小さい町まで足を運んで演奏して廻った。この二つの要素によって――ラジオとジュークボックスというマスメディアの普及、そして有名なバンドの地方ツアー――スウィングがアメリカ全土に広まり、まさにアメリカの大衆音楽となっていったのである。

一九三〇年代と一九四〇年代前半のアメリカでは、スウィングは主にビッグバンドによる大衆向けのダンスミュージックとして楽しまれていた(4)。実際の演奏は、通例、明るい、きれいなダンスホールやホテルなどの豪華なボールルーム、あるいは地方の高校の体育館などで行われていた。

しかし、スウィングを単に音楽史のなかの一つのジャズ・スタイルとしてみると、アメリカ社会一般にとってのスウィングの〈意味〉を見逃してしまいがちだと思う。すなわち、スウィングは、大恐慌と第二次大戦という厳しく暗い二つの時期にはさまれて開花した、妙にエネルギッシュで明るい音楽だった。時代に負けない音楽というべきか、その音楽のおかげで暗い谷間を少しでも明るく過ごすことができたファンが多かっただろう。アメリカの大恐慌の時代背景を考えると、スウィングは主にビッグバンド音楽だったたという意味も浮き彫りになる。というのは、国民が団結しないと乗り越えられないこの苦しい時代において、ミュージシャンによる大きな集団(社会)が協力しながら各々の楽器に挑む(労働《ワーク》する)ことによってすばらしい音楽(製品)ができ、皆(全国民)にとって好ましい結果を生む——当時のアメリカ人の間では、スウィングのこのような「国家にとっての意味」を潜在意識的に感知していたファンが少なくなかったのではないか。だからこそ二〇世紀のすべてのジャズ・スタイルのうち、スウィングが「アメリカ国民の音楽」[5]や「アメリカ民主主義を象徴する音楽」として称揚され、理想化されてきたと思われる。

その「民主主義的な音楽」のイメージに貢献したもう一つの大切な要素がスウィングの社会的「包容性」である。スウィングに「包容」されていたのは、通常アメリカ社会から締め出されていた黒人、下層階級出身の白人、そして当時まだ完全にアメリカ社会に同化していなかったユダヤ系やイタリア系などの「エスニック・マイノリティ」と移民の二世たちだった。もちろん、黒人とエスニック・マイノリティでも下層階級出身者が多かったことはいうまでもない。このような貧しい育ちのマイノリティ(黒人を含めて)でさえ、才能と努力によって社会で立派に成功できる、という「アメリカンドリーム」がスウィングの世界で実現されていた例は少なくない。これもスウィングの理想像に貢献したに違いない。

事実、「スウィングの王様」と呼ばれていたベニー・グッドマンはシカゴで十一人兄弟の貧しいユダヤ系ロシア人の家に育ち、高校も出ていなかった。そういえば、有名なスウィングバンドのリーダーたちは大学まで進学した者がごく少数であり、ほとんどのスウィング・ミュージシャン(そして多くのファンたち)がいわゆる「労働者階級」出身といわれている。もう一人の有名なバンドリーダーでクラリネットの名人としてグッドマンの好敵手だったアーティ・ショーもユダヤ系であり、「ユダヤ的な」(つまり東欧・ロシア的な)Arshawskyという本名を「アメリカ的な」Shawに省略して社会への同化を少しでも楽にしようと狙ったそうである。明らかに、Goodmanという名前もすでに英語化されているだけでなく、大変好感を呼ぶ意味——「よい男」——の名になっている。(とはいえ、グッドマンもショーもユダヤ系であったという事実が、ファンたちの間でどれだけ知られていたか、具体的なデータはない。)

他に触れなければならない名前は、デューク(「君主」や「大公」の意)・エリントンとカウント(伯爵の意)・ベーシーという有名な黒人バンドリーダーたちである。この二人の呼び名は、もともとおもしろ半分でつけられたのだろうが、王権の世界を連想させることによってアメリカ社会での上流階級への出世を象徴している。とくにエリントン自身はちょっと気取った喋りかたと上品な振る舞いを身上にしており、「Duke」という貴族の肩書きがぴったりだったといえる。当然、まじめなジャズファンからみたら、白人のグッドマンが「スウィングの王様」に選ばれるのに、偉大なるエリントンや、猛烈にスウィングしていたバンドを長年率いたベーシーが、単に「大公」や「伯爵」と呼ばれることは、どうしても納得できないかもしれない。だが、とにかく一九三〇年代のアメリカで下層階級出身の中卒のユダヤ人がアメリカで「王様」となること自体、そして黒人が「単なる」大公や伯爵とはいえ、白人のファンに(人種隔離制度が根強く残っていた南部のファンを含めて)そのように呼ばれることだけでも、現在では想像できないほど重い意味を持っていたであろう。

また、スウィングは白人と黒人両方によって演奏されたり聴かれたりしていたこと、しかもバンドがすべて人種別に構成されていたわけではないことも重要だった。とくに一九三〇年代半ばにベニー・グッドマンが自分の少人数のグループ(トリオ、カルテットなど)にピアノのテディ・ウィルソンそして後にビブラフォンのライオネル・ハンプトンとギターのチャーリー・クリスチャン――三人とも優れた黒人奏者たち――を正式メンバーに迎えたことは、ジャズ界にとってもアメリカ社会全体にとっても大きな出来事であった。ウィルソンがグッドマンのトリオに入った一九三五年の時点まで、プロのアメリカ音楽界では、黒人が白人バンドの正式メンバーになるという前例がなかったといわれているほどだ。(6) アメリカ史の専門家であるルイス・エレンバーグがスウィング界での人種混合の意義を次のように要約している。

一九三〇年代に黒人バンドは人種的および商業的に不利な立場にあったが、音楽の世界で黒人と白人のミュージシャンが(それまでにタブーだった)「色の境界線」

を超え、日常的に接触したり、そして漸進的ではあったが当時にしては画期的なビッグバンドでの人種混合を始めたのもこの時代である。白人優位主義に対し、スウィング界のこのような挑戦は、野球の大リーグやアメリカ陸軍での人種隔離制度廃止などよりも十年早く行われた(7)。

さらに、エレンバーグは、一九四〇年代初期にはフレッチャー・ヘンダーソンやアール・ハインズなど黒人バンドリーダーが白人奏者をメンバーに迎えたと指摘している(8)。当時のアメリカ社会では、白人が自ら進んで「黒人の下で働く」ということ自体、考えられなかっただろうし、これもやはり大きなタブーを一つ破ったことになる。エレンバーグはこのようなスウィング界での人種混合を指摘するだけでなく、白人のみのバンドの場合でも、さまざまなエスニック・マイノリティ出身のミュージシャンたちが対等で和やかな関係を作り上げていたことも過小評価してはいけないと主張し、スウィングは戦前のアメリカ社会に民主主義的原動力を与えたと力説している。

以上、アメリカでのスウィングの「民主主義的な側面」をいくつか挙げた。だがしかし、スウィングの社会的功績がいくら大きかったとはいえ、やはりこのようなスウィングのイメージはあまりにも美化されているのではないか。何といってもスウィングは主にアメリカの黒人が創りあげた音楽であり、多くの最も優れたビッグバンドも個人の演奏者も、同じく黒人だった。ところが一番有名になり金儲けをしたのはだいたいグレン・ミラーなどの白人バンドだった。これは白人のミュージシャンたちが黒人を差別していた、あるいは搾取したからという意味ではなく(逆にそのような人種差別に抵抗した白人ミュージシャンが少なくなかったが)、両者が白人優位社会のなかで行動している以上、黒人が最初からきわめて不利な立場にあった、という意味なのである。二〇世紀前半におけるアメリカ文化とジャズの関係を研究しているポール・ロペスは、ジャズ文化に対する新しい民主主義的観点にもかかわらず、アメリカでの異人種間関係はそれほど変わらなかったと主張している。

スウィングのコンサートやダンスホールやクラブなどでは白人と黒人のプロのジャズ・ミュージシャンたちが確かに交流していたが、音楽業界ではミュージシャンの組合、バンドのメンバー、演奏場、そして聴衆においても、実質的な人種隔離がそのまま続いていたことは事実である。(9)

言い換えれば、白人と黒人のミュージシャン同士の関係がどうであったにしろ、音楽業界そしてアメリカ社会全体にはまだ人種差別が根強く残っていた。人種差別が制度化されていた以上、どんなに優れた黒人奏者であっても、白人と同じ機会を与えてもらえなかったのである。この時代において、白人のマイノリティの人々も、それぞれ社会において相当な差別を受けることが常にあったことも忘れてはいけないが、彼らは決して黒人ミュージシャンほど差別制度に屈していたとはいえない。しかし、上述のような人種的およびエスニック的差別意識を乗り越えようとしていたジャズ界のなかで、白人にしろ黒人にしろ、当のジャズメンたちに最も差別されたのは、おそらく女性のジャズ・ミュージシャンだったのではないだろうか(10)。

アメリカ社会全体にこうした差別体制が残っているゆえに、アーティ・ショーは名前を変えようとしたし、「デューク」や「カウント」などの「黒人貴族」が率いるバンドでさえ、アメリカ南部を廻るときは、いわゆる「黒人専用」のホテル、レストラン、手洗い、水のみ場などを使用せざるを得なかった。そしてそのような制度が存在していないといわれていたアメリカ北部や西部においても、音楽業界のなかで黒人バンドが白人バンドと同等の機会(ラジオ番組出演、レコード制作、スポンサー獲得など)を与えられなかったことは既述のとおりである。

以上のような状況を、アメリカのジャズ評論家ゲイリー・ギデンズは辛口に要約している。すなわち、過去から現在にいたるまで、アメリカ土着の音楽が大衆文化並みの人気を得るには、前提条件として白人奏者が黒人奏者の真似をしなければ様にならない、ということだ(11)。ここでギデンズはベニー・グッドマンとエルヴィス・プレスリーを例に挙げているが、ミック・ジャガーや現在のヒップホップ界での白人スター「エミネム」の名を付け加えてもよかろう。つまり、このような白人のミュージシャンや歌手たちが黒人にかなわない、あるいは単なる物まね上手だとギデンズはいっているのではない。(むしろグッドマンとアーティ・ショーのクラリネット演奏は独創性に富んでおり、技術的にも世界のだれにも負けないと氏は評価している。)ギデンズは、アメリカでは、魅力のある白人奏者が出現するまでは、大勢の白人ファンを惹きつけることがいかに困難であり、したがってその音楽自体が「大衆文化並み」の人気および広がりを得るのが、いかに難しいかということを主張しているのである。多少言い過ぎかもしれないが、およそ的を射ているだろう。実際に、黒人のスウィングバンドが黒人専用のダンスホールで一九二〇年代末期から人気を集めていたのに、スウィング全盛期は、ベニー・グッドマンのバンドが一九三五年にカリフォルニア州ツアーを行ったときから始まった、という定説がギデンズの議論を裏付けているといえよう。

結局、スウィングはアメリカ民主主義を具現していたというより、せいぜい人種差別廃止の可能性に明かりを灯し、アメリカを一歩前進させた、といったほうが正確ではないか。しかし残念ながら、アメリカ社会には人種隔離制度などの暗い影がたくさん残ったまま、スウィング時代は幕を閉じた。

第二次大戦中もスウィングの人気は続いたが、終戦とともに急落し、一九四六年一二月にはベニー・グッドマン、ハリー・ジェームス、トミーとジミー・ドーシー、ベニー・カーター、ジーン・クルーパ、レス・ブラウン、ウディー・ハーマンなどという有名なバンドリーダーが自ら率いるビッグバンドを解散させていた。一九五〇年代に入った時点では、アメリカのスウィング時代は疑いなく終わっていた。確かにコールマン・ホーキンスやレスター・ヤングやベニー・グッドマンなどのような一流スウィング・ミュージシャンたちはその後も演奏し続けたし、デューク・エリントンとカウント・ベーシーのビッグバンドも生き残ったが、スウィング時代を代表するその他の多くのビッグバンドが解散し、スウィング音楽自体が徐々に懐古趣味の対象となっていった。

スウィングする占領──日本のジャズ復活

日本では、終戦から一九五〇年代末まで、「ジャズ」ということばは相当幅広い音楽のスタイルを指していた。「アメリカから入ってきた大衆音楽全体」の類義語として使われている場合がめずらしくなかった。ところが、戦後のこのような「無差別なジャズ観」とは裏腹に、一九二〇年代のダンスホール時代から、当時の「本当の」ジャズをレコードなどで聴くことも可能だった。とくに一九三〇年代には、日本でスウィングやホットジャズ(ルイ・アームストロングなど)が少し注目を集めたことも忘れてはいけない。

戦時中の「敵性音楽」と見なされたジャズに対する取り締まり政策もあり、終戦直後の日本人ミュージシャンやファンも、しばらく停滞していた国内のジャズ状況から出発せざるをえなかった。当然ながら、ミュージシャンの演奏水準も、主流となっていたジャズ・スタイルも(ホットジャズ、ブギウギ、スウィングなど)、戦前とそれほど変わっていなかった。

たとえば、渡辺貞夫が戦後ジャズを初めて耳にして「どうしてもクラリネットを吹きたく」なったと証言しているのだが、その理由は、当時「ジャズ」イコール「スウィング」という発想が常識だったからである。本人いわく、

当時はスイングジャズ的なことをクラリネットで吹いていました。東京へ出た時(引用者注:一九五一年)にはサキソフォンも持って行きましたが、クラリネットの方が仕事があったんです。その当時は、なんといってもベニー・グッドマンの全盛時代ですから、クラリネットがバンドの花形楽器だったわけです。(12)

また、サックス奏者の宮沢昭はその時代のジャズ状況を以下のように語っている。

昭和二十年代の中頃はまだ、パーカーは聞いたことがなかったし、マイルスやロリンズはまだレコードが出ていなかったから、ジーン・アモンズなんかよく聞きま

したね。そのころの日本のジャズは、まだビバップまでは行ってなかったことは確かだけれど、ありとあらゆるタイプがあったと思うなア。(13)

すなわち、数年後に日本の有力なビバップ・サックス奏者となったこの二人でさえ、一九五〇年代初期の時点で、まだビバップのレコードはほとんど聴いたことがなかったようである。渡辺が証言しているように、その時期には日本のジャズ界はいまだに「ベニー・グッドマンの全盛時代」の真っ最中だったからである。

さて、戦後日本の場合は、スウィング（そしてジャズ全体）はどのような〈イメージ〉および〈意味〉を持っていたのだろうか。一言では答えられないが、まず戦後において日本人がジャズにどのように接したかという角度から考えよう。戦後初期のころ、多くの日本人ファンがスウィング（つまり、「ジャズ」）を聴きなじんだのは、進駐軍放送のラジオ番組からだった。（これは、後に「極東放送」や“FEN”――Far East Network と呼ばれるようになった。）当時の普通の家庭ではレコードを買う余裕もなく、ラジオで聴くほかなかった。（しかも、戦後しばらくの間は、ラジオどころか、それこそ家も戦時中に全焼し、トタン屋根のバラックや駅などに住んでいた人が少なくない時代だったことはいうまでもない。）まずここで強調したいのは、占領下の日本では、約十年前のアメリカと同様に、スウィングジャズが主にラジオというマスメディアによって普及した、ということである。

また、当時の映画に反映されたように、戦後日本の場合でも、「ジャズ」はよくダンスホールなどで演奏され、主にダンスミュージックとして受け入れられていた。「ジャズ」イコール「スウィング」、そしてジャズはダンスミュージックであるという縮図ゆえに、一九四七年創刊の『Swing Journal』誌の題名が『Jazz Journal』ではなく『Swing Journal』だったのだろう。そして同誌の副題が「ダンスとスヰング・ミュージックの雑誌」であったことは現在ほとんど忘れられているのではないだろうか。ついでに『Swing Journal』第一号の「発刊の辞」を全文引用しよう。

我が国の Swing Music と Dance は今始めて公然と自由に研究出来る時が来た。

Swing Music と Dance は過去十数年間各方面から蔑視され迫害されて来た為ほんの一部の人々の娯楽の対象となって居ただけで其《そ》の発展普及は全く今後にあると云い得るのであります。所謂《いわゆる》オーソドックスであると称する音楽家連中と其の愛好者の一部の人達は Swing の真の味を知ろうともせず唯々自己擁護と反動的立場から之《これ》を排斥し侮蔑し続けて居ります。然《しか》し如何《いか》に彼等が排斥しようとも大衆性のある両者は今後非常な勢いを以って発展普及するでありましょう。之からの Dance fan は同時に Swing Music の理解者であり愛好家であらねばなりません。この機に際し吾社《わがしゃ》は切っても切れぬこの二つの綜合雑誌として Swing Journal を発刊することに致しました。今後号を追って益々《ますます》より良心的且《かつ》研究的なものと致したい考えで居ります。読者各位の熱烈な御支援をお願いいたします。
（引用者注：以下、比較的古い年代の文章の引用にあたっては、読みやすさを考慮して、原文の旧漢字を新漢字に改めたり、句読点や振り仮名を適宜加えたり、仮名づかいを現代風に改めたりした。）

この「発刊の辞」および雑誌の副題から窺えるのは、当時の日本では、アメリカと同様に、スウィングとダンスが対をなしているという認識である。「発刊の辞」と同じページには、踊っている男女ひと組の絵が載っており、このイラストがスウィングとダンスの結びつきをさらに強化している。ともあれ、現在の『スイングジャーナル』はどちらかといえばフォービート系のモダンジャズとオーディオ情報で知られているので、今の多くの読者は同誌の初期の趣を意外に思うかもしれない。

また、日本の戦後ジャズ状況を考えるとき、演奏場としての米軍関係のクラブにも触れなければならない。連合軍（主に米軍だった）による日本占領開始から朝鮮戦争直後までの間に、プロをめざしていた日本人のジャズ・ミュージシャンで、このようないわゆる「進駐軍クラブ」での仕事を経ていない者はほとんどいないと断言できる。それほどまでにアメリカによる占領と日本の戦後ジャズの発展は密接な関係にあった。

そしてその時代にゲイ・クインテットを結成したピアノのフランシスコ・キーコとクラリネットのレイモンド・コンデというフィリピン人ミュージシャン(二人とも戦前から日本に在住していた)や、ジェームス荒木というハワイ出身の日系人米軍通訳兼サックス奏者のような、「アジア系」ジャズ・ミュージシャンたちの貢献も忘れてはいけない。(ちなみに、荒木はのちにハワイ大学で日本文学の教授となった。)キーコとコンデは主にスウィング・スタイルを、荒木は当時新しいビバップを、戦時中ジャズから隔てられた日本のミュージシャンたちに紹介、指導することによって、戦後初期の日本のジャズの発展に欠かせない存在だった。また、彼らが「アジア人の顔」をしながらかなり高度な新しい(と認識された)ジャズを演奏することによって、その音楽に魅了された若い日本人ミュージシャンにも勇気を与えた、という役割も果たしていただろう。

以上、日米それぞれの社会状況や歴史体験の違い、そしてスウィングが普及した時期の違いを強調してきたが、共通点も見逃したくない。まず、両国においてスウィングが一番はやった時期というのは、日常生活の厳しい時代であったことに留意すべきである。もちろん一九三〇年代の大恐慌のアメリカ社会と壊滅的な敗戦を体験した日本は、いろいろな意味で全く歴史体験が異なっていたことはいうまでもない。だが、〈スウィング〉というきわめて元気で明るい音楽が流行ったのは、ともに両国民にとって労苦の多い時期であったという点は注目に値すると思う。

また、戦後初期の日本において〈民主主義〉が大きなキーワードとして氾濫し、そして〈民主主義〉も〈ジャズ〉（＝スウィング）も容易に〈アメリカ〉を連想させる以上、日本においても、ジャズは「民主主義的な音楽」であるという漠然としたイメージがあったといえる。混沌とした戦後社会の中で、出自や家柄とは関係なくジャズに熱中したミュージシャンやファンたちは同じ次元を占めていたといえる。おそらく、スウィング・ミュージシャン自身の社会階層から見ると、日本のほうがアメリカよりも「民主主義的」だったかもしれない。また、アメリカではスウィングを通して白人と黒人やさまざまなエスニック・マイノリティが一緒にジャズを楽しむことができたのと同様に、占領下の日本では、さまざまな人種のジャズ・ミュージシャン（白人、黒人、そしてほかのアジア系のミュージシャン）に接する機会をもった意味で、やはり民主主義の匂いを嗅いだと感じた日本人が少なくなかったことが容易に想像できる。

ただし、アメリカと日本でのジャズ受容を比較するとき、決定的な違いがある。これはあまりに明白すぎて見過ごされがちであるが、すなわちアメリカ人にとって、ジャズは〈自国の音楽〉だけでなく、アメリカを最も代表する音楽であるという認識が強いのに対し、日本ではジャズは同じく〈アメリカを代表する音楽〉でありながら、あくまでも〈他者の音楽〉であり、しかも終戦直後の頃には〈占領軍の音楽〉だった、という違いである。

アメリカ人がジャズを語るとき、愛国心に満ちた口調になることはめずらしくない。そしてモダンジャズの場合、アフリカ系アメリカ人が転じて「わが民族の音楽文化である」というエスニック・プライドによって、排他的な黒人ナショナリズムに膨張する発言も(特に一九六〇年代と九〇年代に)めずらしくなかった。どちらの主張にしても、日本人から見れば、自分は部外者である。

ジャズに対するアメリカのこのような「所有意識」あるいは「特権意識」が戦後のあらゆる時期において日本のミュージシャンや文化人の間で反感をそそることもあり、結果として逆に日本なりの文化ナショナリズムに発展することもあったように思う。愛国心が抵抗する愛国心を呼び起こす、ということができる。次章で紹介する服部良一の独自の「スウィング論」は、戦後初期における文化ナショナリズムの一例として読み取れるだろうが、同時期のジャズ言説を見渡すと、とにかくジャズは〈他者の音楽〉であるという意識が目立つ。たとえば、紙恭輔は一九四七年の『音楽の友』誌上で日本人のジャズ摂取を次のように要約している。

総体的に言って、日本人には、節を捕らえる力のある人はあっても、和音に対する感受能力は甚《はなはだ》欠けている。この事は、日本の音楽が、節の取り扱いに入念なのに反して、和音の取り扱いに欠けてたことに起因していることは明らかである。逆に西洋人は素質的に和音を捕捉する力に富んでいる。殊に、アメリカのジャズ音楽は、和音をしっとりと味わうように出来ているのである。(14)

やはり、戦後初期、日本人は果たしてジャズを身につける「素質」があるかどうかというような問題がクローズアップされていたようである。ジャズ(＝スウィング)はまだ新しい音楽であったという認識が確認できよう。しかし、この記事が発表された一九四七年頃は、それこそ新しいジャズがアメリカで話題を呼び始めていた時期であった。

ビバップの反抗

アメリカでは、ビバップは終戦直後からせいぜい一九五〇年代初期までが「全盛期」といえる。(実際にビバップは一九四〇年代初期からニューヨーク市を中心に演奏されていたが、戦時中全米のレコード制作が資源不足のために制限されていた結果、本格的なビバップがレコードとして発表されたのは一九四五年からだった。(15))

日本の場合は、一九四八年からレコードなどが紹介され、松本伸のイチバン・オクテットというネオ・バップのようなバンドが結成されていたが、守安祥太郎や秋吉敏子とその周辺のミュージシャン(宮沢昭、渡辺貞夫、清水潤など)が本格的にビバップを勉強し始めたのは、だいたい一九五〇年以降だった。守安の唯一の録音である伝説的な一九五四年の『幻のモカンボ・セッション'54』を現在聴くと、守安の技量に感銘を受けながらも、全体としてその時点でビバップがしっかり日本の地に根付いていたというよりも、むしろこれからビバップの種を植えようという状況であるような印象を受ける。(16)

今思えば、終戦後に渡辺貞夫が習い始めたクラリネットという楽器も、スウィング音楽と同じく、その時点ですでにアメリカのジャズ界から(ディキシーランドバンドを除けば)姿を消しつつあった。スウィング全盛期には、クラリネットは単なる人気楽器だっただけでなく、有名なバンドリーダーの、渡辺が証言するとおり「花形楽器」だったのである。ベニー・グッドマンを始め、アーティ・ショー、ウディー・ハーマンもクラリネットを吹く有名なスウィングバンドのリーダーだった。(ただし、なかではハーマンがかなりビバップの影響も受けていたといえる。)

また、アメリカでスウィングが衰退しビバップが若いジャズ奏者に大きな影響を与えるにつれ、トロンボーンもジャズ楽器としての人気が(クラリネットほどではないが)急落するようになる。トロンボーン吹きで著名なバンドリーダーにはグレン・ミラーとトミー・ドーシーがいるが、ビバップが得意とする猛スピードの即興演奏には、トロンボーンよりもトランペットとサックスのほうが向いており、いわゆる「ビバップ革命」以降、トロンボーンはジャズ楽器として一歩後退したといえよう。(いうまでもなく、カーティス・フラーやJ・J・ジョンソンのような例外的なトロンボーン奏者がビバップに卓越していたし、フリージャズの出現以降トロンボーンもクラリネット——とくにバスクラリネット——もジャズ楽器として復活したことを付け加えるべきだろう。）

しかし、日米両国においてモダンジャズの原点であるビバップが及ぼした影響というのは、単にジャズ楽器に対してだけではない。ビバップのめまぐるしいコード進行と不協和音を多く含む即興演奏が、聴衆と音楽との関係に大きな変化を迫った。以上述べたように、スウィングの主な演奏場はダンスホールやボールルームなどであり、日本の場合は、ダンスホールの他にも占領軍基地内のクラブがあった。当時、米軍基地や施設が日本全国に点在しており、したがってスウィングの演奏場が日本の辺鄙な地方にもあったわけである。これに対し、日米両国においてビバップは、通常大都会中心の狭く暗いジャズクラブで演奏されていた。この演奏場の変化には、いろいろな理由が挙げられるが、ビバップ・ミュージシャンたち自身の姿勢も大いに関係していた。いわば、「俺たちの音楽は踊るためにじゃない、聴くためにあるんだぜ」、という自負が演奏空間に反映されていたといえる。また、ビバップの音自体（早いスピードと複雑なリズムと不協和音を含んだハーモニー）が、スウィングの付随物だったダンスを、その後のジャズ界から追放してしまった。

ジャズの主流（つまり、スウィングジャズ）に対するビバップのもうひとつの〈反抗〉としてよく挙げられる要素は、「商品化」に対する抵抗意識である。すなわち、ビバップのミュージシャンたちは、隠語を好み、あまり聴衆に対し愛嬌を振りまかず、そして既述したとおり難解な音楽を演奏することによって、その音楽を安易に商品化(大衆化)することを拒絶していた、ともよくいわれる[17]。

しかし、一九七〇年代末期のパンクロックや近年のヒップホップなどで確認できるように、いくら反抗精神を保持しようとしても、その姿勢を体現している(と思われる)〈ファッション〉は、速やかに摂取され商品化されやすい。終戦直後のビバップも例外ではなく、ディジー・ガレスピーのサングラスとやぎひげとベレー帽などがそのまま一九五〇年代の若い白人の「ビート族」たちの間で流行した。また、チャーリー・パーカーのヘロイン常用も黒人・白人問わず、ビバップ狂の若いミュージシャンたちの間に大流行し、その後、当分の間アメリカのジャズ界の悩みの種となったことは周知のとおりである。

ビバップのイメージを要約すれば、こまめに編曲された、大きな集団による〈大衆向け〉のスウィングに対し、ソロの即興プレーが中心の、五、六人編成のグループによる難解な〈通向け〉の芸術音楽である、ということになろう。またビバップ奏者のイメージとなると、映画や小説で、どちらかといえば「孤独な天才」あるいは「商業主義に妥協しないために苦労する芸術家型」というロマンチックな描写がよくなされる。日本とアメリカでは、スウィングとビバップが、それぞれ流行った時期が違ったにもかかわらず、各スタイルに対するイメージは、両国においておおよそ一致しているといえる。

ビバップを始め、モダンジャズが日本のジャズ界全体(つまり、演奏する側と聴く側)に浸透し始めたのは、早くても一九五〇年代末だった。しっかり根付いたのは、一九六〇年安保以降だっただろう。要するに、日本ではアメリカ占領開始から一九六〇年安保闘争までの間は、「ジャズ」とは、比較的にとっつきやすい大衆音楽のイメージが強かったということである。その時点でビバップはすでに全盛期をすぎていたが、現在にいたるまで、ジャズ演奏のメインストリームを決定づけたといえる。たとえば、ピアノ・ベース・ドラムの各楽器の奏法および関係は、基本的にビバップを継承しているではないか。そしてリズム・セクションの役割は、ビバップ時代とそれほど変わっていないだろう。また、少人数編成のグループ(トリオないし六人編成のバンドまで)が主流を占めるようになったのも、ビバップの影響だといえよう。しかし、このような音楽的な側面と並んで、ビバップは一般人のジャズに対する認識を大きく変えたことも見逃せない。すなわち、ビバップのおかげで、〈ジャズ〉はその後、主にアメリカの黒人によって創られた、即興を中心とするきわめて高度な音楽である、というイメージを形成したといっても過言ではないだろう。

「女立入禁止」のジャズ言説——秋吉敏子を中心に

既述のとおり、日米両国において(歌手を除けば)ジャズはきわめて男性中心に発展した音楽である。だが、ジャズのあらゆるスタイルのなかで、最も男性中心的で〈マッチョ〉なのは、ビバップだったにちがいない。もちろん、ディキシーランド、ストライド・ピアノ、そしてモダンやフリー系において、オリジナリティに富んだ女性の一流ピアニストはけっしてめずらしくない。たとえば、アメリカのジャズ界で活躍した女性ピアニストでは、サッチモの(一時)妻だったリル・ハーディング・アームストロング、そして過小評価され続けてきたメリー・ルー・ウイリアムズも見逃せない。現役の女性ピアニストでは、ジェリ・アレンやカーラ・ブレイやジョアン・ブラッキーンなどが挙げられる。ピアノ以外にも、スウィング時代(とくに戦時中)には女性だけで結成されるビッグバンドも数々出現した。現在のジャズ界では、ピアノやボーカルだけでなく、ドラムからバイオリンまで第一線で活躍している女性ミュージシャンが見受けられる。(18)

終戦以降の日本のジャズ史を調べても、似たようなパターンが見受けられようが、日本でのビバップ発展には女性の秋吉敏子の存在がきわめて大きいという点では、アメリカの「女性とジャズ」の歴史とははっきり異なる。アメリカのビバップにおける女性ミュージシャンの「活躍度」や「知名度」は、他のジャズ・スタイルに比べてはるかに劣る。たしかに、ディジー・ガレスピーのビバップ系のビッグバンドには編曲者兼トロンボーン奏者のメルバ・リストンという女性ミュージシャンがしばらく加わったことが例外として挙げられるが、アメリカのジャズ界でのリストンは日本における秋吉の重要性には比べられないだろう。

秋吉の自伝『ジャズと生きる』(岩波新書、一九九六年)から判断すると、一九五六年に渡米してから、彼女は二重の負担を背負わされたということが窺える。ひとつは日本人としてジャズをアメリカでやろうとすること、もうひとつは(日本人の)女性としてジャズをやろうとすること。確かに、はじめのうちはこのユニークな立場のおかげでアメリカ人にめずらしがられたり、ちやほやされたりすることもあり、これが結局一種の商業的なきっかけにもつながったことは否定できないだろう。たとえば、初期のレコードジャケットやジャズ雑誌の写真では秋吉が着物姿でピアノを弾いている。このようなエキゾチックな「東洋情緒」が当時のアメリカ人に好まれたということだろう。なにせ日本占領が終わって間もないし、日本に対するイメージというと、まだ「フジヤマ・ゲイシャガール・スキヤキ」の時代であったから。とはいえ、秋吉の(おそらく要求されたと思われる)着物姿がいい宣伝になったとしても、それだけで約半世紀にわたるプロとしてのジャズ生活を支えるには決して足りない。やはり本人の才能、努力、そして根性を評価すべきだ。しかし、このような資質は男性なら美徳とされるにしても、当時の日本社会では女性なら「美徳」どころか、秋吉のように真剣にジャズと取り組む女性がほとんど蔑視されるはめになったことが、以下の『朝日グラフ』誌(一九五五年七月二〇日付)の記事から十分窺えよう。

この記事の題名は「お弾き遊ばせ――女性ジャズ・リーダー」。軽いユーモアを効かせているものの、女性のジャズ・ミュージシャンを小ばかにしているところが少し気になる。やはり「お弾き遊ばせ」というと、お高くとまった良家の婦人同士の会話を想像させられ、「奥さま、お琴を一曲どうぞ」、あるいは居間に、白いレースのかかったピアノに案内しながら吐くせりふ。いずれにせよジャズの生々しい世界から程遠い場面を連想させるのがこの題名のねらいではないだろうか。

同記事は秋吉敏子のほかに六人の女性バンドリーダーを写真一枚と一段組の文章をもって一人ずつ紹介している。この文章を注意して読むと〈人種〉や〈ジェンダー〉や〈ナショナリティ〉などの問題がいろいろな形で表面化するし、また一九五〇年代までの一般の日本人のジャズに対する意識もよく表れていると思われるので、少々長くなるが、以下、詳しく取り上げたい。この記事のはじめでは一九五〇年代半ばのジャズ状況を要約しながら女性のバンドリーダーの現状を次のように説明している。

バンド・マスターは、演奏する曲目を選んだり、新しい曲を編曲して楽団員をリードしてゆくのが役目、なかには楽団全体の経済まで切り盛りしてゆく人もいるが、男ではともかく、女性では流石にそこまでやりこなすのはほとんどいない。一応はバンド・マスターと名のってはいても、まずはリーダーとよぶのがギリギリである。日本のジャズは、アメリカ軍の進駐で、どっとはやり出した特殊事情にあるだけに、これまでは〝進駐軍慰問〟が一番の職場で、あちらさんの人気とりが第一、技量は二の次という時代があり、女でも容姿に物いわせて月一〇万円ぐらいは軽く稼ぐブームもあった。しかし朝鮮戦乱が終わって米軍のクラブが減り、ＪＡＴＰ（引用者注：ジャズ・アット・ザ・フィルハーモニック。全米を始め、世界各国を巡ったジャズコンサート組織）やルイ・アームストロングの来日で〝本格〟が出るに及んで、ひところのジャズ・ブームも色あせ、ひととき騒がれた女の子もお嫁に行ったり男性に席をゆずったのが多い。アメリカに女ばかりのバンド、アンナ・レイ・ハットンというのがあって二〇余名の楽団員を抱えているが、あちらでも珍しい例であって見れば、日本では女性ジャズメンは、まだまだ本格にはほど遠いようである。

ここで触れている「ひところのジャズ・ブーム」とは、一九五三年前後のことであるが、当時、多くの日本人にとってジャズとは、ベニー・グッドマンやグレン・ミラーのようなスウィング系、またはスウィング以前のディキシーランドジャズ、あるいは今日「ジャズ」と全く見なされないさまざまなダンスミュージックや歌などを指していたのである。

さて、上記の記事の続きを引用しよう。紹介される「まだまだ本格にはほど遠い」七人の女性ジャズ・リーダーのうち、最初に登場するのは、それこそ本格的だった秋吉敏子である。

アルト・サックス、ベース、ドラムの男性ジャズメンに彼女のピアノでコンボ・スタイルのコージー・クワルテットをリードしている。一昨年来日したJATPのノーマン・グランツに認められ一時は渡米の噂もあったほど。ジャズ音楽の最盛期には男性を尻目にジャズ・ピアニストのNO・1にのし上がったが、ジャズの退潮で彼女流のリアルな演奏も人気がつづかず「七重奏までもって行ったバンドも昨年末に解散。私の一年分ぐらいの出演料をフイにしてしまったのよ」と些《いささ》か興奮の態。最近再び四重奏で復活したが「近頃のプロモーターはショウ・アップしろとかコマーシャルな演奏をやれというんですけど、私は私のやり方でやります」と。ファンの外人、殊に黒人の多く集まるジャズ喫茶店などで活躍。「よその楽団で弾いたりソロをやればいい収入になるけど私は〝勉強〟がしたい」と〝勉強〟という言葉を盛んにふりまわして、混血児のようなねっとりとした情熱型でピアノを叩いている。大連生まれ。

この記述を軽く読み流してしまえば何とも思わないが、ちょっと注意して読むと、かなり嫌味の多い文章だということに気づくだろう。特に最後の文となると、「〃勉強〃という言葉を盛んにふりまわして」といった言い方は、もし渡辺貞夫のような男性ミュージシャンであったら、はたして使われただろうか。いや、男性だったら、勉強熱心であり、経済的に自ら損をしても商業主義の道を歩まない、という断固とした秋吉の姿勢をむしろ誉めそやすのではないか。また、秋吉は（女らしく）ピアノを「弾く」のではなく「叩く」、と書かれていることも見逃してはいけないと思う。

しかし、上記の短い文章のなかで最も奇妙な表現は、何といっても「混血児のような」というくだりである。いったいどういう意味だろうか。確かに一九五〇年代前半の日本の新聞や雑誌（とくに『婦人公論』のような女性雑誌）を眺めると、「混血児問題」という言葉がやたらと出現する。いわゆる「混血児」は当時社会問題として認識され、注目されていたわけである。だがしかし、この文脈での「混血児」の使い方があまりにも唐突なので、やはりこれを書いた記者（間違いなく男だろう）が秋吉を軽く誉めながら実際には引き摺り下ろそうとしているのではないかとしか思えない。

「混血児」は異人種混合の望ましくない結果という認識に基づくことばであり、したがって純血（そして純潔）という理想（そして幻想）を脅かすものである、と理解してもよかろう。さらに、秋吉が「外人、殊に黒人」のたまる喫茶店でよく演奏すると書いてある。(19)この記事を書いた記者は、あるいは野坂昭如の「アメリカひじき」の主人公なみの精神の持ち主かもしれない。そうだとしたら、次のような解釈が成り立つだろう。すなわち、この記事の記者がたった十年前まで「鬼畜米英」を口癖に自己陶酔し、敗戦後のアメリカ占領は内心「日本男児の恥」だとの思いを静かに燃やしつづけ、そしてアメリカ占領も朝鮮戦争も終わった一九五五年当時、秋吉を目の当たりにすると「わざわざ毛唐と付き合いたがるヤツ」と彼女が憎たらしく見え、あのような女は純白な大和撫子らしからず、つまりどことなく「混血児」を連想してしまう。そんな彼の心のうちを想像しては考えすぎだろうか。

いずれにせよ、実際にその後、秋吉敏子のアメリカのジャズ界での成功を可能にしたのは、才能だけではなく、まさに彼女の「女らしくない」まじめさ、意思の強さ、そして自分の芸術に関して妥協しない強固な姿勢だろう。また、共演者が白人であっても黒人であっても怖がらずに「本番」に挑戦する姿勢も、彼女の成功に大きく貢献したに違いない。もし〈ジャズ〉を〈民主主義〉に結びつけ、ジャズを通していわゆる「アメリカンドリーム」を実現した例を探すなら、秋吉敏子は好例となろう。だが、この記事が反映するように、彼女が女性だということで、「異人種」の人間と交流を持つことは、純粋な日本人としてのアイデンティティが「犯される」ことにつながり、結局同国民から

「異端者扱い」されるはめになることもあった。男なら単なる「冒険」が、女となると「不純」に見えるらしい。

しかし思えば、ジャズはさまざまな意味で「混血」の音楽といえる。ごく乱暴で短絡的な言い方だが、ジャズの起源というのはヨーロッパからのマーチングバンドの楽器とハーモニーを取り入れ、アフリカ系アメリカ人の文化で育ったリズムやブルーノートのメロディーや即興の伝統などを全部混合したところにある。ジャズ史の研究家が明らかにしているように、ジャズの「発祥地」とされているニューオーリンズでは、二〇世紀初期において、白人と黒人ミュージシャンのほかに「クレオール」というまさに「混血」ミュージシャンが初期のジャズ形成に大きな貢献を遂げた。たとえば、初期のジャズ発展において重要視されている三人のミュージシャン――つまりシドニー・ベシェー、ジェリーロール・モートン、フレディ・ケッパード――は皆自分を「黒人」とみなさず、むしろミックスである「クレオール」と自称していたそうだ。[20]要するに、ジャズはあらゆる意味でまさに混合によって出来上がった音楽であり、純血主義の思想と正反対の音楽文化を代表するものだといえよう。

ところで、上記の秋吉の記述に比べ、その他の六人の女性バンドリーダーに対する紹介文は、かなり甘口で同情的にみえる。その原因のひとつとして、残りの六人の場合、秋吉ほど自分の音楽に対する姿勢が厳しくないことが挙げられるのではないか。また、六人のうち四人が「娘ばかり」のバンドを率いていることも関係あるだろう。二人は秋吉と同じく、自分以外は男ばかりの編成のバンドを率いているが、一人は「「米軍もいつかは帰国する」と手まわしよく進駐軍慰問から日本人キャバレーに転向」というように、外人客に背を向けたことで、この記者の好感を得ている、とも想像できる。もう一人の男を率いる女性バンドリーダーは、秋吉との対照的な態度が目立つ。彼女に関する描写は、「民謡、童謡、歌曲などをジャズ化して演奏、「八百屋みたいになんでもやり」まずは売れっ子。近頃は外人から五〇万円で買ったとかの五二年中型モリスを自分で運転している」。秋吉のもつジャズに対する執念がこの女性にはないようで、「なんでもやる」し、また立派な消費欲もあるところが安心の種かもしれない。(おまけに外人から外車が買えるぐらいの経済力があるとは！　しかし実をいうと、この記者はほかのミュージシャンの記述のなかでも車のことに触れているので、もしかしたら音楽よりも車のほうに興味があるのかもしれない。)

ちなみにこの記事が取り上げている六人の女性バンドリーダーとは、「スウィング・バンド」のリーダーであるサックス奏者の中村勝子、「ストリング・バンド」を率いる「八百屋みたいになんでもやる」ピアニストの末広ゆき、「ジャズ・バンド」のリーダーであるピアニストで日本人向けのキャバレーに転向した長谷川米子、女だけ六人編成の「ハワイアン・バンド」のエセル・中田(エセルは芸名、鎌倉生まれの日本人)、そして二人の「ウエスターン・バンド」のリーダーである赤峰倫子と木原まつ子である。

今日の若い読者が以上のバンド編成を聞くと、「ストリング・バンドも（カントリー）ウエスタンもハワイアンもジャズなのか？」と不思議に思うかもしれない。ところがすでに述べたように、一九五〇年代末までは多くの日本人にとって「ジャズ」とは、アメリカ大衆音楽全体を指していたようである。戦後日本のジャズ界で活躍したビッグバンド、シャープス＆フラッツのリーダー原信夫は、「タンゴもハワイアンもウエスタンも全部ジャズと呼ばれて」いたと証言している。(21) したがって、戦後に江利チエミの歌った「テネシー・ワルツ」や、笠置シヅ子の「東京ブギウギ」をはじめとする日本語で歌われていた一連のブギウギのヒットソング（「日本流ブギウギ」というべきだろうが）なども、多くの日本人に「ジャズ」だとみなされていたようだ。もちろん本格的なジャズを認識しているファンもなかにはいたが、彼らは例外だった。ここで強調したいのは、何が「正統派」のジャズであるかないかというより、当時の多くの日本人にとって、ジャズは「アメリカから入ってきた大衆音楽一般である」という認識が圧倒的だったということである。そして外国イコールアメリカという時代であっただけに、アルゼンチンのタンゴやハワイアン音楽なども「アメリカ」の傘下に入っていたことになる。次章でそのようなジャズ像を日本の対照的な戦後映画を通してさらに追求したい。

第2章　大衆文化としてのジャズ

——戦後映画に響くもの

僕がジャズ・ミュージシャンを志したのは、何といっても宇都宮の少年時代に受けたアメリカのポピュラーソングとアメリカ映画の影響がものすごく大きかったと思います。終戦後のアメリカ映画は一種の文化政策だったんでしょうが、デモクラシーの素晴らしさとか、アメリカってなんて素晴らしい国なんだろうと感じさせるものが多くて、そのカルチャーショックたるや、たいへんなものがありましたよね。(中略)高校一年の時(昭和二三年/一九四八)にビング・クロスビー主演のアメリカ映画『ブルースの誕生』を観て、どうしてもクラリネットを吹きたくなり、無理やり親父にねだって買ってもらったんです。

——渡辺貞夫(1)

〈ジャズ〉と〈映画〉、そして〈ジャズ映画〉

終戦直後の日本には、占領軍と一緒にアメリカ中心の外来文化がなだれ込み、そのなかでハリウッド映画とジャズ音楽が大きな影響を及ぼしていた。渡辺貞夫と同様、アメリカ映画を通してジャズに初めて接した日本人は少なくないはずである。戦後初期の日本において、ジャズとハリウッド映画は、アメリカ文化全体を代表するものとして広く認識されていた。

ジャズと映画とは、共通点が多い。たとえば、両方とも本格的に始まったのは、二〇世紀初期から、欧米ではその人気の最高潮が(国によって異なるのだが)だいたい一九三〇年代から一九五〇年代、つまり二〇世紀の中ごろである。ちなみに、日本の場合、映画観客動員数がピークに達したのは、後に取り上げる『嵐を呼ぶ男』の上映と同じく一九五八年であり、同年には観客動員数は、のべ十一億二千七百万人に達した。(2)

また、ジャズも映画もいかにもモダニティ(近代性)およびモダニズム(近代主義)を象徴している、とよく指摘される。いうまでもなく、「活動写真」と呼ばれていた映画は、さまざまな技術的発明なくしては存在しえない。同様に、ジャズの場合もレコードやラジオやジュークボックスなどという近代的なメディアなくしては、それほど広まらなかったにちがいない。しかも、映画史上、最初のトーキーはアル・ジョルソン主演の『ジャズ・シンガー』(一九二七年)だった。

映画と同じく、ジャズという音楽は、文化的に常に「高尚な芸術」(serious art)と「大衆文化」(popular culture)――言い換えれば〈高〉と〈低〉――の間を占めるごく曖昧な位置づけをされてきた。最近の例をひとつ挙げれば、「ニューヨーク・タイムス」などの米国紙は、「今週の音楽」のコンサート案内欄や音楽評論欄で、“Classical”と“Jazz”と“Popular”のように分類している。前章で述べたように、アメリカでは一九三〇年代後半というスウィング全盛時代においては、ジャズ(スウィングジャズ)がアメリカの大衆音楽だったといえるのだが、第二次大戦後のアメリカでは、ジャズ（今度はモダンジャズ）が一般聴衆の間で流行らなくなった一方、「まじめな芸術」であるというイメージがだんだん定着し、したがってジャズとポピュラーミュージックが区別されるようになってきた。しかし、ジャズはポピュラーミュージックより「高い」評価を受けているとはいえ、依然としていわゆる「クラシック音楽」ほどは高くない。

ジャズと映画が「高尚文化」と「大衆文化」の中間を占めるという曖昧な位置づけは、肯定すべき役割を果たしているともいえる。つまり、これまでに触れたような〈高・低〉の二項対立的文化観に対する疑問を投げかけること自体に価値がある。〈高〉・〈低〉のどちらにもつかないことによって（あるいは両方に同時に当てはまることによって）ジャズと映画は、それまでに「常識」とされてきた二項対立思考の文化観の見なおしを促す、大げさに言えば「解体」していく、という役割をはたしてきた。ジャズと映画はモダニズムに結びつけられている芸術ジャンルだが、この二項対立思考を揺るがしている点においては、「モダニズム」よりも「ポストモダン」的な要素も含有しているだろう。

既述したとおり、日本でのジャズ受容の歴史を考えるとき、映画の存在は見逃せない。だが、意外にも〈ジャズと日本映画〉というテーマに関するエッセイや研究などは少ないようである。[3] たとえば、評論家の植草甚一がジャズを扱っている映画について数多くのエッセイを残しているが、そのほとんどはフランスその他の欧米の作品に限られる。植草氏は日本映画にはあまり興味がなかったのか、それとも日本映画の中で使われているジャズが気に食わなかったのか、とにかくこのテーマに関してはほとんど触れていないらしい。(4) 同様に評論家の野口久光の『私の愛した音楽・映画・舞台』に収録されている〈ジャズと映画〉をめぐるエッセイがいくつかあるが、いずれも植草と同じく欧米映画一辺倒に見える。また、『スイングジャーナル』誌が一九九四年に『ジャズ・ムービービデオ百科』という別冊の特集号を刊行したが、同号ではフランスやアメリカ映画に対する写真込みの紹介文には百ページ以上を費やしているのに対し、日本映画についてはたった二ページしか割いていない。

このような状況はどう理解したらよいだろうか。確かに、まずジャズを何らかの形で扱った日本の映画は、アメリカやフランスなどに比べ、数が多くはない。また、そのなかで、作品自体あるいは吹き込まれているジャズの演奏自体として、世界に誇れる「名作」は少ないかもしれない。だが、どこの国においても名作と呼べる作品はそれほど多くないはずだから、やはりそれだけが原因だとは思えない。

あるいは、冒頭の渡辺貞夫の発言が示すように、戦後しばらくの間日本の若者の間ではいわゆる「アメリカかぶれ」の傾向が強かったことが関係しているかもしれない。「日本映画なんかつまらない」、それとも「日本のジャズメンが演奏している映画はどうでもいい。やはりアチラの本場のものを見たい」などという反応もあったのだろうか。

逆に、日本のインテリたちのなかには、アメリカ文化全体(音楽・文学・映画のいずれにせよ)を蔑視し、しかも自国日本の映画や音楽に対してもまったく興味を示さず、フランスやドイツなどヨーロッパの「文化大国」の前ではひれ伏さんばかりの態も見られる。結局どちらのタイプでも、「西洋崇拝・東洋蔑視」には変わりないだろう。

ところが、ジャズを扱っている日本映画を見なおすと、映画の種類にしても使われている音楽にしても、すばらしくバラエティーに富んでいることに気づかずにいられない。たとえば、日本映画では、ディキシーランド、スウィング、ブギウギ、フォービート系のモダンジャズ、そしてフュージョンや前衛のフリージャズまで、思いがけないほど幅広いジャズを聴くことができる。また、ジャズを扱っている日本映画は、硬派の作品から完全な娯楽映画まで、そしてピンク映画から実験映画まで(実験的なピンク映画も含めて)、実にさまざまである。確かにジャズを扱っているアメリカやフランス映画は膨大な数に及ぶし、マイルスやモンクなどの名演が残されている作品もあるが、日本映画の場合、この視覚的・音楽的多様性が特徴であり、十分に注目に値すると思う。

映像と音

本章ではジャズを扱っている二本の映画を取り上げるが、その前に「映画音楽」に関する基本的な理論を紹介したい。まず、「映画音楽」と書いたが、正確には「映画と同時に流れる音楽」と書くべきかもしれない。というのは、いわゆるサイレント(無声)映画にも、音楽や音響効果が伴う場合がめずらしくなかったからである。映画館内でオーケストラやパイプオルガンなどのライブ伴奏による音楽もあり、すでに録音された音楽が流れる「サイレント」映画の場合もあった。さらに、音響効果が「演奏」されることもあったことを忘れてはいけない。したがって、「サイレント映画」ということばはふさわしくないといえるだろう。それに対し、日本語の「無声映画」という表現の方が正確に思えるかもしれないが、初期の日本映画における弁士の存在を考えると、やはり当時の日本映画も厳密には「無声」とは呼べないだろう。ともあれ、本章で注目する戦後初期の時代には、当然のように映画にサウンドトラックがついていたので、その類の映画に限定して近年の「映画と音楽論」に絞って触れよう(5)。

映画における音楽は大まかに二つのタイプに分類できる——(一)〈同時音〉、つまり音の源泉(たとえば演奏しているミュージシャンやラジオなど)が画面のなかに写る場合、また音源が画面と同次元にあることが分かる音の場合と、(二)〈非同時音〉、映画の画面内の世界には属さない音、つまりバックで流れる「描写音楽」や「ムード音楽」である。これらはまた〈現実音〉対〈注釈音〉という区別にも大まかに当てはまるだろう。しかし、同じ作品の場面の中で、非同時音から同時音に移り変わる、あるいはその反対の例もあるので、この二分法の区別はあくまでも理論的な参考のためであり、実際には同じ映画の場面において共存することがめずらしくないことを念頭におく必要がある。
論者の間では、〈映像と音〉の関係に関する活発な議論が長年交わされてきたが、音に対する映像の優位性の議論がとくに繰り返されてきたようである。つまり、映画の世界において、映像があくまでも優位であり、〈音〉は〈映像〉という視覚的な世界を強調したり引き立てたりするための次位的な役割を担うという論、そしてそれに対し音の重要性を主張する論があるが、いずれにせよ、どちらの論も主に非同時音(注釈音)を対象にしていることに注目したい。

ところが、本章で取り上げる黒澤明監督の『酔いどれ天使』と井上梅次監督の『嵐を呼ぶ男』の両作品でのジャズは、同時音としても非同時音としても出現する。ただし、同時音として出現する場合が多い。『酔いどれ天使』そして黒澤のその他の戦後初期の映画で「ジャズ」が流れるときは、その源泉(演奏中のバンド、音の源泉である楽器、あるいはダンスホールやラジオなど)がだいたい画面中のショットとして(少しだけでも)映るパターンが目立つ。その結果、作品のなかの音が観客に一層意識されることになる。一方、黒澤の作品でのクラシック系の音楽は、主に非同時音として出現することに留意すべきだろう。

ジャズが短い間しか映らない黒澤映画と対照的に『嵐を呼ぶ男』は、(架空の)ジャズドラマーをめぐる映画であり、演奏や練習の場面がかなり長い。とはいえ、この作品は

けっして ジャズファンを対象に作られた映画だとは思えない。後に詳しく論じるように、『嵐』はセンチメンタルな「母物」であるが、石原裕次郎という新人俳優のあふれんばかりのエネルギーとカリスマ性が成功の元だったといえる。

では、同時音と非同時音の区別をさらに明白にするために、ジャズを扱った最近の映画をいくつか例に挙げよう。まず、同時音からいくと、ベルトラン・タヴェルニエ監督の『ラウンド・ミッドナイト』(一九八六年、サックス奏者のデクスター・ゴードン、ピアノのハービー・ハンコック主演)、クリント・イーストウッド監督のチャーリー・パーカー伝記映画である『バード』(一九八八年)、スパイク・リー監督の『モー・ベター・ブルース』(一九九〇年、音楽担当は監督の父親であるベース奏者のビル・リーそしてブランフォード・マルサリス、主役のデンゼル・ワシントンのトランペットの部分を吹き込んだのはテレンス・ブランチャード)などがよく知られているだろう。ジャズが同時音としてよく現れる日本映画も少なくないが、第七章でも触れるので、ここでは最近の例を多少列記するに留める。深作欣二監督の『上海バンスキング』(一九八四年、斎藤憐原作)、一九八六年の『キャバレー』(栗本薫原作・角川春樹監督)、同年の筒井康隆原作の『ジャズ大名』(最後の場面には山下洋輔が登場)、クレージー・キャッツが登場する『会社物語』(一九八八年、市川準監督)、鈴木いづみと阿部薫の関係をめぐる若松孝二監督の『エンドレス・ワルツ』(一九九五年、稲葉真弓原作)、和田誠監督の『真夜中まで』(二〇〇一年)、阪本順治監督の『この世の外

へ　クラブ進駐軍』(二〇〇三年)、そして二〇〇四年公開の『スウィングガールズ』(矢口史靖監督)などがある。

画面には演奏者の姿が映らないが、ジャズが「注釈音」や「非同時音」としてバックに流れる映画は多く、その中でも日本で最も影響が大きかったのは、おそらく一九五〇年代後半に作られた一連のフランスのヌーヴェルヴァーグ映画だったのではないかと思われる。たとえば、ルイ・マル監督の『死刑台のエレベーター』(一九五六年、マイルス・デイヴィスの即興演奏が印象的)、ロジェ・ヴァディム監督の『大運河』(一九五七年、音楽は全編モダンジャズ・カルテットによるオリジナル曲)、同じくヴァディム監督の『危険な関係』(一九五九年、音楽はセロニアス・モンク、アート・ブレイキーなど)、エドアール・モリナロ監督の『殺られる』(一九五九年、ベニー・ゴルソンが音楽担当)などが有名だろう(6)。

さて、これから『酔いどれ天使』(一九四八年)と『嵐を呼ぶ男』(一九五七年)を取り上げよう。黒澤と裕次郎。いろいろな意味で対照的な人物だろうが、戦後日本のもっとも著名なこの監督と最高の人気俳優が、二人ともジャズを扱った映画と関わっていることに注目したい。日本の戦後文化を考える上でこの二人は絶対欠かせない存在だが、さらに戦後文化とジャズを考える上で、この二つの作品は見逃せない。

天からの視点——黒澤明の『酔いどれ天使』

『酔いどれ天使』は黒澤明の戦後初の映画ではないが、黒澤自身にとっていろいろな意味で初めての映画となった。まず、これは新進俳優の三船敏郎を起用した最初の黒澤映画となった。その後一九六五年の『赤ひげ』まで監督は三船を主演に優れた作品を多数世に出している。また『酔いどれ天使』は、作曲家の早坂文雄(一九一四—五五年)が音楽を担当した最初の黒澤映画でもあり、早坂が他界するまでに、黒澤が撮った八本の映画の音楽(作曲、編曲、選曲)を担当した。そのなかには、『野良犬』(一九四九年)、『生きる』(一九五二年)、『羅生門』(一九五三年)そして『七人の侍』(一九五四年)という黒澤映画の真髄を示す作品が含まれている。

また、『酔いどれ天使』は、黒澤映画の中でいわゆる「ジャズ」を初めて使った映画であり、当時の「ブギウギ女王」と呼ばれていた笠置シヅ子が登場し、服部良一作曲の「ジャングル・ブギ」を歌う場面がクローズアップされている。この映画には、ほかにもスウィングジャズのような音楽が流れるシーンも入っている。笠置が出演するシーンについては後に触れるが、ここで指摘したいのは、「ジャングル・ブギ」の歌詞(といっても、擬声語や感嘆詞のような表現がやたらと多い)を書いたのがほかならぬ黒澤明であることだ。当時、普通の日本人に、「ジャングル・ブギ」のような日本の流行歌が「ジャズ」と見なされていたことを考えれば、黒澤が戦後日本のヒット・ジャズソングの作詞家でもあったということになる。普段の黒澤の厳格なイメージを思うと、全く冗談のような話だろう。

『酔いどれ天使』の舞台は戦後の東京の貧民街に設定されており、真田(志村喬)という医師と松永(三船敏郎)というヤクザとの関係をめぐる物語である。真田の小さな医院兼自宅はゴミが大量に捨てられ、メタンガスが発生する汚い沼に面している。一人のチンピラがその沼の隣に腰をかけ「カッコウワルツ」という曲をギターでしょっちゅう弾いたり、近所の子供達が沼の周りではしゃいだりする。沼の淀んでいる水のせいか夏にはうっとうしいほど蚊が多い。沼の向こう側には野外市場(闇市と思われる)やバーや松永がよく遊んでいる「Ｔｏｋｙｏ　Ｎｏ・１キャバレー」などがある。この設定は、終戦後の腐敗した日本社会のアレゴリーとしてみることが十分可能だ。

真田と松永という二人の主人公は一見、それぞれ善と悪を体現している対照的な存在のようだが、実は似ているところも多い。そして互いに相手を敵視しながらも、妙に気になる仲に発展していく。真田は短気な性格で大の酒好き、そしていつも無精ひげを生やしてだらしない身なりだが、見かけによらず献身的で有能な医師であり、ことに結核治療に腕がたつ。松永は周りの闇市と繁華街を組のボスに任せられている顔役であり、街を歩くと通行人たちは一歩下がり、市場の商人たちはヘコヘコするという調子である。松永が結核を病んでいることを真田が知り、治療に精を出すが、肝心な病人はヤクザとしての見栄を張って、必然的に自滅の道を進む。また病気が組員たちにばれてから、出所したばかりの岡田（山本礼三郎）という「兄貴」に情婦奈々江（木暮実千代）を取られてしまう。それだけでなく、組のボスに見捨てられ、おまけに街で顔が利かなくなり、それまでへつらっていた市場の花屋にもなめられてしまう。ついに松永は自分を裏切った岡田への復讐のため、弱っている体でナイフを持って岡田がいる奈々江のアパートに行く。それからのシーンが映画のクライマックスであり象徴的でもあるので、くわしく取り上げたい。

奈々江の部屋は二階の廊下の奥にあるのだが、その廊下はペンキを塗っている最中であり、作業用のはしごとペンキ・カンが廊下の床に置きっぱなしになっている。松永が岡田を探しに部屋に入ってから、奈々江が廊下に逃げ出して消える。松永がゆっくりと岡田を部屋の隅まで追って、ちょうどナイフで刺そうとしたとたんに、自ら血を吐いて、岡田にナイフを奪い取られ逆襲される。今度は松永が隅まで追われ、刺される寸前に、顔が実に哀れな表情に変わる。その時点で（松永が刺される場面を見せず）、ジャンプ・カットでカメラは街の市場に移り、そこで真田が松永の治療のために白い卵を慎重に選んでいる姿がクローズアップされる。このカットは少なくとも二つの機能を果たしているように思う。ひとつは、観客の緊張感をさらに高めること（「松永と岡田の格闘が今一体どうなっているだろうか」と観客を不安にさせる）、もうひとつはその後のシーンにおける〈白〉の象徴的な意味を示唆することにある。

部屋の中で松永が刺されているのでは、と一旦想像されるが、今度はアパートの廊下で倒れながら岡田から逃げようとしている場面にカメラが戻る。松永は何とか立ち上がり、振り返りながら廊下を通って逃げようとするが、床に置きっぱなしだったペンキのカンにぶつかり、白いペンキがこぼれてしまう。松永も追っかけてくる岡田も滑り、ペンキだらけになり、格闘し続ける。いよいよ岡田が追いつめて、ナイフで最後のとどめを刺し、松永が二階の外の洗濯物干し台の上に倒れ、干してあるきれいな白い洗濯物の下でペンキで真っ白になったまま、日差しを受けながら死んでしまう。その時点でこの乱闘シーンの中ではじめて音楽(非同時音)が流れ、バイオリンなどによる物静かで甘く悲しい旋律が聞こえる。

上述のシーンでは〈白〉が明らかに重要である。その「意味」が必ずしも一つの象徴に還元できるとは限らないが、映画の流れからいえば、やはり松永自身の内面的な〈明・暗〉の葛藤がここに凝縮されているといえる。松永の中の〈暗〉の部分とは、ヤクザの夜の世界(博打、暴力、大酒、女遊びそして派手なジャズとダンス)に象徴されている。〈明〉の部分とは、真田に体現されることもあるだろう。たとえば、医師用の白い衣装(また真田が白いスーツと帽子を身につける場面もある)や真田が松永の健康を取り戻すために選ぶ白い卵が挙げられる。ほかに真田と関係なく、きれいな白い洗濯物やペンキで真っ白になった松永の死に姿、そしてそれに注がれる白昼の暖かい日差し——〈明〉がこのすべてのものによって象徴されている。

さて、そこでジャズに話を戻そう。死ぬ間際にやっと〈白い世界〉に身を任せた松永は、それまで闇の世界に没頭していたが、この闇の部分を象徴するのに黒澤は〈ジャズ〉を使っている。とはいえ、『酔いどれ天使』の上映時間のなかで、ジャズがけっして長い時間流れているわけではないが、ジャズの同時音がクラシックの非同時音と〈明・暗〉の象徴的な対照をなしていることに留意したい。

黒澤映画で「ジャズ」(アメリカから入ってきたダンスミュージック一般という広い意味)に対するこのような描写は、ほかの作品でも見られる。たとえば、一九四九年の『野良犬』、一九五二年の『生きる』、そしてジャズというよりもR&Bや初期のロックンロールだが、一九六三年の『天国と地獄』が挙げられよう。これらの黒澤映画では、ジャズが低層の俗な汚れた世界を象徴しているようにみえる。『酔いどれ天使』や『野良犬』や『生きる』などで確認できるように、黒澤の戦後映画の場合、ジャズは必ずといっていいほど、乗り越えるべき粗野な汚れたものの象徴として使われている。黒澤はあくまでも堕落の世界、浅薄な精神、そして狂気じみたエネルギーにジャズを結びつけている。

『酔いどれ天使』でジャズの狂気じみたエネルギーが最も極端に表現されるのは、「ジャングル・ブギ」のシーンだろう。設定はダンスホールであり、スウィングで使われるようなビッグバンドをバックに笠置シヅ子が歌う姿にカメラがどんどん近づいていく。本田靖春が『「戦後」 美空ひばりとその時代』(講談社、一九八七年)で述べているように、「笠置シヅ子のダイナミックな動きと叫ぶようなシャウト唱法は、日本で初めて目と耳にするものであったから、いかにも時代が変わったことを私たちに実感させた」(七七—七八頁)。本田は、この時代の開放的なエネルギーをもっぱら肯定的に見なしているが、黒澤の『酔いどれ天使』では、戦後の日本社会は、どちらかといえば、画面に何度も映る、あの淀んだゴミだらけの沼の水に近い。また、この作品が上映された当時、大きな画面で笠置の演技を目の当たりにした観客は、笠置のあふれるエネルギー、派手な衣裳と大げさな表情、そして叫ぶような独特の歌い方に圧倒されただろう。

さらに『酔いどれ天使』では、黒澤らしい念入りなカメラワークによって笠置の「狂気じみた」迫力が一段と増す。というのは、カメラが笠置の顔にどんどんクローズアップしながら、松永の踊っている姿のショットを加速度的に挿入することによって、観客に歌のテンポをさらに早く感じさせ興奮を高める。また、歌の終わりに近づけば(つまり、「ぽんぽ、ぽんぽ、ぽんぽ、ぽんぽ、ぽんぽ、ぎゃー!」)、松永の踊る姿がまるで攻撃寸前の猛獣と化し、笠置の大きな「ぎゃー!」とシャウトするところで、このシーンは突然終わってしまう。黒澤らしい細かいカメラワークおよびショットと音楽を組み合わせた編集が、とにかく最大限に笠置を生かしているシーンだといえる。

ところが、現在のジャズファンなら『酔いどれ天使』という作品で、「本物のジャズ」がはたして聴けるだろうか、と疑う人もいるだろう。この問いに答えをだすために、以下の真田と松永とのユーモアに富んだ会話を取り上げ考えてみたい。松永の行きつけのキャバレーに、真田が突然現れる場面である。真田は松永の肺のレントゲンを見せてもらうために来ているが、松永はこの呑み助の医者はただ酒をねだりに来たと勘違いするのである。


(真田)「お。」

(松永)「なんだ、おめえか。酒ならもうねえぜ。」

(真田)「なに。ちょっと踊ろうと思ってね。そうばかにしたもんじゃねえ。こう見えても相当な踊り手さ。ん。あれはタンゴだな。いいね、タンゴは。クイック、クイック、スローか。はっ!」

(松永)「馬鹿! タンゴじゃねえ。ブルースだ、あれは。」

(真田)「ふん! バンドがまぬけならブルースもタンゴに聞こえることもあらあ。」


松永(そして黒澤?)に一言いわせてもらうなら、「馬鹿! ブルースじゃねえ。日本の流行歌だ、あれは。ブルースというダンスなんかねえゾ。」と意地の悪いことも言いたくなるが、日本でブルースと呼ぶなら、それが「日本のブルース」ということでよいかもしれない。「ある社会がある時点で〈ジャズ〉とみなす音楽なら、それがジャズである。」一見まったく定義にならない定義のようだが、文化とは社会と時間の経過(つまり歴史)によって常に変化していることを考慮した定義として、それなりに理にかなっている、と。

同じ問題を提起するのは、笠置シヅ子が歌うブギウギの場面だろう。「ジャングル・ブギ」は本当のブギウギだろうか、本当のジャズといえるだろうか。本来、ブギウギは一九二〇年代にアメリカで始まったソロピアノの音楽である。歌もピアノ以外の楽器による伴奏も初期のブギウギにはなかった。基本的にはブルースのコード進行に基づく構成で、左手が一小節に八つの音符によるパターンをずっと刻みつづけ、同時に、右手が自由に即興でメロディをそのリズムとコードの上に乗せるという仕組みである。ごく限られたコード進行と左手のパターンのため単調に聴こえるかもしれないが、案外高度なテクニックとしっかりしたリズム感がなくてはものにならない。上手い人が弾くと、実に愉快なノリのいい音楽である。(7) ブギウギ・ピアノの名手は、ジミー・ヤンシーやミード・ラックス・ルイスやアルバート・アモンズやパイントップ・パーキンズなどが代表的だろう。

このようなソロピアノによる本格的なブギウギは、アメリカのジャズ史のなかで特殊なソロピアノ音楽として異端視されてきたのだが、一九三八年からトミー・ドーシーやカウント・ベーシーなどがビッグ・バンド用に編曲されたブギウギを演奏することによって、ブギウギもスウィングの一部として一般のスウィングファンに認識されるようになった。(このようなビッグバンド用に編曲されたブギウギは、『野良犬』でも聴ける。)そして一九四一年のアンドリュー・シスターズの「ブギウギ・ビューグル・ボーイ」という歌詞つきの「ジャズ軍歌」が、スウィングバンドのバックでのブギ歌として大ヒットし、ブギウギがさらに本来の姿から遠ざかる一方、人気が一層高まっていった。

断言はできないが、おそらくアンドリュー・シスターズのこのビッグヒットなくしては、服部良一の一連のブギウギ(ほとんどが歌詞中心の歌である)も生まれなかったのではないか。とはいえ、服部自身は本物のブギウギやスウィングなどには詳しかった。これは同氏が、『音楽の友』や『軽音楽』などの終戦直後の音楽雑誌に書いた記事から窺える。また、服部が早くから「日本人にとってジャズとは何か」という問題を考えていたことも、当時の記事から明らかである。たとえば、『軽音楽』の創刊号(一九四六年九月)に服部が「スウィング・レッスン」という連載を始めているが、そのなかに興味深い一節がある。

アメリカの、従来ポール・ホワイトマン時代から使われて来たジャズと云うことばがほとんど使われなくなって、今やジャズ・バンドの事をスヰング・バンドと云って居る如く、すべてスヰング万能時代なのである。我が国の軽音楽にも、流行歌、歌謡曲にも、そして浪曲にも立派にこのスヰングが存在するのであって何もアメリカ音楽のみがスヰングを持ち得るのではないのである。このスヰングする気持ちがなければPOPULAR・MUSIC即ち大衆音楽は存在せないのである。

服部はここでまず当時の日本では、〈ジャズ・イコール・スウィング〉という概念が一般的だったことを確認している。また「スウィング」とは音楽のスタイルだけでなく、「スウィングする」や「スウィング感」などという意味で、リズムの要素であるということにも触れている。そして服部は後者の意味での「スウィング」は、普通ジャズのリズム的特徴とみなされがちだが、実はもっと一般的なリズムの「ノリ」を指しているものである、と主張している。さらに、これは大衆音楽としての普遍的な現象であると示唆しながら、「我が国」の大衆音楽にもスウィングが「立派に存在する」という。

服部の発言に対していろいろな反論が考えられよう。たとえば、「スウィングする」は確かに一種のノリを形容しているが、だからといってすべての音楽のノリが「スウィング」にあたるとは限らない。実際、一九四七年の新雑誌だった『スヰングジャーナル』の第三号に、評論家の野川香文は、「スヰングの再認識」という記事を発表し、同じアメリカのポピュラー音楽のなかでもジャズにおける〈スウィング感〉は特殊なものであると主張している。

グッドマンの「シング・シング・シング」でもいいし、アーティ・ショウの「ビギン・ザ・ビギン」その他エリントン、F・ヘンダーソン、アームストロング等のレコードを聴くと、ジャン・ガーバーやガイ・ロンバード、レイ・ノーブルの盤や、映画主題歌のレコードなどを聴くのとは違った、弾力的な、聴き乍《なが》ら何か直接に肉体に訴える動的な衝動を受ける。マーチとかウインナ・ワルツを聴いていても、肉体的に受ける動的衝動感はあるけれ共、それは前者とは全く違った性質のものである、前者の所謂《いわゆる》ジャズ・レコードを聴く時に感受する衝動感こそはスキングである。（三頁）

野川はここで服部に対する反論を述べているわけではないが、彼にいわせれば、「浪曲のノリがあっても、それはジャズでいう「スウィング」とは違う」といったにちがいない。また、逆に、服部に対する次のような反論も考えられるだろう。すなわち、「なぜスウィング感を大衆音楽だけに関連づけるのだろうか。いわゆる「クラシック」音楽などにもノリがあるのではないか。そのノリも「スウィング」にあたるのではないか」

と。だが、それぞれの反論はさておき、ここで考えたいのは、服部のことばが意味する「日本なりのジャズ」への可能性である。

服部の「何もアメリカ音楽のみがスヰングを持ち得るのではないのである」という発言は、実はその時代における日本のジャズ界の現状を考えると、大変進歩的な発想を反映している。というのは、約二十年後の一九六〇年代末頃から、日本人の多くのジャズ・ミュージシャン(特に山下洋輔、富樫雅彦などフリージャズに没頭していた人たち)が、これに関連する問いをもち始めていたからである。たとえば、「日本人としてジャズをやるのは、どういう意味だろうか。ジャズでは独創的な自己表現が非常に重視されているが、日本人である自分が正直な(つまり、アメリカの物まねでない)自己表現をめざすには、日本の古典音楽、あるいは民謡や大衆音楽を何らかの形で反映しなければならないだろうか」。このような問題を一九七〇年代以前からも考えていたミュージシャンはもちろんいたが、日本のジャズ界で盛んに議論されるようになったのは、だいたい一九七〇年前後からだったと思われる。そう考えると、服部は「日本人としてジャズをやる」ことに関する根源的な問題にずいぶん早くから取り組んでいたことになる。

『酔いどれ天使』の翌年、黒澤は『野良犬』のなかで服部作曲のブギウギを再び使い、そこでは一九四八年の大ヒット「東京ブギウギ」が一瞬でありながら聴こえてくる場面がある。そして既述したように、一九五二年の『生きる』では、ピアノの弾き語りではあるが、かなり本格的なブギウギ曲を日本人ピアニストがキャバレーのような場面で演奏している。この三本の映画では、ブギウギ以外にもスウィングなど、いろいろな「ジャズ」が多少現れるが、どんなスタイルにしろ、黒澤映画でのジャズに当てられる役割というのは、一貫して堕落した軽薄な、欲望に満ちた世界を象徴することである。これに対してそれぞれの作品の主人公が直面する問題は、どのようにこの「俗の世界」を超越するか、というところにあるのではないか。言い換えれば、黒澤映画でのジャズ像は、〈高・低〉のうち必ず「低」の方を象徴しているということになる。

武士の末裔の家で育ったと自負する黒澤は、やはりどこか侍のようなストイックな精神的価値観にずっと固執していたところがあり、一般庶民の生活を描いてもけっして同じ目線からその生活状況を見ているとは感じられない。さらにいえば、黒澤は庶民の登場人物に同情はするが、実際に興味を抱くのは、その人自身ではなく、むしろその人物がどのように「自分」を超えて「立派な人間」になれるか、というところにあると思う。その矛盾に富んだ姿勢には、黒澤映画の功罪が凝縮されているかもしれない。たとえば、上述した三本のジャズを使った映画——『酔いどれ天使』(一九四八年)、『野良犬』(一九四九年)、『生きる』(一九五二年)——を観て、まず黒澤の優れた〈映画術〉に感動し、また物語として人間の偉大なる可能性(とくに『生きる』の場合)を見せてくれるところに深い感銘を受けるのは確かである。にもかかわらず、黒澤にはどこか上から人間の世界を見下ろしている「神」のような視線を感じさせるところがある。結果として、作品の設定は戦後のごくありふれた日常でありながら、遠い崇高な世界がその背景に描かれているように思えるのは、私だけだろうか。

やはり、〈低〉を象徴するジャズおよび一般庶民にあい対しながら、黒沢はつねに〈高〉を志向しているのではないか。しかも、ジャズやその他の「大衆音楽」が同時音として出現するのに対し、超越の世界を象徴するクラシック系の音楽が非同時音として出現することにはしかるべき意味合いがあるのではないか。つまり、同時代の低俗なジャズなどのような音楽は画面中に存在するが、その世界を超越するクラシックとなると、音の源泉は画面中には存在しない。言い換えれば、超越の精神を象徴するクラシック音楽は、同時代の視覚的な世界には属さないわけであり、別の、目に見えない次元に属するわけである。

誤解してほしくないが、私は黒澤ファンであり、黒澤映画で描かれる尊い精神という〈高〉の魅力に強く惹かれるものの、映画を観終わったとき、黒澤が固執している〈高・低〉の二項対立の社会観には、どうしても抵抗感を覚えるのである。私の抵抗感の原因は黒澤映画における「ジャズ像」そのものにあるのではないが、黒澤のジャズの扱い方がその〈高・低〉思考を反映している限りにおいて、ジャズを通して黒澤映画の本質が見えてくるのではないだろうか。

俺らはシンガー――裕次郎と『嵐を呼ぶ男』

戦後日本の映画界で大スター中の大スターであった石原裕次郎は、黒澤明や三船敏郎と違って、欧米ではほとんど知られていない。『嵐を呼ぶ男』は英語の字幕がついていないし、欧米では公開されたこともないようである。ところが、獅騎一郎著の『裕次郎がいた！』で指摘されるように、「この『嵐を呼ぶ男』という正月映画で「石原裕次郎」という俳優は一躍国民的な大スターとなったのである。大ヒットであった。この一作のヒットにより、それまで赤字経営だった日活は再建を果たしたのである」（八三頁）。この映画では裕次郎がジャズドラマーの役を演じていることを思うと、〈ジャズと戦後日本文化〉を考える上で見逃せない作品であろう。(8)

厳密にいえば、『嵐を呼ぶ男』という作品は、一九五七年一二月末から公開されたが、一九五八年の正月映画として知られている。上述したとおり、この一九五八年は日本映画史上、観客動員数が一番多い年だったので（一般家庭へのテレビ普及の直前でもあり）、この作品は現在のヒット映画よりもはるかに多くの人が観て、話題になったはずである。ところが、同時代の日本のジャズ状況を考えると、ジャズを大きく取り上げた映画である『嵐を呼ぶ男』がヒットしたことは、少し意外だといわなければなるまい。というのは、公開当時は一九五三年頃のジャズブームに便乗するのには遅過ぎたし、また著名なアメリカ人ジャズドラマーであるアート・ブレイキーの一九六一年の——それこそ嵐を呼んだ——初来日ツアーには早すぎ、ちょうどその中間に登場した作品だったからである。やはりどう考えても、この映画がヒットした理由は、ジャズをめぐる内容にあるのではなく、たまたまジャズドラマーを演じた裕次郎自身のカリスマ性にあるといわなければならないだろう。

本書の読者で、『嵐を呼ぶ男』を観ていない者は少ないかもしれないが、脚本家である獅騎による粗筋を引用紹介しておきたい。

流しのギターの国分正一(石原裕次郎)は一流のドラマーを志しているが、銀座で評判の暴れん坊である。母親(小夜福子)と弟英二(青山恭二)を養っているが、母親はケンカ早い正一を嫌い、まじめな弟の英二を偏愛しているのが正一には唯一寂しい。正一はまた音楽学校に通って作曲家を志している弟、英二にはとてもやさしい。その英二は兄の正一を一流のドラマーとして売り出そうと、女性の音楽マネージャー・美弥子(北原三枝)に頼みこむ。

マネージャーの美弥子は彼女が売り出したチャーリー桜田(笈田敏夫)が美弥子を裏切って、他のプロモーターに引き抜かれておりそれを悔しがっていたが、代役として育てた正一が次第に人気を得てくるのに望みを抱くようになる。こうして練習に励むうちに、正一と美弥子はお互いに惹かれ合うものを感じるようになるのだった。

そしていよいよライバル・チャーリー桜田と正一とのドラム合戦となるのだが、その前夜、正一はステージダンサーのメリー・浜(白木マリ)をめぐるいざこざから、チャーリー桜田の取り巻きの与太者と喧嘩をして右手に怪我を負ってしまう。そしてドラム合戦の当日、その右手の痛みからドラムが叩けず、苦境に陥った正一は、やにわにマイクを斜めに握り、即興で歌いだすのだった。

〽俺らはドラマー
　やくざなドラマー
俺らがおこれば　嵐を呼ぶぜ
　喧嘩代わりに　ドラムを叩きゃ
恋のうさも　ふっとぶぜ

(台詞)この野郎、かかって来い!
最初はジャブだ……ホラ右パンチだ……
おっと左アッパー……

畜生、一発やりやがったな　倍にして返すぜ、
フックだ、ボディだ、ボディだ、チンだ、
あれあれあれあれ、のびちゃった……

これには、満場の客が沸きに沸いて盛大な拍手を送るのだった。屈辱を受けたチャーリー桜田は、美弥子に横恋慕している評論家で芸能界の黒幕・左京(金子信雄)とともに、正一の右手を完全に潰す。
　このため正一は愛する弟、英二の晴れの演奏会にかけつけることもできず、恋人、美弥子からも逃れて、人気《ひとけ》のないバーの片隅で、ラジオから流れてくる弟・英二の演奏に耳を傾けながら、一人ウイスキーを呷るのだった(9)。

　最後の場面をもう少し詳しく記述すると、英二のコンサート会場で美弥子とメリーが正一をめぐって情報交換しているうちに、正一が今までどれだけ英二のために(皆に隠しながら)犠牲を払ったか、また母親にどんなに八つ当たりされているかが分かる。こっそりこの会話を盗み聞きしていた母親は、正一に対する長年の憎しみを捨て、後悔のあまり「正一に申し訳なくて……正一許してくれ!」と泣きながら独り言を漏らすが、そこでメリーと美弥子は初めて母親の存在に気づく。そして正一のバンドのピアニスト

である美弥子の兄が正一の居場所を知らされ、美弥子と母親と三人で、コンサート会場を抜け出して正一のいるバーに飛んでいく。バーを独り占めしている正一は、カウンターの隅に腰をかけており、さびしそうに酒を飲みながら英二が指揮している演奏をラジオで聴いている。そのしょんぼりとした姿を目の当たりにすると、母はべそをかき、「正一、ありがとうよ、正一！　母さんを許しておくれ！」と謝り、正一は一言「母さん！」と感動を込めて応え、そこでカメラが英二の演奏の最後の場面に移り、聴衆の盛大なる拍手とともに映画は幕となる。

筋の要約から明らかだが、『嵐を呼ぶ男』は相当センチなお涙頂戴ものであり、映画としてどうみても「名作」からほど遠い。この作品の全体的な作りにしても、物語の運び方にしても、いいかげんなところがいくらでも目立つ。たとえば、評論家の左京と美弥子が喫茶店で向かい合って座りながら話している場面があるが、カメラの角度が完全にずれているために、左京の視線がずっとあらぬ方向を向いている、などというカメラや編集の技術的な問題も少なくない。物語に関していえば、ずっと正一に惚れていた大家の娘、緑が英二と婚約することになるが、気持ちの変化が扱われないので、最後のハッピーエンドは未解決の感がある。また、正一の英雄的な描写に矛盾する場面も気になる。正一が左京に交渉を持ちかけるシーンだが、もし左京が自分をチャーリーより宣伝してくれたら、左京と美弥子の仲を取り持とう、と提案するのである。だが、この作品では、正一はチャーリーや左京と違って、そのようなずるい手をぜったい使わない、潔く自分の力で勝負するような人物描写になっているので、この場面は正一のイメージを不要に損じるように思える。（もちろん、複雑な人物像をめざす映画なら、このような描写が当たり前となるが、この作品では単なる矛盾として目立つのではないだろうか。）

しかし、以上のような映画技術や物語としての諸問題にもかかわらず、『嵐を呼ぶ男』は裕次郎の個性的な魅力をよく生かしている。とくに荒っぽさと優しさがないまぜになっているところが観客の心を打ったのではないか。また、「俺らはドラマー」という裕次郎の歌もこの映画のおかげで大ヒットだった。「あわてたテイチクがレコード化したその主題歌も十五日間で八万五千枚を売り上げるという記録破りの成績に、ついに三月の新譜のプレスは一時中止し、裕次郎のレコードにかかりっきりというすさまじさであった。」(10)

獅騎が指摘しているとおり、この作品はジェームス・キャグニー主演の一九四〇年作のアメリカ映画『栄光の都』（"City of Conquest"）を下敷きにしている。『栄光の都』の主人公はドラマーではなくボクサーだが、同じく卑怯な敵に一生の怪我を負わされ、ボクシングの世界でちょうどトップに駆け上がろうとしたところで引退せざるを得なくなる。また、両作品では、荒っぽくて喧嘩っ早い兄貴という主人公が、繊細でインテリっぽい作曲家志望の弟を可愛がっている。舞台がニューヨークに設定されている『栄光の都』の場合、弟が作曲家としてのビッグチャンスを与えられ、(カーネギー・ホールで)オーケストラの前で「大都会」をテーマとした自作を指揮することになっており、兄はコンサート会場に行かず一人でしょんぼりラジオで聴く。そして、最後にずっと思いを寄せていた恋人と再会するところで映画が幕を閉じる。『嵐を呼ぶ男』はほぼ同じ筋でもある。

もちろん、この二つの映画の相違点もあり、おそらく物語としてもっとも重要な違いは『嵐を呼ぶ男』の場合、最後に正一と美弥子との再会も示唆されているものの、焦点がむしろ正一を長年見捨てていた母親との涙の再会にあることだろう。この作品は「母物」、つまり正一と母親との「和解物語」である。

さて、『嵐を呼ぶ男』の「母物」としての側面をより引き立てるため、試みにあえてフロイト的な解釈をしてみたい。(11) 正一の家族形成から始めよう。彼は母親と弟の英二との三人家族である。母親が何度も言うように、正一はなくなった父親にそっくりである。言い換えれば、正一は母親にとって女癖の悪い、自分を捨てた憎い夫をそのまま体現しているのである。したがって、父の代替物である正一が母親と親しいことは、近親相姦を連想させ、だからこそ母親は常に正一に冷たくあたっており、徹底して距離を保っている、と考えられる。

正一と対照的に、純朴で無邪気な英二がいる。母親からみると、正一は前の夫という父権制度を体現しているのに、英二はまだ男に成長していない子供である。二人の息子が使う一人称のことばも、その対照を代弁している。正一は「俺」あるいは「俺ら」を使い、英二は自分を「僕」と呼ぶ。二人の違いをさらにきわだてているのは、彼らがたずさわる楽器だろう。正一がいかにも「男性的な」ドラムを叩き、そしてジャズをやる。英二は洗練されたクラシック系作曲家志望で女性もたしなむピアノが専門楽器であることに留意したい。言い換えれば、正一がドラム・スティックという男根象徴を持ち、英二は素手(去勢の状態)で楽器に向かうのである。正一がそのスティックをたくみに操ると女性ファンはとくに熱狂し、自分も悦楽の境に浸った表情に変わる。正一のこのような性に熟練しているイメージに対し、英二は童貞というイメージが強いだろう。

だから、母親が内心本当に怖れているのは、正一が無邪気な英二を「やくざな世界」である音楽に引きずり込むことによって、可愛いわが子がいやらしい大人の男に成長し、違う女に心を寄せ、結局母親である自分が取り残される、ということではないだろうか。

そこで、正一が手に一生の怪我を負わされた結果、スティックという男根象徴がまったく使い物にならなくなることに注目すべきだろう。つまり、象徴的な意味で正一が去勢されるのである。そして、ほぼ同時に正一と英二との間に、文字通りの「バトンタッチ」が行われ、今度は英二が指揮者の指揮棒という(英二にとってはじめて獲得する)男根を持つようになるのである。しかも、指揮棒を持つことが可能となった時点で、英二はそれまでずっと正一に惚れていた緑と婚約することになる。つまり、〈バトン〉を手にした英二が女も手に入れるわけである。逆に、それまでは自らの（ドラム用の）スティックを上手にかっこよく振り回して多くの女性ファンを魅了していた正一は一人ぼっちになる。

興味深いことに、この映画の最後の場面には、英二が母から離れた舞台の上で、背を伸ばして立って（勃起して）おり、指揮棒をもって大勢のミュージシャンと聴衆をコントロールしている。つまり、父権の地位を獲得しているといえよう。これに対し、正一は素手（去勢）で背を丸めて（不能となり）、男としての威勢を失っている。こうしてはじめて母との和解が可能となるわけである。すなわち、男としての威勢と権威を英二にゆずったおかげで、正一は母親にとって脅威でなくなり、母の愛情を取り戻すことができる。最後の場面では、正一が母親と一緒に映っている街のバーから、コンサートホールの舞台に立っている英二にカットする。英二は指揮棒を誇らしげに持ち、聴衆の拍手喝采を浴びている。兄弟のそれぞれの役はきれいに入れ替わったようになっているではないか。

以上の試論は監督や脚本家の意図などとはまったく関係なく、あえて『嵐を呼ぶ男』を見なおすためのひとつの手がかりとして提示しているだけである。だが、少なくともジェンダーとセクシュアリティに焦点を当てるこのような解釈は、「母物」としての側面に光を当てるだけでなく、作品全体の〈高・低〉および〈クラシック対ジャズ〉という対立構造にも焦点を当てることに役立つのではないだろうか。これから論じるように、この対立構造が『嵐を呼ぶ男』におけるジャズ像を理解するのに不可欠である。『栄光の都』と違って、『嵐を呼ぶ男』では、兄弟二人とも音楽家である。ところが、正一と英二の母親は、音楽というものに対して全く理解がない。英二には「私は訳がわからないですがね。おたまじゃくしを書くのは、そんなにえらいんですかね？」と問い詰めるような態度をとっている。音楽家志望の兄弟二人と、音楽を蔑視する母親との関係をめぐるこの映画は、物語としても音楽がきわめて重要である。

さらに、兄弟各々の音楽嗜好の違いが、その対照的な性格（ちょっと不良っぽい正一と繊細なお坊ちゃんの英二）を強調する機能も果たしている。ジャズなど「大衆音楽」を演奏する正一と、「クラシック系の現代音楽」のオーケストラを指揮する英二との違いである。正一の「ジャズ」（「俺らはドラマー」の歌など）は、必ずしも現在のファンから見てジャズとして認められないだろうし、英二の指揮する自作にも、一応ジャズ的な要素が多少入っている。これも『栄光の都』と同様に、コンサートの宣伝ビラにも「ジャズ」の曲として記述されている。それにもかかわらず、この映画のなかで正一はジャズ系、英二はクラシック系、という対照になっていることに変わりはない。したがって、正一はラフな〈低〉の世界を体現しており、英二は洗練された〈高〉の世界を表している。また、『嵐を呼ぶ男』の〈高・低〉の構図が先に触れた黒澤映画に類似しているところも少なくない。たとえば、英二の清潔で洗練されているクラシックの世界と違って、正一が属するジャズ界には、ヤクザと「不貞の女」とずるがしこい登場人物が多い。黒澤の場合には、ジャズが象徴している〈低〉の世界は、あくまでも乗り超えるものとして表象されているが、結局『嵐を呼ぶ男』の場合も、正一は負わされた怪我のためにジャズドラマーとしてのキャリアを突然放棄せざるを得ない。

しかし一方、黒澤の映画と違って『嵐を呼ぶ男』の場合、ジャズが全面的に蔑視されているとは思えない。確かに正一が最後にドラムが叩けなくなるのに対し、クラシック系の英二は立派に成功している。そして正一の世界には怪しい者がたくさん存在する——対抗馬のチャーリー桜田、「爬虫類」に喩えられる評論家の左京、ジャズショウの踊り子である「だらしのない女」のメリーなどが挙げられよう。ところが、この映画ではジャズ界がすべて否定的に表象されているとはいえない。たとえば、ジャズバンドのマネジャーである美弥子や正一のバンドのほかのメンバーは、皆好意的に映るだろう。つまり、この映画では、クラシック界は疑いなく洗練された清潔な世界として描写されているのに対し、ジャズ界はもっと曖昧な位置を占める——怪しい人物もいれば、善人もいる——と要約したほうが正確だろう。

そこで興味深いのは、悪役をつとめるチャーリーと不純なメリーは英語名がついているのに対し、ジャズ関係の善人たちは皆立派な漢字名がついていることである。たしかに、占領下には米軍基地で音楽を演奏するミュージシャンあるいは米軍相手の水商売一般の者は、英語名を米兵達につけられたり、自ら「芸名」として名のったりするケースがめずらしくなかった。だが、やはり悪役のチャーリーに対して正一がおり、メリーに対して美弥子(そして緑)がいる構図は偶然だと思えない。(さらに正一の場合は、単なる漢字名が付与されているだけでなく、「国分正一」の字が多少の愛国的な含意を示唆している、とも読み取れるのではないだろうか。)

クラシック系の音楽に対する描写と違って、『嵐を呼ぶ男』でのジャズ像は、かなり曖昧だと述べたが、作品中演奏されるジャズ・スタイルも同じく曖昧だといわなければならない。たとえば、映画の最初に映る演奏は、「ジャズ」というよりも「ロカビリー」のようである。(アメリカではこの類の音楽を「初期のロックンロール」と呼ぶだろう。)当時人気歌手だった平尾昌晃が、エルヴィスのような派手な格好で、エレキギターを弾きながら日本語で歌を歌っている。これははたしてジャズのつもりだろうかと疑いたくなるが、歌詞には「ジャズのリズムに乗り」というフレーズが繰り返されるし、バンドにはウッドベースとサックスというジャズバンドによく使われる楽器が入っている。しかも、そのシーンの直後に"Blue Sky Jazz Jazz"という看板が映ることを考えると、やはりこの作品ではジャズとして扱われているという結論になろう。

この妙な「ジャズ・エルヴィス」の出だしの場面、そして後に出てくる正一の歌う

「俺らはドラマー」――ジャズというよりも日本の流行歌――をみると、一九五〇年代末において、いまだに「ジャズ」は広い意味での大衆音楽として日本人に認識されていたことが確認できる。ほかにも『嵐を呼ぶ男』での「大衆音楽としてのジャズ」のイメージに貢献している要因はいろいろある――ラスベガスを思わせるセクシーな踊り子つきの派手なジャズショウ。ボクシングの試合に似ている正一とチャーリーとの大げさなドラム合戦。(途中で正一が歌いだす「俺らはドラマー」の即興歌詞自体が、ボクシングの試合や喧嘩を歌っていることも見逃せない。)また、画面に繰り返し出てくるジャズ界をめぐる新聞や雑誌の見出し。これは、当時の一般大衆がいかにジャズ界の動向に興味があるかという印象を与えるためのありきたりな手法といえる。そして、日本のジャズブーム当時、一番人気のドラマーであったジョージ川口のごとき、若者(女性ファンも含めて)を熱狂させる大スターとしての国分正一の描写。

以上のような手法によって、この映画では、「ジャズ」とは普通の日本人(少なくとも普通の日本の若者)にとって、親しみやすい大衆向けの音楽であるように表象されている。ところが、この作品が公開されるとほぼ同時期に、日本で本格的なモダンジャズが普及しはじめ、『嵐』で見られるようなジャズ像がだんだん消えていく。

しかし、『嵐を呼ぶ男』での「大衆音楽としてのジャズ」描写においてとくに重要なのは、スウィングに基づくジャズ・スタイルや正一の熱烈なドラム演奏ではなく、むしろ正一が即興で歌い出す「俺らはドラマー」という日本語の歌である。ジャズは基本的には歌手のない器楽演奏として発展してきた。ところが、歌手がいることによって、それほどジャズ好きでない聴衆の間でもジャズの人気が高まることは、各時代において立証されてきた。たとえば、ルイ・アームストロングはジャズ史のなかでチャーリー・パーカーと並ぶ画期的な器楽奏者として定評があるのに、結局トランペットの名人としてではなく、歌によって多くの聴衆に親しまれるようになった。おまけに、一番ヒットした曲(“It's a Wonderful World”など)がかなり「ジャズ離れ」していることも見逃せない。あるいは、普段はカウント・ベーシーのビッグバンドのレコードを聴かないが、フランク・シナトラがそこで歌うなら聴く。ほかにもピアノのファッツ・ウォラーやナット・キング・コールやハリー・コニック・ジュニアあるいはギターのジョージ・ベンソンなど、全員が普通の(人によっては優れた)ジャズ奏者として出発したのだが、後に歌いだしてから人気が急増したというような例が、各時代のジャズ界において数々ある。歌が加わると、大衆受けしやすいということである。そして日本の場合、その歌がなじみの日本語で歌われるとなれば、なおさら受け入れられやすい。

終戦直後の日本では「ジャズ」とされていた歌(たとえば江利チエミやフランキー堺の歌う「テネシー・ワルツ」など)には、日本語の歌詞がつけられていた。英語と日本語を交互に歌う、あるいは単に英語、または単に日本語で歌う、いろいろなパターンがあったが、モダンジャズが日本に根づいた一九六〇年代以降の「ジャズの歌」といえば、ほとんどが英語のみとなってしまった。一体なぜだろうか。おそらく一つの大きな原因は、歌う側も聴く側も「何が本当のジャズなのか」というジャズ本質論問題を非常に意識するようになったことだろう。言い換えれば、日本では、モダンジャズ時代から「ジャズ」と一般的な「大衆音楽」というカテゴリーが決定的に分離されていると認識されるようになった。したがって、日本語で歌えばジャズでなくなる、という発想が育ったのだろう。

確かに、日本のジャズ歌手がよく述べているように、ジャズのリズム(とくにシンコペーション)と日本語のリズムとは根本的に違う。そして、この問題は日本に限らない。日本語ほどではないにせよ、いわゆる標準的な「アメリカ白人の英語」にも同じことが言える。だから白人がジャズやブルースを歌うときに、「黒人なまり」をつける(あるいは「格好をつけて黒人なまりのマネをする」)というケースがいかに多いことか。いずれにせよ、『嵐を呼ぶ男』では、正一が日本語で歌うことによってジャズ界のトップに駆け上がることが、この作品内のジャズ像を考える上できわめて重要である。

おわりに——映画が映すジャズ認識

結局、『嵐を呼ぶ男』では、戦後日本におけるジャズ状況の変遷も、一般人のジャズに対する認識も垣間見ることができるという意味で、この作品は戦後ジャズ受容史の貴重な〈ドキュメント〉として見なせると思う。上述したように、日本語の歌を含む幅広い「大衆音楽としてのジャズ」のイメージが中心になっているが、同時にモダンジャズの芽生えも見られ、当時の日本のジャズ界の異種混合の状態をかなり鮮やかに反映しているといえよう。

作品中で見られる主なジャズ・スタイルは、大まかに〈スウィングジャズ〉の傘下に入るだろうが、ビバップやクールなどモダンジャズ的な要素も聴こえてくるときがある。伝統的なスウィング・スタイルを思わせる要素としては、ドラムのリズムの刻み方、スウィング・ピアノの名手であるテディ・ウィルソンのようなピアノ・スタイル、そしてクラリネットを含むバンド編成などが挙げられる。しかし、同時にスウィングとビバップの中間的なスタイルも聴こえ、とくにジョージ・シアリング・クインテットのサウンドを連想させられる曲が少なくない。（ちなみに、実際にこの映画のジャズを録音したバンドとは白木秀雄クインテットと、渡辺晋とシックス・ジョーズである。）

ところが、『嵐を呼ぶ男』という大衆向けの映画が上映されている同じ時期に、日本の文化人層の観客は、全く違う類の映画によって本格的なモダンジャズにさらされていた。すなわち、マイルス・デイヴィスの演奏をバックに使ったルイ・マル監督の『死刑台のエレベーター』やセロニアス・モンクとアート・ブレイキーの音楽が流れているロジェ・バディム監督の『危険な関係』など一連のフランスのヌーヴェルヴァーグ映画のことである。これらの映画に接するまで、モダンジャズを聴いたことがなかった、あるいはジャズ全体が軽薄だと蔑視していた日本人も、急に熱烈なモダンジャズファンになった例が少なくない(12)。

そう思えば、戦後初期の日本においてジャズと映画は、切っても切れない関係にあった。少年時代の渡辺貞夫をジャズの世界に引き込んだ『ブルースの誕生』というハリウッド映画にしろ、黒澤映画で笠置シヅ子が歌う「ジャングル・ブギ」あるいは十年後に裕次郎が歌う「俺らはドラマー」などといった〈日本大衆歌としてのジャズ〉のイメージを反映した映画にしろ、あるいはモダンジャズを紹介するのに多大なる影響を及ぼしたフランスのヌーヴェルヴァーグ映画にしろ、一九五〇年代末までに日本のジャズ史は映画抜きには語れないといっても過言ではないだろう。

五〇年代末期の時点では、いまだにジャズは映画というメディアと同様に、「大衆文化」と「高尚な芸術」の両面を有するきわめて曖昧な文化表現だったといえる。ただし、五〇年代までのこの曖昧なジャズ像は、大まかに〈スウィング＝大衆音楽〉対〈モダンジャズ＝芸術音楽〉という二分法の縮図に回収できるだろう。対照的に、次章の五木寛之の初期小説から確認できるように、六〇年代以降、日本の文化人たちはいわゆる「古い」ジャズ・スタイルを描いた場合でも、ジャズに内包される「高尚な芸術性」を次第に強調するようになる。つまり、日本でのジャズ表象は、大きな転換期を迎えようとしていたのである。

第3章　占領文学としてのジャズ小説

――五木寛之の初期作品を中心に

ジャズ小説というのはアメリカ独特の分野である。そしてその中心人物であるジャズ・ミュージシャンというのは、大概アメリカ特殊型の疎外された男、すなわち反逆者としての芸術家というタイプである。

——リチャード・N・アルバート(1)

大学を卒業してからヨーロッパに渡りましたが、これは完全に、五木寛之さんの小説『青年は荒野をめざす』の影響です。

——三木敏悟(ジャズ・ミュージシャン)(2)

戦後文学に流れるジャズ

耳を澄ますと、日本の戦後文学にはジャズがよく聴こえてくる。自己の作品やエッセイのなかでジャズに言及した作家は驚くほど多種多様である。たとえば小説家では、有吉佐和子、石原慎太郎、五木寛之、大江健三郎、大沢在昌、奥泉光、落合恵子、片岡義男、倉橋由美子、栗本薫、河野典生、小関智弘、小林信彦、立松和平、筒井康隆、中上健次、花村萬月、樋口修吉、村上春樹、村上龍、山田詠美……。男性作家もいれば女性作家もいる、戦前生まれも戦後生まれも、有名な作家も無名に近い作家もいる。また、いわゆる「純文学」に専念してきた大家もいれば、大衆小説の人気作家もいる。各自が抱くイデオロギーにおいてもさまざまであるといえよう。

この中で、実際にジャズを演奏する作家は少なくとも二人いる——筒井康隆(クラリネット)と奥泉光(フルート)。また、楽器は演奏しなかったが、中上健次の場合、郷里の新宮から上京した初期のころには、毎日新宿のジャズ喫茶に入りびたりだったし、その体験が彼のその後の思想および美学を大きく左右したことは十分に明らかだろう。村上春樹は小説家として登場する以前はジャズバーを経営し、ジャズのレコードだけでも数千枚のコレクションを持つ、というほどのジャズファンであることは周知のとおりである。つまり、この作家たちにとって、ジャズというのはただならぬものであるといえよう。(3)

しかも、小説家ばかりでない。日本の現代詩人のなかでも木島始、清水昶、清水俊彦、白石かずこ、寺山修司、藤富保男、吉増剛造たちもジャズにかなり接近しており、とくに白石は長年、朗読イベントでジャズ・ミュージシャンと〈共演〉してきたことが注目に値する。

日本語で書かれたジャズ関連の作品を見渡すと、ジャズがどれだけ日本の現代文学に浸透してきたか垣間見ることができよう。いや、一九六〇年代以降に限って言えば、アメリカの文学界よりも日本の文学界にとってのほうが、ジャズの存在は大きいといえるかもしれない。

五木寛之の「レトロ」のジャズ観

ジャズを取り上げてきた日本の文学者のなかで、見逃せないひとりは五木寛之である。デビュー作「さらばモスクワ愚連隊」(一九六六年)を始め、五木の初期作品にはジャズ・ミュージシャンを主人公とするものが多い。短編では「GIブルース」(一九六六年)、「海を見ていたジョニー」(一九六七年)、「夜明けのラグタイム」(一九七〇年)などがあり、長編では一九六七年に『平凡パンチ』に連載された『青年は荒野をめざす』(同年に文藝春秋より刊行)(図1)が有名であろう。[4]

五木は一九三二年九月三〇日生まれ。ということは、石原慎太郎と同年同日生まれである。慎太郎も五木と同様に、若者文化の旗手的作家として鮮やかな文壇デビューをはたした。しかも、「ファンキー・ジャンプ」[5](『文学界』一九五九年八月号)という日本語初と思われる「ジャズ小説」というべき作品を書いていることを考えると、五木と共通点が少なくないといえるだろう。だが、同年生まれとはいえ、慎太郎の処女作である「太陽の季節」は一九五五年に発表されており、やはり五〇年代の作家というイメージが強い。対照的に五木は、激動期の六〇年代後半から七〇年代の「青春小説作家」としての色が濃い。

言い換えれば、五木は同世代の慎太郎とは全く違う社会状況のもとで作家として出発したのであり、むしろ戦後生まれの中上健次と同年の文壇デビューとなった。中上については第六章で触れるが、彼も初期小説ではジャズによく言及しており、「ＪＡＺＺ」という作品さえ遺している。だが、中上は五木と違って、もっぱらモダンやフリージャズに没頭していた。当時、日本のジャズ喫茶もモダンやフリーを中心にかけていたし、若いジャズファンはこの種のジャズをひとつの〈同時代の音楽〉として愛聴していた。

いっぽう五木寛之は、作品中の曲名（「セントルイス・ブルース」や「アフター・ユーヴ・ゴーン」など）からも、またクラリネットのような「古いジャズの主楽器」を登場させることからも確認できるように、ディキシーランドやスウィングなどといった、より古いスタイルを中心に描写していた。

図１　五木寛之『青年は荒野をめざす』表紙

確かに、十数年後には五木は山下洋輔などの先鋭的ミュージシャンと対談したり、阿部薫（アルトサックス）のフリージャズについても語るようになるが、六〇年代の時点では、いわゆる「レトロ」に流行っていた、戦前や終戦直後なジャズを主に描いていたのである。(6)

新しいジャズに傾倒する若い読者た

ちが、五木のジャズ描写を「ダサイ」と感じても不思議でないのに、そのような反応はごくまれだったように思える。逆に、五木は若い読者の間でかなりの「ジャズ通」と見なされていたし、ジャズ評論家にはいかにも「ジャズっぽい」作家として評価されていたようだ(7)。

実際には、五木は幅広いジャンルの音楽を聴いているが、中上やジャズ喫茶に通っていたほかの若者たちに比べれば、それほどジャズ(少なくともモダンジャズ)に詳しくなかったように思われるふしがある。また、五木自身の生活においても、ジャズがそれほどの比重を占めていたとは思えない。たとえば、自らの学生時代から文壇登場直後までを振り返る『デビューのころ』(一九九五年)という「職業遍歴的自伝」では、五木は歌謡曲の作詞家の仕事について詳しく語り、他の音楽についてもいろいろと言及するのだが、ジャズの話はほとんど出てこないことが興味深い。同書では、「私の当時のアイドルは、(引用者注:フォーク歌手の)ジョーン・バエズだった」と述べたり、ボサノバのヒット曲「イパネマの娘」の作曲家をアントニオ・カルロス・ジョビンではなくヴィラ・ロボスと間違えたりする。また、「マイルス&コルトレーンの〈ジャイアント・ステップス〉のリフ」に言及するが、実際にはマイルス・デイヴィスはジョン・コルトレーンの名曲「ジャイアント・ステップス」を一度もコンサートやレコードで演奏していないはずだ(8)。

つまり、ジャズ小説からスタートした作家としては、当時の五木寛之は意外にジャズに深入りしていなかったといえよう。にもかかわらず、本章で論じるように、五木はジャズに関する知識がそれほど豊富でなかったにせよ、彼のジャズ演奏の「真髄」に対する直観力には特筆すべき面があると思う。さらに、五木のジャズ小説は、ジャズそして音楽一般を考える上で重大な問題をいくつか提供しているので、その問題も考えていきたい。だが、その前に、氏の生い立ちや経歴にいくらか触れたほうがよいだろう。ことに本章で詳細に解釈する「さらばモスクワ愚連隊」を考える上で、五木自身の敗戦前後の体験および二重の占領体験に言及することは不可欠である。

二重の占領体験

五木は一九三二年、福岡に生まれた。両親は学校の教師だったが、五木の幼い頃に一家が朝鮮半島に渡ったので彼は日本の植民地だった平壌などで育ち、日本人学校に通った。敗戦直後にソ連軍が家に踏み込み、両親を恐喝し凌辱し、その後まもなく母が死亡する。(9) 五木は残りの家族(父と弟と妹)とともにソ連軍の占領下で日々を送り、一九四六年に一家四人でアメリカ軍が占領していた三八度線以南の地まで逃れ、翌年やっと福岡に引き揚げる。

一九五二年に早稲田大学の文学部に入学し、ロシア文学を専攻するが、六年後に中退。在学中から新宿にあるタクシー業界新聞でアルバイトをし、後にラジオやテレビの仕事にも携わり、やがて作詞家として生計を立てるにいたる。クラウンレコードと専属契約を結び、合計八十曲以上の歌詞(主に歌謡曲と童謡)を書く。一九六五年に仕事を辞め、ソ連と北欧を旅し、翌年帰国し妻の実家のある金沢に住み、小説を書き始める。一九六六年二月に発表された処女作「さらばモスクワ愚連隊」(『小説現代』)は、五木のソ連での体験を下敷きにしているが、この作品で小説現代新人賞を受け、翌年一月に出版された「蒼ざめた馬を見よ」(『別冊文藝春秋』)で直木賞を受賞した。五木は小説家としてのデビューとほぼ同時に、一躍人気作家となり、とくに一九六〇年代後半から一九七〇年代までには、若者の強い支持を得た。一九七一年に休筆宣言するが、翌年からまた作品を発表しだす。(10)

植民地の朝鮮半島で中学校まで過ごし、敗戦後ソ連とアメリカ両国による軍事占領を体験してきたことを考えると、五木の「祖国日本」との関係がいかに複雑だったか想像できよう。多くの同世代の日本人と違って、五木にとって敗戦後の軍事占領というのは、アメリカによるものだけでなく、ソ連によるものも含む。(後にロシア文学を専攻し、ソ連を放浪することも、この体験とまったく関係ないとは考えにくいだろう。)五木のこの〈二重の占領〉という体験が、初期のジャズ小説を理解するためにきわめて重要である。著者自身の過去へのこだわりがとくに著しいのが、処女作「さらばモスクワ愚連隊」である。

「さらばモスクワ愚連隊」再考

一九六六年に五木寛之は四篇の短編小説を発表した。いずれも音楽にまつわる作品であり、そのうち二篇(「さらばモスクワ愚連隊」と「GIブルース」)は、ジャズ・ミュージシャンを取り扱った小説である。両作品で、北見という日本人のジャズ・プロモーターである主人公は、年下の外国人ミュージシャンと出会い、ジャズに対する「正しい姿勢」を教え込み、次第に尊敬されるようになる。最後にその若者が自国の当局に連行され、主人公の落胆のうちに幕がおりる。この二篇の小説は筋も構成もほぼ似ているので、以下「さらばモスクワ愚連隊」に焦点を当てて解釈したい。後に「GIブルース」を含め、五木のほかのジャズ小説にも多少触れることにする。

「さらばモスクワ愚連隊」は、北見による一人称の語りによって展開する。五年前まで北見は売れっ子のジャズピアニストだったが、突然演奏生活を止め、興行関係の仕事を経て三年前に国際プロモーションの事務所を始めた。現在は外国人(ほとんどがアメリカ人と思われる)を中心とするジャズコンサートのまとめ役として、成功を遂げている。

駆け出しのミュージシャンだった頃、日本でソ連人の女性と同棲していたおかげでロシア語が少し話せ、国際プロモーターの仕事の関係で、英語にはかなり堪能らしい。プロのジャズピアニスト、英語も流暢であり、おまけに白人の恋人を持っていた北見という人物は、「さらばモスクワ愚連隊」の若い読者(特に十代の男性読者)にとって、あこがれの対象だったことは推測できる。

小説の出だしは、北見がモスクワ行きの飛行機に乗っている場面から始まる。その数カ月前に大学時代の知人にばったり会い、日ソ文化交流企画の一環としてモスクワで日本人ジャズ・ミュージシャンによるコンサートをまとめるように頼まれた。その下見のために現在モスクワに向かっている。

空港からモスクワ市内のホテルに着いて間もなく、白瀬という若い日本大使館員から電話がかかってくる。白瀬は外務省のエリートコースをゆく有望な官僚であり、北見とソ連文化庁との仲介を務めることになっている。後に明らかになるのだが、白瀬は隠れジャズファンでもあり、ことにピアニストとして活躍していた頃の北見の大ファンだった。おまけに自分でもクラリネットを吹き、練習する時間は少ないものの、楽器をわざわざモスクワまで持参している。白瀬にとってジャズは唯一の「青春の思い出」であり、北見にとって演奏生活を止めたのは、青春の終焉を意味している。

北見がモスクワに到着した翌日、白瀬に「ソ連対外文化交流委員会第三部長」の肩書きを持つダンチェンコ氏の職場へ連れて行かれる。ダンチェンコは傲慢な大男であり、他人の話に全く耳を傾けない。北見と挨拶を交わすや否や、長々と一方的な演説をまくし立て、北見に一言も言わさずに、突然「ふむ。よろしい。では今日はこのへんで」と立ち上がり、「今回は極めて有効な打合わせができたと信じます」と締めくくって、別れようとする。慌てる北見がダンチェンコを引き止め、「部長、あなたがたがどのようなジャズを求めておられるか」と問いただす。そして次の会話が展開される。

「ジャズはジャズです。それだけのことです。あなたは日本からジャズを演奏するバンドを連れてくればいいんです。そうじゃないんですか？　え？」

おや、と私は思った。ジャズはジャズだ、それに違いない。この男、良いことを言うじゃないか。だが、それは私の買いかぶりだったようだ。彼は言葉をつづけた。

「何も考え過ぎることはありません。これがまともな音楽でも呼ぼうというんなら話は別ですがね」

「ジャズはまともな音楽じゃないとおっしゃるんですか？」

「何と言いますかね。つまり、簡単に言いますとそれは娯楽の一種だということです」

「それはそうでしょう。でも――」

と私は食いついてみた。「ソ連ではサーカスやボードビルの人たちを人民芸術家と呼ぶそうじゃありませんか」

「その通り。あれは人民を楽しませ、明日への労働意欲を高めるものです。ですが、娯楽には変りありません。そこでエストラーダ芸術とそれは呼ばれています。エストラーダ劇場で公演しますし、全ソ・エストラーダ芸術コンクールという催しも行なわれています。だがそれは交響楽団や国立バレエなどとは、別な世界のものですよ。ジャズは娯楽的音楽であって、芸術的音楽とは違うものです。あなた、ボリショイ劇場でジャズをやるなんてことが考えられますか?」

「考えられますね」

と私は言った。(三〇―三一頁)

それから二人の会話が少し続くのだが、突然ダンチェンコが部屋の隅に置いてあるピアノの前まで歩き腰をおろし、「クラシックvsジャズ」という古くからある議論が次の段階に移る。今度は実演によって代弁されるのである。

軽い、濁りのない旋律が流れだした。第三部長の骨太な指が、不思議なほどの優雅さで鍵盤《けんばん》の上にひらめくと、ふくらみのあるフレイズが響きあい交錯しあって立ち昇った。弾ける、と私は思った。飾り気のないタッチだったが確かにうまいピアノだった。暗譜で楽々と弾いている。手なれた曲だ、と私は感じた。だが、怖くはなかった。うまいピアノだが、それだけだ。

ちょっとした聞かせ場所をさりげなく弾いて、ダンチェンコ氏は立ちあがった。

彼は自信たっぷりに微笑していた。

「この曲は、ご存じですかな？」

「ええ聞いたことはあります」

「ショパンですね」

と白瀬が横から口をはさんだ。イエス、と部長はうなずいた。

「これが本当の音楽です。芸術です」

第三部長は、テーブルを軽く指で叩いて言った。

「ジャズはこれと違ったものです」（三一―三二頁）

《〈聴衆〉が消える瞬間――ジャズ・パフォーマンス考》

クラシックとジャズ、高と低。ジャズは「単なる娯楽」なのか「まともな音楽」なのかという議論は、世界各国で今まで何度繰り返されてきただろうか。いや、何もジャズに限った話ではない。ヨーロッパのいわゆる「クラシック音楽」の受容の歴史を通して考えてみよう。

「クラシック」と呼ばれる音楽が、西洋文化において文字通り“Classical”（クラシック

＝古典文化の、古典的な）という地位を獲得するには、相当な時間の経過と社会の変化が必要だった。クラシック音楽はずっと昔から今と同じように、上品な洗練された「尊い芸術」として親しまれていた、と考えたがる現代人が多いのではないか。ところが、実際の歴史はもっと波乱にみちている。

クラシック王国ドイツでの演奏会の変遷を研究する音楽学者・渡辺裕が『聴衆の誕生』で指摘するように、一九世紀初期まで、ドイツの演奏会は混沌とした「社交の場」であった。現在のような豪華なホールで、沈黙を守りながら音楽を「鑑賞する」場合もあれば、「クラシック音楽」を聴きながら（あるいは無視しながら）ビールを飲んだり、トランプをしたりするような演奏会もたくさんあったらしい(11)。渡辺いわく、「ちょうど、十八世紀の「真面目な」聴衆たちが、音楽を聴かない聴衆たちとアマルガム的に共存していることを不思議とも思っていなかったように、人々は「真面目な」音楽と「娯楽」のための音楽が同じカテゴリーに属することを何ら不思議と思っていなかったのである」（二四頁）。

渡辺はさらに、クラシック黄金時代に演奏されていたほとんどの音楽は、伝統のある「古典」というより、当時の「現代音楽」であったことを指摘する。つまり、例外を除き、現存する作曲家の曲しか演奏されなかった。その時代までは「クラシック音楽」の聴き方、楽しみ方が多種多様あり、現在に比べてはるかに寛容な雰囲気だったようである。「静まりかえった観客席で古典的な名曲に一心に聴き入る聴衆たち、そんな演奏会のイメージができ上がったのが決してそんなに古いことではない」(八頁)。したがって「正しく聴く姿勢」という発想も、現在のような聴衆層の統一化および標準化という現象も、近年の産物ということになる。

一九世紀のアメリカ文化史を研究してきた歴史家ローレンス・レヴィンは、米国においても似たような受容と認識の変遷を辿っている。レヴィンは、シンフォニーやオペラなどの音楽からシェイクスピアの演劇やニューヨーク市のセントラルパークのような公共空間までを視野に入れ、一九世紀および二〇世紀初期におけるアメリカ市民のさまざまな文化との関わり合い、文化受容の変遷を調べ、渡辺とほぼ同じような結論に達している(12)。

レヴィンは、二〇世紀始めに、それまでに多様だったアメリカの聴衆や観客が徐々に階級別に細分化されてきたことを力説している。また、パフォーマンスでの聴衆のマナーに関して、一九世紀においてアメリカ人がだんだん「飼いならされた」と論じている(13)。つまり、一九世紀半ばまで演劇やオペラやシンフォニーなどのパフォーマンスを見ながら喝采を送ったり、揶揄したり、感動の喚声を思わず発したりするのが一般の習慣だったのに、世紀末にはそのような振る舞いが「下品」で「低劣」であるという認識が広まった。一九世紀後半にアメリカで文化階層(cultural hierarchy)がより確立されるにつれ、以前のように積極的かつ素直に反応を示すことが見下されるようになり、新しく現れた「高尚な芸術」の世界から聴衆のそのような振る舞いが排除され、「大衆芸能」や「民俗芸能」においてのみ許されることになった。

そのおかげでシェイクスピアやオペラなどは、一九世紀半ばまでアメリカの一般庶民にとって身近なものだったが、エリート志向とみなされるようになってから、一般家庭の日常生活から遠ざかっていったようである。「高尚な趣味」と認識されるようになればなるほど、オペラやシェイクスピアなどは、多くのアメリカ人にとって親しみやすい娯楽でなくなり、むしろ現在のようにまじめな「お勉強」の対象に変わっていった、とレヴィンは皮肉って指摘している。(14)

レヴィンと渡辺の研究に共通しているのは、〈高・低〉の二分法文化観の発達、そしてそれに伴う聴衆の分離化および「飼いならし」現象に着目している点である。レヴィンと渡辺(そしてフランスの社会学者ピエール・ブルデューなど)による文化史研究は、ジャズを考える上でも貴重な足がかりとなるし、実際にレヴィンとブルデューはとくに近年の米国でのジャズ研究に大きな刺激を与えてきた。

たとえば、ポール・ロペスが証明しているように、アメリカでは〈クラシック vs ジャズ〉という縮図はすでに一九二〇年代から広く認識されている。だからこそ白人の「ジャズの王様」と呼ばれていたポール・ホワイトマンは指揮棒を持って“symphonic jazz”

たるものによって「低劣なジャズ」のイメージアップを狙ったといわれる。また、ホワイトマンがジャズのイメージを相当に意識していたからこそ、一九二四年にニューヨーク市のエイオリアン・ホール、そして翌年にカーネギー・ホールで初の「ジャズコンサート」を行ったと思われる。[15] 両ホールは、アメリカのクラシック音楽界にとっての殿堂であり、思えば、ホワイトマンのエイオリアンとカーネギー・ホールでのジャズコンサートは、「さらばモスクワ愚連隊」のダンチェンコ部長にとっての「ボリショイ劇場でジャズをやる」ことに等しいだろう。

ホワイトマンの一九二五年のカーネギー・ホールでのコンサートから十三年後、同ホールでベニー・グッドマンなどによる初めてのスウィングコンサートが行われた。同じ一九三八年そして翌年に名プロモーターのジョン・ハモンドが“From Spirituals to Swing”というコンサートシリーズをカーネギー・ホールで催した。グッドマンのグループのほかに、デューク・エリントンとカウント・ベーシー楽団の数人の人気バンドマンも(ベーシー自身を含めて)、ミード・ラックス・ルイスというブギウギ・ピアノの名手も参加し、スウィング全盛期の真っ最中に行われただけに、このコンサートは大きな話題を呼んだ。また、クラシック音楽の檜舞台で行われた白人と黒人による共演も注目を集めた。[16]

カーネギー・ホールの名誉をまとうことによって、ジャズも立派な芸術音楽であるという認識が広まり、アメリカ国内でのジャズの文化的地位が「上」へと一歩上昇しだしたことは確かだろう。(思えば、二〇〇四年に完成されたニューヨーク市のロックフェラー・センター内のジャズ専用の演奏場群——豪華なジャズ専用に設計されたコンサートホールからこぢんまりとしたクラブまで——がジャズの最も顕著な文化地位向上を物語っているにちがいない。) だが、一九三〇年代には、スウィングはあくまで大衆向けのダンスミュージックというイメージが抜けにくかった。一九三八—三九年の一連のコンサートでは、熱烈な若者のスウィングファンが、通常のクラシックファンのように、おとなしく観客席に着いたまま静かに音楽を鑑賞することに満足せず、むしろ音楽に合わせて体をゆすぶったり、手足でリズムを取ったり、喝采したり、飛び上がって踊ったりしていたと報じられている。[17] 要するに、一九三八年の時点ではアメリカのジャズファンは、レヴィンのことばでいえば、まだまだ「飼いならされて」いなかったのである。

レヴィンや渡辺が論じるように、音楽のパフォーマンスにおける〈奏者〉と〈聴衆〉との関係は、時代とともに変化する。しかし同時に、音楽のジャンルによって両者の関係が変わるということも見逃せない。よく指摘されることだが、多くのアフリカン・アメリカ文化から発生した音楽(たとえば、奴隷が畑仕事をしながら歌ったワークソング、その歌から発達したブルース、教会で歌われるゴスペル、そしてジャズなど)では、"call and response"(呼応)という習慣が音楽の構造と演奏形式に深く盛り込まれており、「演奏者」と「聴衆」との関係に大きく影響している。アフリカ大陸の多くの音楽についても、カリブ海や南米などのアフリカ系の音楽についても、同じ現象が見られよう。これらの音楽伝統では、つい最近まで「演奏者」と「聴衆」という区別自体がほとんど存在しなかったと言っても過言ではない。

“Call and response”のやりとりに当たって、respondする側（つまり、応える「聴衆」）が、積極的にしかもタイミングよくリズムの合間に入って応えないと、「パフォーマンス」している側（歌手および楽器奏者）が調子に乗りにくく、結果としてパフォーマンス全体がうまくいかないことがしばしばある。これはジャズ・ミュージシャンならだれもが経験していることだろう。そのことを考えると、「聴衆」というのはむしろ二次的な「参加者」として考えたほうが正確だろうし、したがってこの場合の音楽単体をして、厳密に「パフォーマンス」と呼べるかどうか疑問となろう。つまり、全員が何らかの参加者となり、消極的な「聴衆」というものが消え、聴衆のない演奏が、はたして「パフォーマンス」とみなせるかどうか、という問題が浮上するわけである。

日本のコンサートホールでしかジャズの生演奏を聴いたことのない日本人ファンは、上述したようなミュージシャンと聴衆との活発な相互関係に対し違和感を覚えるかもしれない。ところが、すくなくともアメリカの黒人の多いクラブでは、現在でもそのような関係はけっしてめずらしくないようである。

《〈朝鮮半島〉の記憶の湧出》

さて、「さらばモスクワ愚連隊」に戻ろう。ダンチェンコと北見の〈クラシックvsジャズ〉議論を渡辺やレヴィンなどの研究を背景に考えると、これは単なる美学的な次元に止まらず、「美学」の裏には〈文化的力学〉たるものが潜んでいることが分かる。そして、「さらばモスクワ愚連隊」が教示してくれるのは、この〈文化的力学〉は、社会階層だけに結びつけられているのではなく、〈人種〉や〈国籍〉（ナショナリティ）などの位相にも密着している、ということである。しかも、この作品では、アイデンティティを形成するさまざまな位相が絡み合うため、小説としてより複雑な構図となっている。たとえば、クラシックの優位性を誇るのはソ連の白人であり、それに対しジャズの肩を持つのはアメリカの黒人などではなく、日本人である。物語のなかで、この複雑さが最も明白に現出する場面は、ダンチェンコのピアノを聴いた直後の北見の反応を描いた一節だろう。

その時、私を椅子から立ちあがらせたものは何だったたろう。気がついた時には、私はもうピアノの前に坐って、〈ストレインジ・フルーツ〉をイントロなしで弾きだしていた。

私刑《リンチ》にあった黒人が、丘の上の木にぶら下っている。たそがれの逆光の中に、風に吹かれて揺れている首の伸びたシルエット。それは、まったく哀れで滑稽な「奇妙な果実《ストレインジ・フルーツ》」だ。その時、私はなぜか引揚船の甲板から見た、赤茶けた朝鮮半島の禿《は》げ山のことを思い出した。ほこりっぽい田舎道と、錆《さ》びたリヤカーのきしむ音がきこえてきた。十三歳の夏の日。

どんなテンポで弾こうとか、どのへんを聞かせてやろうとか、そんなことは全く頭に浮んでこなかった。音を探そうとあがくこともなかった。音楽は向こうからひとりでにやってきた。私の指が、おずおずとそれをなで回すだけだ。私は確かにブルースを弾いていた。背筋に冷たい刃物を当てられたようなふるえがくる。時間の裂け目を、過去が飛びこえて流れこんできた。ピアノは私の肉体の一部のように歌っていた。五年前に私が失った音が今そこに響いている。

いつ弾き終えたのか、私は強い疲労を感じながら鍵盤の上の自分の指を、ぼんやり見つめていた。部屋はしんと静かで、窓から射しこむ日光が床に幾筋か縞模様を作って揺れていた。

「それは何という曲ですか?」

ややあって、背後でダンチェンコ部長の声がした。

「黒人のブルースです」

と私は言った。「これは何でしょう。芸術的音楽でしょうか、それともボリショイ劇場ではやれない単なる娯楽的音楽でしょうか」

私は振り返って部長を眺めた。そして、この頑強な男の目から涙がこぼれ落ちそうになっているのを見てひどく驚いた。彼はあきらかに感動を押さえかねていた。

「それはジャズの一種ですね」

と彼はハンカチを取りだしながらきいた。

「そうです」と、私はうなずいた。

ダンチェンコ部長はハンカチをしまうと無言でドアに歩みより、ちょっとの間こちらに背を向けたまま、じっと立っていた。だがやがてしゃんと背筋をのばすと、部屋を出て行きながら振り返って言った。

「それはやはり娯楽的音楽です。では、また」(三二―三四頁)

まず上述したように、この場面は「西洋文明の尊い伝統を唱えるヨーロッパの白人」対「アメリカの黒人文化の高尚な側面を自ら披露する日本人」という多少異様な構図になっていることが注目に値するだろう[18]。黒人文化など高尚でないという偏見もあろうし、日本人にジャズを説明する資格なんてないという偏見もあろうが、この作品はどちらのステレオタイプも真っ向から否定している。

だが、以上に引用したテクストのなかで、次の一節がとくに興味深いと思う。

たそがれの逆光の中に、風に吹かれて揺れている首の伸びたシルエット。それは、まったく哀れで滑稽な「奇妙な果実《ストレインジ・フルーツ》」だ。その時、私はなぜか引揚船の甲板から見た、赤茶けた朝鮮半島の禿げ山のことを思い出した。ほこりっぽい田舎道と、錆びたリヤカーのきしむ音がきこえてきた。十三歳の夏の日。

ここで朝鮮からの引き揚げの記憶を語る声は、北見という虚構の人物よりも著者の五木寛之自身のものなのではないか。「ストレインジ・フルーツ」の描写から文体が突然リリカルな調子に替わることは、著者自身の感情の高まりを物語っているだろう。とくに興味をそそるのは、その歌詞で描かれるアメリカでの黒人の私刑(リンチ)の風景から、語り手・著者の敗戦当時の朝鮮半島での個人的な思い出に難なく移ることである。

この文体とイメージの変化をどう理解すべきだろうか。私は初めてこの場面を読んだとき、著者はここで、アメリカの白人による黒人虐待と、一九一〇年から一九四五年までの日本の朝鮮半島の植民地政策との類似性を暗示していると考えたが、その趣旨がテクストに裏づけられているくだりはほかに見当たらないので、この解釈に根拠があるとは言い難い。むしろ、その意味を「解きあかす」ための鍵は、描写される〈音〉にあるのではないか。すなわち、約二十年前に北見が朝鮮半島から引き揚げたときの「錆びたリヤカーのきしむ音」である。

以上の一節に示された縮図は、北見が「ストレインジ・フルーツ」という曲を弾き出し、そこで自分の中で眠っていた昔の風景を思い起こし、その風景に伴う音が甦るとともに、再び「ストレインジ・フルーツ」という「黒人のブルース」へと戻ることになっている。(19) これを拡大解釈すると、北見が植民地で育ち、敗戦後に記憶のない祖国に帰り、そのとき目の当たりにした「ほこりっぽい田舎道と、錆びたリヤカーのきしむ音」というら寂しい風景が、黒人のブルースの世界に深く通じる、という主張がこの一節から読み取れる。だからこそ北見がブルースの真髄に対する深い理解を持っており、ピアニストとして脂の乗っていた五年前までは、彼の演奏の根底に「ブルース」が常に流れていたということになろう。つまり、敗戦当時の自身の辛い体験によって、北見が日本人であるにもかかわらず黒人のブルースの本質を把握し、その証拠としてジャズを芸術とは見なさないダンチェンコにさえ涙を流させるほどの音楽的表現力を有している、ということになる。

この解釈はテクストのほかの個所にも裏づけられている。たとえば物語の始めに、北見が自分の過去を振り返り、なぜ演奏生活を止めたかと考えるところがある。

私はジャズを愛し過ぎているのだった。かつて私がつくりだした、あの自分で納得のいくブルースの音を、私の指はもう弾くことができない。私に本当のジャズを弾かせた何かが、今は私の中から失われてしまっているのだった。五年前のあの夏のおわりに、何かがこわれ、気がついた時にはすっかり錆びついていたのだ。（一六頁）

引き揚げの思い出を念頭におくと、このくだりの「私に本当のジャズを弾かせた何か」とは、敗戦にまつわる辛い体験であることが明白となる。この作品では、ジャズの原点はあくまでもブルースであると考えられており、そしてブルースの原点は人間の辛苦と「寂」(ここでは「錆」というイメージでも象徴される)によって成り立つ。

さらに精読すると、以上の二つの節をつなげる要素がほかにもあることに気づく。たとえば両方で、北見が過去を振り返っていること、しかも「夏の終り」と「錆」という共通のイメージによって北見の喪失感が強調されていることが目につく。結局、北見の本質的な「ブルースの音」を可能にしたのは、遠い夏の日に聞いた「錆びたリヤカーのきしむ音」によって象徴される苦難の体験である。したがって、約二十年前の夏の日と五年前の夏の日、そしてダンチェンコに触発されてふいに弾き出した、しばらく「錆びついていた」ブルース、という現在がすべてここで重複している構図となっているではないか。

白瀬の質問「なぜピアノをお止めになったんです？」に対する北見の以下の答えも、この解釈をさらに裏づけているだろう。

「別に。正直いって弾けなくなったんですよ、ブルースが」

「なぜでしょう？」

「さあね。たぶん世の中が、いや私の生活が変ってしまったからでしょうね。気《き》障《ざ》な言い方で照れ臭いけど、つまり、ブルースの音を生みだす何かが消えてしまった、ということです。気づいた時はもう駄目だった」（三六頁）

北見にとってソ連への旅は〈過去〉への回帰という意味もあり、過去の辛い体験につながる土地を再訪することによって、五年間も死んでいた内在的な〈ブルース〉（＝ジャズ）の音が甦ってくるのである。

《ブルースの再来》

だが、ソ連で北見のジャズへの情熱に点火したのがダンチェンコ部長なら、その熱を全焼させたのはミーシャというモスクワの不良青年である。物語の始めにミーシャが北見を街の中で見かけ、旅行者のいいカモとみなして、余分な洋服を売ってくれるように頼む。その後また会うことになり、今度はミーシャが数人の「愚連隊」仲間と一緒に北見に絡んでくる。始め北見は不快に思うのだが、だんだんミーシャのずうずうしい態度が可愛く思え、後に一緒に飲みに出かける。そのときミーシャと愚連隊の仲間が北見を連れて行く店は、〈赤い鳥〉という闇屋たちが入り浸っている、ややいかがわしい雰囲気のレストランであり、若者によるジャズもそこで演奏されている。〈赤い鳥〉に入るや否や、ミーシャが常連客にトランペットを吹いてくれと頼まれるが、断ろうとする。だが、ミーシャが惚れているエルザというきれいな娘にねだられて、一曲吹く。ミーシャの演奏に対し、北見は内心「子供にしては張りのある音だ」、と先輩ぶって評価する（四七頁）。

翌日の夕方になると、北見は白瀬と、知り合ったばかりのビルというアメリカ人留学生とを〈赤い鳥〉に連れて行く。ビルはベースを弾くらしい。三人が店に入るとジャズの生演奏が聞こえ、やはりミーシャのトランペットに常連客が喝采している。「ミーシャは気取ったポーズで腰を振りながら〈セントルイス・ブルース〉を、吐気がするほど甘ったるく吹いていた。そして私を見ると、妙なウインクをしてみせた。女の子たちが黄色い嬌声を張りあげる」（五五頁）。その振る舞いを見た北見はもはや我慢できなくなる。

「やめろ！　ミーシャ」

と私は英語で怒鳴った。少年の目が、びっくりしたように大きくなった。彼は吹くのを止めた。部屋中がしんと静かになった。

「そんな吹きかたはよせ、ミーシャ」

と私は少し小声になって英語で言った。「きみはよいプレイヤーになれるとおれは言ったが、あれは間違いだった。いまきみがやってるのはジャズじゃない。すくなくともブルースじゃないぜ」

「あんたはぼくにペットの吹きかたを教えようというのかい、え？」

ミーシャはトランペットのバルブを指でかたかた鳴らしながら、せせら笑った。

「ジャズは——」

と、そこまで言って私は言葉につまった。ジャズは人間の生きかただ、そいつはごまかせない、と私は言いたかったのだ。勉強が苦手なら学校なんか行かなくったっていい、働くのが嫌いなら食わなきゃいい。だけど、そんな演奏《プレイ》だけはやめろ。おふくろが憎けりゃ憎むことだ。兄貴がうらやましければ自分に腹を立てろ。それを、そのトランペットでやるんだ、それが本当のブルースってもんだろう。そうじゃないのか、ミーシャ！

だが私はそれを言えなかった。それは私の勝手に考えていることだ。それに自分は他人にそんな綺麗なことを言う資格のある人間なんかじゃない。だがどうにかしたかった。じっとしていられない気持ちだった。（五五―五六頁）

以上の「ジャズは――」からの独白を格好よく感じるか、陳腐なロマンティシズムに感じるかによって、「さらばモスクワ愚連隊」全体に対する評価は大きく左右されるだろう。しかしそれとは関係なく、この作品は〈音楽〉、ことに〈ジャズ〉に関して、いくつかの大きな問題を提起しているのである。

たとえば、北見とミーシャとの対決は、先のダンチェンコとの議論と同様、根底に「まじめな音楽」対「娯楽の音楽」の概念が見出せる。北見のいう「いまきみがやってるのはジャズじゃない。すくなくともブルースじゃないぜ」というくだりは、ダンチェンコの「それはやはり娯楽的音楽です」に似た〈高・低〉の概念を反映しているように思える。ただし、今度「まじめな」真の芸術を体現しているのは北見であり、「娯楽の音楽」呼ばわりされるのはソ連人の方のミーシャである。つまり、立場が入れ替わっているわけである。また、この場合は、〈クラシック vs ジャズ〉という音楽ジャンルによる対比ではなく、同じジャズを演奏するときの姿勢によって「真のジャズ」か、単なる「娯楽の音楽」であるか、という微妙な識別が働いている。

ここでの「真のジャズ」とは、納得のいくブルースの音が源に流れているものであり、その音を出すには、それなりの厳しい生活とまじめな姿勢が必要だ、と北見(そして五木自身?)が考えていることは既述のとおりである。北見にとってジャズとブルースとは、密接な関係にあり、ブルースのフィーリングのない演奏はジャズとして稀薄だと思っていながら、その一方で、その主張につきものの「ブルースは黒人しか弾けない」という本質主義の発想を、この作品全体が否定している。日本人のジャズ・ミュージシャンとして、そのような発想を鵜呑みにしては、自己否定を招くからだろう。

北見のこのジャズ観がよりはっきり表れる場面は、ミーシャの気取った演奏姿に嫌気がさした直後のくだりである。北見は、(白人と思われる)アメリカ人留学生のビルを呼んでミーシャのバンドのベース奏者と替わってもらい、バンドのクラリネット吹きの楽器を白瀬に渡して強引にステージに上がらせ、自分がピアニストと替わり「セントルイス・ブルース」を弾き出す。この時点まで、北見は自分がジャズピアノが弾けることとすら明かしていなかったので、ミーシャは唖然とする。次の場面でこの作品はメロドラマ的クライマックスに入る。

前奏《イントロ》なしで、〈セントルイス・ブルース〉を私はごく自然に弾きだした。はじめは独りきりだった。最初のパートの十二小節を飾らずに押さえてくり返す。短調の十六小節のところで、ビルがはいってきた。ベースの無口な音が、私のピアノを下からがっしりと支えだした。そのうち、おずおずとクラリネットが滑りこんできた。頼りなげなその音をビルと私が力づけるように弾く。乗ってきた。音楽が流れだした。ブルースの誕生だ。これでよし。いけるぞ。

白瀬は昔のブルー・デュークスのクラリネットと、そっくり同じに吹いていた。レコードがすり切れるほど聴いて、練習したに違いない。さあ、いいか、ソロを渡すぞ、ほら！

前に、彼のアパートで聞いた時と全く違う音が流れだした。すっかり目を閉じてしまって、何かに祈るように彼は吹いている。そいつはたしかにブルースの音だった。ビルが掛け声をかける。白瀬が出た。プッシュ。そのうち、いつの間にかドラムスが加わってきた。トロンボーンが、遠慮がちに一オクターブ下の音でついてくる。厚味をました音の流れを、ビルのベースはびくともせずに支えていた。

私はミーシャに目で合図した。さあ、はいってこい！　少年は唇をかんで首を振った。私はうなずいた。そうだとも。それでいいんだ。

混雑した、だが力のこもった最後のコーラス。そして地面に吸いこまれるようなエンディング。大した演奏ではなかった。だが、フィーリングのある温かいブルースだった。

一瞬、しんと静まり返った店内が、どっと沸いた。ミーシャが私のところへやってきて、頬っぺたにキスをすると、また、どっときた。バンドの連中や客たちが、グラスと罎を抱えて集まってきた。目を真赤にして、ライラックの花束を投げつけた娘もいた。見おぼえのある大きな灰色の目が近づいてきた。エルザだった。彼女は私の唇に柔らかいキスをし、子供のように歯を見せてほほえんだ。（五七―五八頁）

この演奏を聴いて、青年共産同盟員であるミーシャの生真面目な兄ユーリイも感動のあまり、今まで見下していたジャズ・ミュージシャンを急に再評価し、プロ志望の弟の気持ちを受け入れる気になる。（二人の男兄弟で一人は「優等生タイプ」に対し、もう一人はジャズ・ミュージシャンを目指す不良っぽい性格という構図は、『嵐を呼ぶ男』を連想させるではないか。）

以上の一節を読むと、この作品はいかにもお定まりのハッピーエンドになる、と想像されるかもしれないが、そのような安易な締めくくりを避けるのは五木の作家としての意地であろう。〈赤い鳥〉での演奏の翌日に北見が担当している日ソ文化交流関係のジャズコンサートは、日本側のスポンサーが突然死亡したため中止となり、北見宛てに「シゴトヤメテ　キコク」せよ、との電報が入る。

ソ連を発つ前に、北見はミーシャに別れを告げに、愚連隊たちの行きつけの競馬場へ出かける。競馬場のスタンドから愚連隊の一人が北見を見かけ、ミーシャが昨夜逮捕されたことを知らせる。ゆうべ、北見が〈赤い鳥〉を出てから、常連の闇屋がエルザに手を出し、逆上したミーシャがナイフで相手の首を刺し、警察に連行された、と。そしてこの小説の最後の文は次のとおりだ。

私はスタンドを振り返った。だが、そこにあるのは、数千の見知らぬ群衆の顔だけだった。私は立ち上り、彼らに背を向けて、独りでスタンドを降りて行った。（六二頁）

五木寛之の「ライブ重視」

「さらばモスクワ愚連隊」と五木寛之の同時期のほかのジャズ小説から判断すると、五木はそれほどジャズに詳しいとはいえないかもしれない。だが、それにもかかわらず、日米両国の多くの小説家が描くジャズ像と違って、五木は「ジャズ精神のある側面」に肉迫している場合が少なくないように思う。たとえば、この作品のなかで描写されるジャズは、ジャズ喫茶などで享受されていた、録音された音楽ではなく、あくまでもライブ演奏による〈生きた音楽〉である。名盤レコードのタイトルを列記してしかるべき「ジャズっぽい雰囲気」を出そうというような安易な方法を避け、先の一節で見られるようなジャムセッションの描写に挑戦するところに、五木なりの作家としての野心が見受けられる。

ジャズは単に即興される音楽だけではないが、しかし即興を中心とする音楽である。即興がジャズの生命であり、即興されない音楽はジャズではない。したがって、ジャズ・ミュージシャンの演奏が評価される場合、楽器を奏でるときの上手・下手などのような技能の問題のほかに、即興しながら作り上げるソロの独創性、ノリのよさ（「スウィングしている」かどうか）、構想の自然さ及び巧みさなどがきわめて重要となる。さらに、ピアノ、ギター、ベースやドラムなどのいわゆる「リズムセクション」が、他の奏者のソロを、どれだけ上手にかつ創造的に支えたり刺激したりするかというところも評価される。つまり、大げさに言えば、ジャズ・ミュージシャンは演奏者と作曲家と編曲者の三役を兼ねていることになる。しかも、このすべての作業は（ある程度）演奏中に行われる。「さらばモスクワ愚連隊」では、ジャズ演奏で要求されるこのような〈自発性〉や〈創造性〉などに対する五木の直感的な理解が見受けられるではないか。[20]

ジャズ史のなかでもっとも独創性に富んだミュージシャンの一人エリック・ドルフィー（アルトサックス、バスクラリネット、フルート）の名言によると、「音楽を聴き、終わった後、音楽は宙に消えてしまい、二度とそれをつかまえることはできない」[21]。音楽、ことに即興中心のジャズは、一回切りの体験である。それに対し、レコードやＣＤはその一回性の特質を否定している、少なくとも消えていくはずの音を凍結し、永遠に反復して聴く（消費する）ことを可能にしている。

　もちろん、音楽好きの現代人なら、誰しも録音技術から生じた利点を十二分に心得ている。たとえば、辺鄙な地方に住んでいる人でさえ、世界一流の演奏を自宅や喫茶店などで楽しめること。すばらしい演奏（あるいは演奏の一部）を好きなだけ繰り返し聴けること。そしてミュージシャンにとっては、レコードなどは貴重な勉強の教材となっていることも忘れてはいけない。とくに近代以降に発展した即興音楽のジャズの場合、教材として楽譜よりもレコードが重視されてきたことは確かに見逃せない(22)。

　五木寛之が、レコードの「教材としての価値」を認識している証拠として、「さらばモスクワ愚連隊」の登場人物である白瀬が、北見のバンドのレコードを何度も繰り返し聴いて、バンドのクラリネット奏者のソロを暗記し、きちんと吹けるようになったエピソードを挙げることができる。だが同時に、五木は一般聴衆がジャズを素直に楽しんで聴くのでなく、一所懸命「お勉強」のようにして聴いている姿勢は嫌いだったようである。長編『青年は荒野をめざす』で主人公のジュンは、ヨーロッパのジャズファンの聴く姿勢を見て、次のように反省する。

　彼らの特徴は、ジャズというものに対する比較的に寛大な態度だった。ジュンの知っている日本の聴衆のように、厳しい顔付きで、真剣勝負のような聴き方をする連中はいなかった。彼らはよく笑い、時には演奏を無視して喋ったり、プレイヤーをからかったりした。彼らの顔付きには、音楽に対するフェティシズムのようなものは感じられず、あくまで人間が主人といった自信たっぷりの態度でジャズを聞いていた。(二四五頁)

五木の一連のジャズ小説が出版された一九六〇年代後半、日本ではジャズ喫茶全盛時代でもあり、多くの日本のファンにとってジャズの聴き方は、暗い煙ったい部屋で一枚のぐるぐる廻る円盤を黙々と「鑑賞する」行為に等しかっただろう。もちろん、コンサートやライブハウスに足を運ぶファンも中にはいたが、当時の日本のジャズ文化では、ジャズ喫茶とレコードが中心となっていたことは否定できないだろう。〈レコード vs 生演奏〉の問題については第五章で詳しく触れるが、『ふり向けばタンゴ』という音楽をめぐる一九七〇年代のエッセイ集で、五木自身は次のように述べている。

レコードを一人で目を閉じて鑑賞するのでは、つまらない。芝居に行ったり、映画を観たり、演奏会に出かけたりするのも、一つのお祭りである。たくさんの人と一緒に、押しあいへしあいするくらいがいい。拍手をしたり、手を叩いたり、声を

かけたりできれば、おどらなくとも満足できる。（一八頁）[23]

つまり、五木は渡辺裕やローレンス・レヴィンが後に指摘する〈音楽の社会性〉そして〈参加者としての聴衆〉という問題に、早くから着眼していたといえる。五木は録音された音楽というのはジャズの本来の姿ではない、と見なしているようである。レコードは、聴衆を一種の〈参加者〉から単なる〈傍観者〉に、強いて言えば一人の〈共演者〉から〈消費者〉に置き換える機能を果たす傾向があるのではないか。

五木の小説で〈音楽の社会性〉を強調するもう一つの手法として、ジャズバンドの一人のソロ（即興演奏）を描写するとき、それを一人による〈独奏〉ではなく、常にグループによる〈対話〉として捉えていることも重要である。この見解は「さらばモスクワ愚連隊」の〈赤い鳥〉でのジャムセッションの記述からも確認できるし、同年出版された「GIブルース」からも確認できよう。「GIブルース」では、プロモーターの北見がジェイムズという若い米兵ジャズピアニストについて次のように考える。

北見は、実力のある連中に頼んで、ジェイムズと一緒に演奏をやってもらった。ジェイムズに欠けているのは、チーム・プレイの経験だと彼は判断したからだ。

ジェイムズは独りで弾くと、とても良い音を出した。だが、ジャム・セッションをやると駄目だった。固くなり、こわばって、外の楽器との生き生きした自由な対話ができなかった。他人のソロを控え目にカバーする技巧も、それを効果的に押《プッシュ》すコツも、ほとんど自分のものになっていない。（八五―八六頁）

要するに、五木寛之は、ジャズ演奏を基本的に〈コミュニケーション〉と見なしているのである。それがミュージシャンと聴衆との間の〈対話〉であろうと、演奏中の（楽器によって表現される）ミュージシャン同士の対話であろうと、一方通行ではなく相互コミュニケーションでなければならない、という主張がつねに根底にある。だからといって五木はレコードなどの価値を軽視しているわけではないが、やはり音楽（ジャズ）の原点は生演奏である、という主張が初期のジャズ小説群において一貫して表現されているのである。

ジャズ小説家と〈人種〉の差異

五木のジャズ小説の世界では、ジャズの〈対話〉とは、ミュージシャン同士によるステージ上の密閉された空間のなかで行われるものだけでなく、その場にいる聴衆とのコミュニケーションをも含む。

ジャズを〈対話〉として捉えている意味で、五木の小説におけるジャズ像は、多くのアメリカの黒人作家が書いたジャズ小説とも共通している。アメリカの白人と黒人の作品内のジャズ描写を比較研究してきたジョン・パニッシュは、その違いを次のように要約している。

大雑把に言えば、白人のテクストはジャズ・ミュージシャンの体験をロマンチックなものとし、ジャズのヒーローたちをステレオタイプに表象し、ジャズ音楽の発展を社会および歴史的コンテクスト抜きに語り、そして共同体の存在を軽視する反面、競争的個人主義の人間関係に重点をおく。一方、黒人のテクストというのは、ジャズ・ミュージシャンを尊敬すべき者として表象しながら複雑な人物像として描く傾向があり、ジャズ音楽の発展を、常に反復され改良(revised)されつつある明確な伝統の中に位置付け、音楽と音楽家と社会との関連性を強調し、そして個人の成功を必ず(黒人の)共同体の成功に結びつけるわけである(24)。

パニッシュによると、ジャック・ケルアックやジョン・クレロン・ホームズなどのような一九五〇年代白人の「ビート族」の作家・詩人たちには、ジャズ・ミュージシャンの主人公が白人であろうと黒人であろうと、疎外されている悲劇的英雄として表象する傾向がある。ただし、白人の主人公の場合、「疎外」という状況を、ある程度自ら選んでおり、もともと社会の主流から締め出されているアフリカ系アメリカ人の立場とは徹底的に異なっていることはいうまでもない。また白人の作品では、白人の主人公が、黒人の音楽世界に浸かることによって、社会に対する「反感」を自己表明することが多いのに対し、黒人のミュージシャンにとって、その音楽世界とは他者のものではなく、むしろ自分のコミュニティー（共同体）に所属する、という状況も大きな相違点といえよう。

パニッシュの主張が、白人作家と黒人作家の相違点をあまりにも強調しすぎ、一種の文化本質主義に近いという側面は気になる。だが、彼が注目しているジャズ小説は、アメリカで合法的人種隔離制度を含めて黒人に対する差別が、現在よりはるかに厳しかった一九四〇年代から一九五〇年代までに書かれた作品であることも忘れてはいけない。その時代背景を考慮すると、白人作家と黒人作家の間に社会に対する認識の大きな差があったことは当然だろう。（もちろん、現在でもアメリカ社会には人種差別が根強く残っており、そこから生じる認識の落差も続いているものの、パニッシュが注目している社会背景に比べて、その格差がかなり狭まったことは否定できないだろう。）

五木寛之のジャズ小説には、パニッシュが要約する「白人的」特質も「黒人的」特質も内包されている。たとえば、『青年は荒野をめざす』に見られるようなナイーブな個人主義的ロマンティシズムは白人作家の小説に類似しているし、既述したように「さらばモスクワ愚連隊」や「GIブルース」でジャズ演奏を〈対話〉として捉えているところは、むしろ黒人作家のジャズ観に近いといえる。

だが最終的には、五木寛之が日本人の作家として、日本人の読者を相手に、日本語でジャズをめぐる小説を書いている意義はきわめて大きい。つまり、五木がパニッシュのように「人種」という概念による〈白・黒〉の二項対立的文化観の枠組みに固執していたら、日本人の主人公の主体性は成り立たない。五木の日本人の主人公たちが、白人にせよ黒人にせよ、他の登場人物に対し、どんなに親近感を抱いても、彼らは他者であることに変わりはない。その意味では、日本のジャズ小説はアメリカのすべてのジャズ小説と決定的に違うのではないか。

国際性と排他性の混在

五木のジャズ小説に登場する外国人は〈他者〉であると言っても、白人にせよ黒人にせよ、個人として名前もつけられており、その人物の過去も記述される。だが、その一方、とくに『青年は荒野をめざす』では、〈日本 vs 外国〉という単純な縮図も見られる。たとえば、ソ連から北欧、フランスまで、さまざまな国を放浪している主人公のジュンが「ここいらへんが、日本と外国の違う所なんだろう」ときわめて単純な感慨を抱く場面もあり(六三頁)、ヨーロッパで白人を見かけて「外人」と見なす場面もある(二三一頁)。『青年は荒野をめざす』のジュンは、偏見の少ない、無邪気な冒険者として好意的に描写されているが、このような内向的・排他的な発言は、逆効果にさえ思われる。
また、五木寛之のジャズ小説に登場する主人公たちは、外国人という〈他者〉と接触することによって、自分が日本人であることを確認する、というパターンがよく見かけられる(25)。海外に出かける日本人のジャズ・ミュージシャンたちは、それが短い旅であろうと長い滞在であろうと、最終的には日本に戻ってくるという点は見落とせないだろう。「さらばモスクワ愚連隊」の場合、北見は最初から短いソ連訪問のはずだが、それを途中で切り上げて帰国する。『青年は荒野をめざす』の主人公ジュンは、「まともなジャズ」が演奏できるための経験(苦労)を求めて、ソ連とヨーロッパに出かけ、最後にニューヨークに向かうことになる。しばらく海外で暮らすつもりで、日本にいつ帰るという予定はないが、小説の終わりになると、次のように考える。

結局は自分もいつか日本へ帰らなければならないとジュンは思った。だがまだ、今はそんな時期ではない。何か一つこれだというものにぶつかって、確かな手応えを感じとるまでは外国で暮そう。そのためにやって来たのだ。(三三六頁)

また、「夜明けのラグタイム」のジャズ歌手涼子は、十五年間もアメリカの西海岸に住んでいたが日本に帰ってくる。そして「海を見ていたジョニー」では、主人公のジュンにとって黒人のジョニーに出会うことが一種の海外旅行の疑似体験であったといえよう。「GIブルース」の北見もしょっちゅう日本で海外からのミュージシャンに接しているので同じことがいえる。

結局、五木寛之のジャズ小説における〈ジャズ〉は、日本人の主人公と外国という〈他者〉との媒介的役割を果たしている。だが、この外国との出会いは、ほとんど必ずといっていいほど、一種の自己回帰に還元される。

また、五木のジャズ小説は、国際的な自由奔放な雰囲気を醸し出しながら、一方で排他的な精神も見受けられる。作品によっては、この排他性が外国人に対する徹底的な競争意識および敵対意識に発展することもある。たとえば、「さらばモスクワ愚連隊」のダンチェンコに対して、北見はピアノで対抗して凌駕しようとするし、『青年は荒野をめざす』では、ジュンがモスクワのジャズクラブで「一種の優越感のようなもの」を感じさせるアメリカ人客のグループを相手に、演奏によって打ち負かす。両作品の場合、ジャズ演奏が決闘——あるいはソ・米との戦争——の代理行為となっているように映る。

占領の記憶と支配幻想

五木のジャズ小説には、敗戦と軍事占領の屈辱感に対する微妙なこだわりが読み取れよう。また、欧米人の登場人物に対する一種の〈支配幻想〉も行間から染み出ているのではないか。これは五木のジャズ小説全般に関していえるのだが、同世代の他の男性作家が描く日本の〈被占領体験〉をめぐる小説群にも共通している。たとえば、大江健三郎の「人間の羊」や「不意の啞」や「戦いの今日」など、あるいは野坂昭如の「アメリカひじき」、そして(年齢が多少上だが)小島信夫の「アメリカン・スクール」と長編の『抱擁家族』は、それぞれの特性はあるものの、いずれもアメリカに対する憧れと鬱積した挫折感が混合し、主人公を困惑させている。

拙著『占領の記憶/記憶の占領』(青土社、二〇〇六年)では、以上のような戦後日本(そして沖縄)の文学作品における被占領体験に重点をおいて解釈してきたので、詳しい議論はその書に譲る。(26) しかし、ここで強調したいのは、(一)アメリカに占領されたことを屈辱として捉えている小説は、ほとんど男性作家の作品に限るということ、そして(二)その作品内の主人公のじれったい挫折感は、〈言語〉と〈性〉をめぐる日米の男同士の闘争によって表現されること、という二つの点である。

少し例を挙げてみよう。まず、占領下および植民地下の諸社会では、〈言語〉というのは権力の道具としても、権力の象徴としても機能している。いうまでもなく、終戦後の日本占領においてその言語とは英語のことである。以上、列記した作品の主人公たちの場合、全員が英語と苦闘し、直接に占領者と言語をめぐる闘争に関わる。たとえば、小島の「アメリカン・スクール」では伊佐という英語の教師、大江の「人間の羊」と「不意の唖」の無名の主人公たち、そして野坂の「アメリカひじき」の俊夫という主人公は、それぞれアメリカ占領軍に対する態度は異なるものの、皆、英語で話すことを拒絶しようとし、極端な抵抗手段として、日本語も英語も一言も喋らないという沈黙作戦にまで乗り出す場合がある。このような〈占領文学〉において、英語は「敵のことば」として認識されがちで、英語が流暢に話せないと、占領軍をやりこめることができない一方、英語を自然に使いこなすことは潔くない、一種の非国民的行為として描かれている作品が多い。

〈性〉に関して言えば、これら男性作家の小説世界では日本の男性が比喩的に性的不能となったり去勢されたりする、あるいは日本女性の登場人物(通常は主人公の妻や恋人など)がアメリカ人に強姦され、または誘惑される、という構図をよく見かける。つまり、占領された男たちは「女性化」され、女性は(日本の男性から)占領者に「寝取られてしまう」、という男性中心的な視点がこの小説世界で表現されている。[27] また、野坂の「アメリカひじき」でみられるように、占領者と占領された男同士が女の身体を介して対抗したり、親近感を芽生えさせたりするパターンも日本の〈占領文学〉にはよく見受けられる。[28]

五木寛之のジャズ小説は、以上のような〈占領文学〉とは確かに違う側面も多い。敗戦と占領に対するこだわりがあるといっても、五木の小説がその時代に設定されているわけでなく、思い出として描かれる場面もきわめて少ない。また、五木の小説は、小島や大江や野坂などと違って、占領国にはアメリカだけでなく、ソ連も含まれる。これは五木自身の敗戦後の体験を思えば、当然といえるだろう。

さらに、五木寛之の初期作品における「過去へのこだわり」は、以上の作家たちのように屈辱感や無能として表れるのではなく、逆に、一つの〈支配幻想〉として現出しているように思う。たとえば、上述の〈占領文学〉の作品に表れる日本人の主人公たちは、物語の最後には、全員が占領軍やその関係者の前でさらに屈辱をうけ、惨めな気分となる。これらの作品は、主人公たちが敗戦及び占領による屈辱感から結局のところ逃れられないという印象を与えている。

五木のジャズ小説では、日本人主人公たちが占領国を代表する人物(ダンチェンコやジェイムズなど)を相手に、自信と力を発揮し、魅力にあふれ、そして直接に「疑似占領者」と争う場合にほとんど「勝利」を収める。五木の初期作品でその最も著しい競争媒体は、音楽である。北見のダンチェンコとのピアノによる「試合」も、ミーシャたちを唖然とさせる北見の弾く「セントルイス・ブルース」も、『青年は荒野をめざす』のジュンがアメリカ人をトランペットで吹き負かす場面も、既に述べたとおりである。しかも演奏だけではなく、主人公の音楽に対する知識によってアメリカ人とロシア人を打倒することもある。「さらばモスクワ愚連隊」の北見がミーシャに「本当のジャズ」を教え、「GIブルース」での北見はジェイムズの傲慢な態度をたしなめ、ジャズ演奏とは〈対話〉であり、〈コミュニケーション〉である、という教訓を与える。つまり、この一連のジャズ小説で見られるのは、日本人の主人公の(元)占領者たちに対する一種の〈逆転〉および〈復讐〉のファンタジーといえるのではないか。

アメリカ占領に関して、マッカーサー連合国軍最高司令官の有名な(日本では悪名高い)発言の逆転劇を五木は書いた、ともいえよう。すなわち、「近代文明の尺度で測れば、われわれは四五歳で成熟した人間であるのに比べると、日本人は一二歳の少年といったところ」。これは、マッカーサーが一九五一年五月の米国上院の聴聞会に出席した際の発言だったが、いかにもマッカーサーらしい大弁である。西洋文明を受け継いでいる、と自負したアメリカ占領軍当事者たちは、日本人が立派に「成熟」できるように、わが輝かしい文明の伝統を教え込むことが不可欠だ、という趣旨である。マッカーサーのこの傲慢な態度に対して、「さらばモスクワ愚連隊」と「GIブルース」では、まず日本人の主人公たちがソ連・アメリカそれぞれの対抗人物(すなわち、ミーシャとジェイムズ)より年上に設定されている。今度は日本人が大人であり、西洋人が子供の役を背負わされており、しかも北見が明らかに先生の立場を決めてかかっている。ミーシャに対し、北見の「子供にしては張りのある音だ」というせりふは、この上下関係を明白に表している。しかも五木のジャズ小説では、日本人が教え込む「文明」とは、アメリカ文

化を代表する〈ジャズ〉である。いっそう日米(そして日ソ)の力関係の逆転が強調されている。(29)

〈言語〉をめぐる闘争においても同じパターンが確認できる。というのは、上述した〈占領文学〉の作品群で見られるように、英語が使えない主人公は、五木のジャズ小説にはほとんど現れない。五木の主人公たちは「不意の啞」にもならず、野坂や小島の主人公のように英語に対する自意識過剰になる気配もない。反対に、北見などは外国人と対等に接しており、英語にはまったく不自由しない、おまけにロシア語も多少話せる。(「さらばモスクワ愚連隊」では、北見が何度かロシア語の言語能力を武器に使う場面もある。)五木の主人公たちは音楽ばかりでなく、外国語にも熟練しているという意味で、普通の〈占領文学〉の主人公と大きく異なる。

セックスに関しても同じである。〈占領文学〉でよく見かける日本の男性主人公が性的不能になるような比喩は、五木のジャズ小説には無縁である。逆に、北見やジュンは金髪美人にもてて、外国の女性を「自分のものにする」ことによって通常の〈占領文学〉のパターンを覆しているといえよう。前述したように、「さらばモスクワ愚連隊」の場合、北見はオリガという女性としばらく同棲していたことがその証拠といえる。

オリガはいい女だった。見かけだけじゃなく、気だての方もとても良かった。彼女は稼《かせ》ぎのないくせに気位ばかり高い私が、一般受けしないスタイルの演奏に頑固にしがみついていることに、ちっとも不平を言ったりはしなかった。くたくたになるまで働いて帰ってきて、それから私の身の回りの世話をやくのが楽しそうですらあった。掃除もきちんとやり、シーツにアイロンを当て、いつも手づくりの料理を食わせてくれた。しいて彼女の欠点をあげれば、私が疲れていようがいまいが、ほとんど毎晩のように、あのことを求めたことと、私にロシア語を無理やり教え込もうとしたことだ。（九頁）

明らかにここで描かれているのは、五木の若い男性読者たちにとってのファンタジーだと見られる。注目したいことは、対象となっている読者が男性であることと、女性が白人でありながら、主人公のために徹底的につくす、優しい娘だということである。つまり、オリガは、一方で外国人として他者のエキゾチシズムを提供しており、それによって北見の力、魅力、冒険心が物語られているといえよう。だがもう一方では、オリガは日本女性の理想なみの優しさと思いやりも身につけており、この側面が、〈他者〉のイメージを緩和し、読者に安心感を与えている。おまけに、この優しい西洋美人が毎晩北見にセックスをねだるので、五木が当時、多く獲得していた十代の男性読者たちからみたら、虚構の「オリガ」はまさに女性の理想像でありファンタジーであった、ということは十分に想像できよう。

ところが、北見はオリガと数年前に別れている。主人公自身にとって、彼女は現時点でのファンタジーではなく、むしろ過去の懐かしい人となっている。また、「夜明けのラグタイム」の場合も、主人公はやはり男性で、彼のジャズ仲間のひとりだった涼子が十五年ぶりに日本に帰国するとき、昔の面々が集まり、ジャズと密着した自分たちの青春時代を振り返る場面がある。

涼子がまだクラブで歌っていた頃は、ある意味ではジャズメンたちにとっての青春時代だったと言えるかもしれない。それはちょうど朝鮮戦争をはさんでの五、六年の期間で、戦後の日本にようやくジャズらしいジャズが根をおろし、ぽつぽつ芽をふきだした時代だったように思う。(一〇七頁)

「夜明けのラグタイム」では、「さらばモスクワ愚連隊」や『青年は荒野をめざす』などの初期ジャズ小説群に比べ、〈ジャズ〉が明白に〈過去〉に位置づけられている。「夜明けのラグタイム」は、著者の一九七一年の「休筆宣言」の翌年に発表された作品だけに、初期のジャズ小説とは異なった視点を提示することは当然かもしれない。だが、見逃せないのは、五木のすべてのジャズ小説において、〈過去の影〉がかなり濃く投影されていることである。

おわりに――同時代の作家、過去への凝視

六〇年代後半から七〇年代まで、五木寛之ほど日本の若者に愛読された小説家は少ない。また、五木の処女作「さらばモスクワ愚連隊」も、初の長編小説『青年は荒野をめざす』も、ジャズ・ミュージシャンをめぐる作品であったので、五木は何となく〈ジャズ〉と縁の深い作家として認識されがちだった。実際にデビューの頃、五木は〈ジャズ小説〉を次々と発表し、ジャズ評論家からも、文芸評論家からも、一般読者からも、「ジャズっぽい作家」として定評を得るようになったようである。ところが、若者にとくに愛読される「ジャズっぽい作家」にしては、当時の五木自身はジャズにそれほど詳しくなかったように思われることは前述したとおりである。しかも自作で描写していたジャズ・スタイルは、当時多くの若い読者たちがそれこそ「ダサイ」と感じそうなディキシーランドなどの古いジャズが中心だったのである。

要するに、五木寛之の初期ジャズ小説群を精読すればするほど、作品および著者自身の「矛盾」というべきか、「複雑さ」というべきか、とにかく意外な「多重性」がより明瞭に表れてくる。一見、単に軽快な作品群に思われがちだが、それほど単純な文学世界ではないことに気づくようになる。

五木の「ジャズ小説家」としての第一の「矛盾」は、彼自身が当時、ジャズに対する〈知識〉がけっして豊富でなかったのに、ジャズの「深部」を見抜く〈眼識〉を有していた、ということが挙げられる。たとえば、五木はあくまでも〈音楽〉を生きたものとして描写し、ミュージシャン同士の〈対話〉、そしてミュージシャンたちと聴衆との間の活発な〈やり取り〉(相互コミュニケーション)として捉える。だからこそ、五木のジャズ小説の読者たちは、作品の行間から音が鳴り出すような印象を受けるのではないだろうか。

また、五木のこの小説群には、アメリカの白人作家が好む「個人主義的なロマンティシズム」に類似する側面も、黒人作家の「コミュニティ(共同体)とコミュニケーション」を重視するジャズ観に通じる側面も見受けられるが、五木はあくまでも日本人の視点からジャズを捉えようとしている以上、やはり独自のジャズ小説を書いたことを認めるべきだろう。

五木自身は、ミュージシャンでもなく「ジャズ通」ともいえないが、日本人のジャズ・ミュージシャンが長年悩みつづけた問題に鋭く肉迫している。すなわち、「ブルースの本当のフィーリングや、ジャズのスウィング感などが、アメリカ黒人の文化生活に密着しているものであるならば、我々日本人は、それを単に物まねにならない形で、はたして身につけることが可能だろうか」という「本場」や「本質」に属する一連の問題である。いうまでもなく、このような悩みは、けっして〈ジャズ〉や〈アメリカ〉や〈戦後〉

に始まったものでない。広い意味では、明治時代以降の日本の欧米文化の享受に共通しているし、現在においても、たとえばヒップホップの音楽文化に没頭する日本の若者たちが常時直面する問題にも共通するだろう。

　このような問題に対し、五木のジャズ小説で暗示される「対処法」は、大まかに三段階に分かれている。まず、〈他者の文化〉の表層的な形式を身につけることから始まる。ジャズの場合、それは楽器を修得したり、耳を訓練したり、ジャズのスタンダード曲などを数多く暗記したりするような練習に当たる。（「さらばモスクワ愚連隊」の白瀬が北見のレコードを教材に、この段階に挑んだのが好例だろう。）言い換えれば、この段階は、ジャムセッションに参加するための最低限の条件である。

　次に、ジャズに携わっているさまざまな〈他者〉に自ら接することが重要となる。五木の日本人の主人公たちにとって、この〈他者〉とは、主に（ロシア人を含めての）欧米の白人と黒人である。この小説世界で〈他者〉に接する意味というのは、単なる「本場主義」に還元できないことに留意したい。むしろ、五木が暗示しているのは、主人公が一人前のジャズ・ミュージシャンに育つためには、〈他者〉に接することによって自分が日本人であると自覚すること（自己啓発）が不可欠だということである。

　上述の二段階、つまり音楽形式の修得と日本人としての自己確認を踏まえてから、はじめて最後の段階に入ることが可能となる——すなわち、自分自身で迫力のあるユニークな〈歌声〉を身につけることである。五木のジャズ観によると、迫力あるジャズの根底には必ず「ブルース・フィーリング」が流れているようだが、そのブルース・フィーリングは必ずしもアメリカ黒人の歴史体験に由来する必要はない、という洞察は、ジャズ・ミュージシャンをめざす若い日本人の読者(三木敏悟など)に希望を与えたといえよう。そして五木のこの視座は自分自身の個人的な苦渋に満ちた戦後体験に基づくにちがいない。

結局、ジャズ小説を書いていた初期の五木寛之は、若者向けの〈同時代の作家〉というイメージが強かったにもかかわらず、その作品群には〈過去の影〉が微妙ながら色濃く投影されている。やはり、著者自身の敗戦後のソ・米による二重の被占領体験や、引揚げ者として(母を亡くして)「母国」に帰る、という複雑極まりない個人体験が、作品中に〈記憶〉として浮上することがある。軽く読み流すと、五木のジャズ小説におけるこの〈過去の影〉は見過ごしやすいし、敗戦や終戦直後の記憶のない若い読者ならなおさらだろうが、この〈過去の影〉こそ、五木文学が読者に与える余韻の源泉ではないだろうか。

著者のこのような〈過去〉への凝視によって、作品中の軽い文体がときに快い重みとリリシズムを帯び、ストーリーには哀愁が浸透する。主人公たちは、ジャズを通してさまざまな冒険と出会いを得て、広い世界へ開眼させられる。だが、最後には彼らは外国人の〈他者〉たちと別れ、日本に帰ってしまう。この〈自己回帰〉には安堵感もあるが、深い喪失感も伴う。いうまでもなく、喪失されたものは、もはや〈過去〉にしか存在しない。現在残るのは、主人公(そして著者自身)の〈記憶〉のみである。しかし、五木寛之のジャズ小説では、この〈過去の記憶〉が〈音〉と化することもある——錆びたリヤカーのきしむような、永遠に響きつづけるブルースの音である。

第4章　挑発するジャズ・観念としてのジャズ

――一九六〇―七〇年代ジャズ文化論（1）

ジャズが現代人にとって持つ意義とか意味についていろいろなことが言われようが、結局それらはすべて「自由」という観念に集約される。

——石原慎太郎(1)

ジャズとは単なる音楽の一ジャンルではなく、同時に文学というものや宗教、さらに言えば性や暴力や政治の根ともつながってくるのが見えてくる。

——中上健次(2)

ジャズの変貌

終戦直後から一九五〇年代半ばまで、多くの日本人にとって、ジャズはたんにアメリカからきた陽気な大衆音楽だったので、その音楽が持つ「意義とか意味」はそれほど話題にならなかったようである。もし、当時のファンにそのような質問をしたら、おそらく漠然と「ジャズは〈アメリカ〉や〈民主主義〉などを意味する」のように答えたのではないだろうか。また、戦後初期の日本人ジャズファンは、主にハリウッド映画と米軍のラジオ放送を通して初めて、〈ジャズ〉(つまりスウィング)に出会ったことは既述のとおりである。

ところが、一九五〇年代末期から新しい、しかも激しい時代が始まろうとしていた——六〇年安保闘争、全学連の分裂と新たな学生運動組織の結成、ベトナム戦争反対運動、沖縄復帰運動、東大闘争および安田講堂占拠、七〇年安保闘争、日本赤軍「よど号」ハイジャック事件、革マル派と中核派などの内ゲバの連続——まさに〈激動期〉と呼ぶにふさわしい時代だった。そして、新しいジャズも流れだした。

一九六〇年前後から一九七〇年代半ばまでには、モダンとフリージャズが日本の学生や若い文化人層に深く浸透し、その結果、ジャズがしばしば観念やイデオロギーに結びつけられるようになった。ジャズを「自由」に集約する石原慎太郎にせよ、「性や暴力や政治の根ともつながってくる」ように見なす中上健次にせよ、〈ジャズの抽象化〉という現象がこの時代では明瞭に窺えよう。同時に、ジャズを何らかの〈行動〉に結びつけようとする姿勢も見受けられる。

この新しい層のジャズファンは、とくに一九六〇年安保前後に、ハリウッドの大衆映画の代わりにフランスのヌーヴェルヴァーグ映画、米軍のラジオ放送の代わりに雨後の竹の子のごとく出現したジャズ喫茶、それぞれによってジャズの洗礼を受けた。彼らにとって、ジャズはスウィングのような陽気なダンスミュージックではなく、もっと重量のある〈まじめな音楽〉であったといえる。もちろん、この新しい聴衆が主に聴いていた「モダンジャズ」のなかには、さまざまな趣向があり、一言ではまとめられないが、とにかくスウィングやディキシーランドとはかなり対照的であり、数年後に日本で流行りだしたフリージャズとなると、なおさらその対比が克明に見えただろう。

また、六〇年以降の日本のジャズ受容においては、戦後初期に見られたように、米国に大きな遅れをとることはほとんどなくなった。その主な原因は、〈ジャズ喫茶〉の普及にあったようである。当時のジャズ喫茶は、客にとって高価で購入の困難な最新の輸入盤レコードをいち早く入手し、店で「発表する」ことによって、貴重なジャズ情報を提供し、日本のジャズ聴衆の育成に計り知れぬ役割を果たしてきた。もちろん、この時代のジャズ喫茶の多くは、一九四〇年代や五〇年代のレコードもよくかけたが、録音されたばかりの「新しいジャズ」を紹介することも重要な存在理由だった。ジャズ喫茶の客は、アート・ブレイキーとジャズ・メッセンジャーズ、マイルス・デイヴィス、チャールズ・ミンガス、オーネット・コールマン、ジョン・コルトレーン、エリック・ドルフィー、アルバート・アイラーなどの最新盤のレコードを聴き、当時の(アメリカ中心の)ジャズ界のさまざまな潮流を、自分の耳で確かめることができた。

戦後初期にはすでに〈過去の音楽〉となりつつあったビッグバンドによるスウィングジャズとは対照的に、六〇年代のジャズ喫茶で接する音はまだ新しく感じられ、しかも新たな地平を目指す実験的なジャズが注目を集めていた。つまり、六〇年代から七〇年代初期までの日本では、モダンおよびフリージャズがロックンロールやフォークなどと並んで、ひとつの〈同時代の音楽〉として認識されるようになったのである。いうまでもなく、日本でのジャズの人気は、ビートルズや国内のポピュラー歌手などにはまったくかなわなかったが、当時の若いジャズファンにとって、ジャズは現在に創られ、エネルギーに満ちた、現代社会の動乱を代弁するかのような、まさに〈同時代の音楽〉に思えたようである。

黒いジャズ、危険なジャズ

日本でジャズが「六〇年代の音楽」であるというイメージに貢献したひとつの要因は、麻薬との密接な関係だろう。麻薬が若者の間で流行るにつれ、「ジャズと麻薬」の問題にクローズアップする新聞記事などが目立つようになる。たとえば、朝日新聞の一九六〇年代の記事のなかには、次のような「ジャズと麻薬」を関連づけるものが含まれている。

「ジャズ界をむしばむ麻薬　八木正生ら初公判」(一九六一年一一月一五日)
「高柳ら五人に実刑　ジャズ界麻薬事件」(一九六二年一月二〇日、高柳昌行たちのこと)
「笈田(ジャズ歌手)　に懲役八月」(一九六三年三月三一日、笈田敏夫のこと)
「麻薬でまた黒人逮捕　来日の米ジャズ楽団員」(一九六五年一月二七日)

以上の見出しで注目すべきことは二つあると思う。すなわち、(一)麻薬とジャズとの結びつきはアメリカ人だけでなく、日本人のジャズ・ミュージシャンにも影を落としていること、(二)最後の見出しに反映される「また黒人逮捕」のような人種をめぐる認識の問題である。日本人ミュージシャンと麻薬の問題については後で触れるが、ここでは「また黒人逮捕」の表現に留意したい。

まず、一九五〇年代の一般的なジャズ・イメージに比べ、この時代においてジャズの顔が「黒くなった」ということに注目すべきだと思う。一九六〇年代の日本でのジャズ言説では、〈人種〉という問題がしばしば浮上し、とくにジャズ史におけるアフリカ系アメリカ人による大きな貢献、つまり、「ジャズはアメリカ黒人の音楽である」という認識がより強くなった、という点である。同時に、アメリカ国内で過熱する黒人公民権運動のおかげで、日本人は米国社会内の黒人差別に敏感になっていた。とはいっても、「また黒人逮捕」の見出しに見られるような、「黒人」を明記した上で、「また」という表現は余計にも思われる。権威のある全国紙が使用することが、当時の人種意識のナイーブさを物語っているのではないだろうか。

このような見出しは他にも見られる。たとえば、一九六一年一月三日付の毎日新聞には、「ぞくぞく外来音楽家——〝黒い波〟のはんらん　満喫できるモダンジャズ」という見出しの記事があったが、これも来日する黒人のミュージシャンたちを「脅威」までではなくても、ある程度警戒すべき現象として暗示しているように思われる。(この三部構成の見出しは順にフォントが小さくなり、肯定的な「満喫できるモダンジャズ」は一番目立たないようになっている。(3))

一九六〇年代の日本のジャズ界では、次のような傾向が見られた。すなわち、ジャズを考えたり語ったりするとき、〈黒人〉という差異に対してきわめて敏感になっていた反面、その差異を過剰なほど意識する結果、ジャズの歴史と演奏全体を〈白・黒〉という二項対立論の枠組みに収斂させる、ということである。同時代のアメリカ国内でみられる黒人ナショナリズムの思潮もこの状況に貢献している側面もあるが、とにかくジャズを「色で聴き分ける」ような習慣が日本でこの時代から勢いを増し、いまだに(アメリカよりも)根強く残っているといえよう。

さて、麻薬の問題に戻ろう。現在では忘れられがちだが、アメリカのジャズ界では、マリファナの使用はスウィング時代に遡り、つまり「古き良き時代」のスウィング・ミュージシャンの間でもマリファナがかなり人気だったので、ジャズと麻薬の問題は何もモダンジャズから始まったわけではない。だが、ビバップが出現する時期から、マリファナよりもはるかに有害なヘロインを常用するジャズ・ミュージシャンが急増した。チャーリー・パーカーとビリー・ホリデイの有名な例を始め、日本にしばらく駐屯していたハンプトン・ホーズ、そしてマイルス・デイヴィス、ジョン・コルトレーン、アート・ペッパー、ビル・エヴァンス、フィリー・ジョー・ジョーンズなどなど。アメリカのモダン・ジャズ界の一流ミュージシャンで、ヘロインの罠に一度もはまらなかった者は、むしろ例外だったといえよう。マイルスとコルトレーンとホーズのようにヘロインを断った者もいれば、パーカーとホリデイのように中毒のまま(あるいはヘロイン中毒ゆえに)この世を去ったジャズ・ミュージシャンもけっして少なくないことは周知のとおりである。

一九六〇年代初期に、日本人のジャズメンでも、ヒロポンや睡眠薬などのような麻薬で逮捕されるケースが増えた。前述したように、新聞にジャズメンの逮捕や裁判判決や釈放に関する記事が相次ぎ、日本のジャズ界の暗部がさらけ出されたともいえる。一方、平岡正明によると、日本のジャズ・ジャーナリズムの一つの傾向は、「異国のジャズメンの麻薬禍は平気で書きたてるくせに、日本のジャズマンが麻薬に手を出してとらわれたりすると、とたんに声をひそめて、謎めき、自分は友人たるジャズマンの名誉をおもんぱかって猫撫声を出すのだ」、ということである。(4)

ともあれ、一九六六年にコンサートのために来日中のドラマー、エルヴィン・ジョーンズ(六〇年代前半にジョン・コルトレーンの名カルテットに所属)が、麻薬所持のため逮捕されると、保釈中、毎晩のように新宿の〈ピットイン〉で日本人のミュージシャンたちと共演し、大きな刺激を与えた。日本のジャズ界にとって、エルヴィンの不運はある意味で幸運だったといえるかもしれない。とにかくこの時代に、麻薬は日米両国のジャズ界共通の問題だという認識が広まった。一般の日本人の目から見たら、ジャズはまだ危険な世界だというイメージが抜けにくかっただろう。

激動期のジャズ文化の要点

確かにこの時期には、一般の新聞や雑誌では、〈ジャズと麻薬〉や〈ジャズと犯罪〉などが五〇年代よりもクローズアップされるようになったようである。ところが、六〇年代から七〇年代初期の日本におけるジャズ文化を概観すると、もっとも注目すべき点は以下の三点だと思う。

（一）　ジャズが大学生と若いインテリや文化人たちの間に深く浸透したこと、
（二）　ジャズを〈観念〉として捉える傾向が強くなったこと、
（三）　ジャズを観念的に捉えると同時に、何らかの（政治的または芸術的な）〈行動〉に結びつける可能性を探る芸術家が増えたこと。

ジャズを観念として捉えるなかで、〈人種〉（黒人・白人そして日本人[5]）の相違点に対する認識が、この時代に際立って強くなったことは前述したとおりである。この時期にはジャズが安保闘争や学生運動などと関連づけられる傾向もみられ、政治色の濃いイメージが付着する。つまり、ジャズ界内外からもモダンジャズ、とくに六〇年代半ばから日本で注目を集めたフリージャズは、〈革新派の音楽〉として認識されるようになった。ところが、一九七〇年代初期を過ぎた頃から、学生運動の挫折と入れ替わる、軽いフュージョン系のジャズが流行りはじめるにつれて、このイメージが脱落する傾向も見られ、一九八〇年代では、ジャズの「政治性」がほとんど話題にならなくなったといえる。

以上の三点に密接な関係のある、さらに着眼すべき点が少なくとも二つ思い浮かぶ。

(四) モダンやフリージャズ専門のジャズ喫茶が大学生や若いインテリたちにとって重要な文化の拠点となった。

(五) 一九六〇年代半ばから一九七〇年代末期までに、ジャズはきわめて広範な文化的表現(小説・詩・演劇・映画・評論など)にも出現した。また、富樫雅彦や山下洋輔や佐藤允彦などのような日本人のフリージャズ・ミュージシャンたちは、同時代のほかの文化活動に積極的に参加し(たとえば、詩の朗読会での即興共演、アンダーグラウンド映画のための音楽担当、実験的劇団との協働など)、つまり創造者としてさまざまな芸術行動に貢献した。

明らかに上述した五点は、相互関係にあり、重複する要素も大いにある。ジャズ喫茶については第五章、小説家のジャズ言説や詩の朗読の試みやアンダーグラウンド映画については第六章でそれぞれ取り上げる。本章では一九六〇年代のジャズ受容史、フリージャズにまつわる諸問題、そしてこの時代の日本の最先端(あるいは「最左翼」というべきだろうか)のジャズ評論に焦点を当てたい。

一九五八年という分岐点――ヌーヴェルヴァーグの流入

フランスからの一連のヌーヴェルヴァーグ映画が一九六〇年前後に日本のインテリや文化人層の間で話題を呼び、それがきっかけでモダンジャズに傾倒する日本人が少なくなかった。この作品群はジャズ・ミュージシャンをめぐる、いわゆる「ジャズ映画」ではないが、日本人観客の一部にとって作品中に流れているモダンジャズの音は、きわめて新鮮で魅惑的だったらしい。それまでジャズを見下していた日本の多くのインテリたちは、おそらく先入観としてスウィングやディキシーランド、あるいは現在〈ジャズ〉と全く見なされないジャンルの音楽を念頭においていたのだろう。そのような観客にとって、この一連のフランス映画の中で流れている、いかにもモダンで渋く、しかも洗練されながら迫力に満ちているジャズは、まったく別の音楽世界のように感じられたのだろう。

ルイ・マル監督の『死刑台のエレベーター』(一九五八年日本公開)の始めに流れ出すマイルス・デイヴィスの心を刺すようなトランペットの音色、ロジェ・ヴァディム監督の『大運河』(一九五九年日本公開)でのMJQの優美なスウィング感、エドアール・モリナロ監督の『殺られる』(一九五九年日本公開)でのベニー・ゴルソンのバンドの豊かなハーモニー、ヴァディムの『危険な関係』(一九六一年日本公開)でのアート・ブレイキーの前進するダイナミックなドラミングとセロニアス・モンクの独特な角張った妙に印象的な旋律、それぞれ多くの日本人観客にとって聴きなれない音であったからこそ、耳に残り脳裏に焼きついたはずだ。この時点から単に「ジャズ」ではなく、「モダンジャズ」という表現が日本で多用されるようになったことも、当時のジャズに対する認識の変化を物語っている。

評論家の植草甚一によると、「わが国では「死刑台のエレベーター」が公開された一九五八年から二年間ほどは、映画とモダンジャズとの結びつきが目立った現象として取りあげられ、いろいろと話題になったのだが、どうやらそのまんまで終わってしまった」。[6]いずれにせよ、フランスのヌーヴェルヴァーグ映画が、一九六〇年前後に日本の文化人の間でモダンジャズに対する認識の基盤を築くのに大きな役割を果たした、と言って過言ではなかろう。

さらに、この作品群の題名および内容によって、ジャズは間接的ながら〈危険な世界〉に結びつけられている点も見逃せないだろう。つまり、それまでジャズは軽薄な大衆音楽だと見なしていたインテリ観客には、それぞれの題名中の「死刑」や「危険」などのことば自体、そして殺人などをめぐる作品の内容も相まって、それまでのジャズに対するイメージが払拭され、むしろモダンジャズは快い緊張感の伴う音楽だという認識が植えつけられたことが想像できよう。

また、ある種のインテリにとっては、この一連の外国映画は、大衆文化の国として見下されるアメリカの作品ではなく、〈正真正銘の文化国家フランス〉の芸術的作品であるゆえに、ジャズを見なおすきっかけとなったのだろう。後に取り上げる評論家相倉久人のことばを借りると、「クラシック一辺倒の気取り屋連中にしてみても、それが〝芸術の国〟フランスで〝お墨付き〟をえたとあっては、無視してばかりはいられなくなった[7]」。

また、『死刑台のエレベーター』が日本で上映された一九五八年は、石原裕次郎主演の『嵐を呼ぶ男』が上映された年でもある(封切は前年末)。前者は、きわめて洗練されたフランス映画。モダンジャズを体現する大御所マイルス・デイヴィスのトランペットの音が流れており、画面の下には字幕が流れる。他方は、国産の映画なので、台詞も「俺らはドラマー」などの「ジャズ歌」の歌詞も、全部日本語になっており、多くの観客にとってなじみやすかったはずである。そして、ジャズドラマーを演じた裕次郎は、圧倒的な魅力を見せ、大スターとなったのは既述のとおりである。

しかし、日本の映画史上、観客数が最高峰に達した一九五八年当時、この二本の映画を両方見た観客はどのぐらいいたのだろうか。あくまで推測だが、観客層がかなり分かれていたため、ジャズに関連するこの二本の話題作をどちらも見たファンは、あるいはそれほど多くなかったのではないか。ロカビリーや日本の歌謡曲に近い歌を「ジャズ」として描写する『嵐を呼ぶ男』、そしていかにも渋い、と同時に激烈な「本物の」モダンジャズを日本の文化人層に紹介した『死刑台のエレベーター』は、同じ年に同じ日本で上映されながら、それぞれのジャズ像は全く違うものであったことは一目瞭然だろう。『嵐』では、戦後初期(つまり、その時点からみても過去)の日本の一般的なジャズ像が反映されており、『死刑台』では、今後(未来)のジャズ像を垣間見ることができる。そう考えると、一九五八年は、戦後日本人が抱いてきたジャズ像の大きな分岐点だったといえそうである。

アート・ブレイキーとジャズ・メッセンジャーズの来日騒動

一九六一年一月にアート・ブレイキー率いるジャズ・メッセンジャーズというファンキー／ハードバップ・スタイルの第一線のバンドが初来日した。あまりにも余波が広がったので、ブレイキーの来日は単なるコンサートツアーというより、ひとつの文化的「事件」と形容すべきだろう。雑誌『ユリイカ』編集長を経て『カイエ』を創刊したジャズ評論家としても知られる(故)小野好恵は、ジャズ・メッセンジャーズの一九六一年来日コンサートの影響を巧みに要約している。

ブレイキー以前にも、来日ジャズメンはいたわけだが、演奏内容の強烈さ、レヴェルの高さ、祝祭性、どれを取っても当時のジャズ・メッセンジャーズはズバ抜けていた。リアル・タイムのジャズの迫力をブレイキーは運んできたのであり、以後ジャズは見事に日本に定着した。ヒット曲「モーニン」は〝そば屋の出前持ちがメロディを口ずさんだ〟というエピソードが残っている程である。(8)

小野は一九四六年生まれであり、ジャズにのめり込んだのはブレイキーの来日の数年後らしいが、一九六一年のコンサートは当時活躍していた文化人にも相当注目されたことは間違いない。このコンサートを予期していたように、石原慎太郎は一九五九年八月号の『文学界』でジャズ・メッセンジャーズの「来朝」に触れている「ファンキー・ジャンプ」を発表したが、実際にブレイキーの一九六一年のコンサートを自らの耳で聴いた文化人も何人かいた。たとえば、寺山修司がこのコンサートを聴いて、さっそく「ジャズっ子の詩学」というエッセイを書いたという。そのエッセイの冒頭は次のとおりだ。

アート・ブレーキーを観て、帰ってきたところである。音に対するあの過虐的なエネルギーが会場へ集まった小市民達を一つの桎梏から解放する。あの音のイメージのなかにぐんぐんこじあけられて拡がっていく〈自由〉の、なかばガソリンくさい青空のような広がりをわたしは幻覚だとは思わない。(9)

熱いこの時代にブレイキーの燃えるバンドが多くのファンを白熱させ、それまではいぶっていた日本の〈ファンキー・ブーム〉に油を注いだ。ブレイキーの来日コンサートが及ぼした影響は予想以上となり、その後の一九六〇年代前半の〈来日ジャズ・ラッシュ〉を起こし(上述した「黒い波のはんらん」)、数年間にわたりジャズの大物たちが相次ぎ来日するようになった。

また、ブレイキーのバンドマンが全員黒人だったことも、日本のファンにとって大変重視されたようである。ホットな黒人による東海岸のファンキーなジャズに対して、クールな白人グループによる西海岸のジャズ・スタイルという対比が、この時期から日本ではひとつの定式になった。しかし、実際にブレイキーの初来日の十二年も前に、クール・スタイルを紹介したレコードは、ほかならぬマイルス・デイヴィスの "Birth of the

Cool"だったことも忘れてはいけない。また、このレコードは、マイルスとギル・エヴァンスというカナダ出身の白人の密接な共同作業だったということを考えると、東・西そして黒・白の二分法論理に基づいて定式化できるほど、実情は単純ではない。とはいえ、日本でこの定式は一九六〇年以降のジャズ観に大きな影を落としてきたことは否定できないし、いまだに根強く残っている。

フリージャズの出現

フランス映画とジャズ・メッセンジャーズの来日コンサートのおかげで、日本の若い文化人層が一九六〇年前半にモダンジャズに目覚めたとしたら、一九六〇年代からフリージャズの領域を模索するジョン・コルトレーンは、ジャズの新しい波に多くのファンの注目を集めたといえる。

モダンジャズと同じくフリージャズも、かなり広いカテゴリーであるが、当時の保守派ジャズファンから見たら、フリージャズは定着した「ジャズらしさ」に背を向けた、「裏切り者」に映ったのだろう。一方、フリージャズを開拓していたミュージシャンたちに言わせれば、自分たちは単に確立されたジャズ・スタイルの音楽的拘束――たとえば、ビバップのめまぐるしいコード進行、あるいはそれを拒否した、違う束縛となるモード奏法、「ウォーキング・ベース」の義務的な四分の一音符のリズムの刻み方、ドラムのシンバル・レガートによるリズム・パターン(ジャンジャジャジャンジャジャジャジャン)など——、そのような表面的な「ジャズらしさ」から解放を求めたがゆえに、「フリージャズ」は"free"である、ということになろう。即興演奏における自由を極限まで追求しているゆえに、フリージャズこそ従来のジャズ精神に忠実である、という主張も生じる。しかし、フリージャズは、多くの耳慣れたジャズ的習慣を廃棄したように聞こえたので、一般のジャズファンと評論家は拒否反応を示し、"anti-jazz"(反ジャズ的)などと軽蔑することになった(10)。

アメリカでのフリージャズは、戦後のビバップ時代の盲人ピアニスト、レニー・トリスターノの実験に遡るという見方もできようが、本格的には一九五〇年代末期のオーネット・コールマン(アルトサックス)やセシル・テイラー(ピアノ)の音楽的冒険がフリージャズの発端だ、という見解が定着している。アメリカでは、フリージャズは一九六〇年代半ばに勢いをつけたが、一九七〇年代半ばにはだいぶ下火になった。オーネット・コールマンとセシル・テイラーに加えて、コルトレーン、アルバート・アイラー、アーチー・シェップ、ファラオ・サンダース(全員テナーサックスが主楽器)、そしてエリック・ドルフィーが当時の代表的な奏者だったが、ドルフィーが一九六四年、コルトレーンが一九六七年、そしてアイラーが一九七〇年にそれぞれ他界したのは、日米両国のフリージャズ界にとって大きな打撃だった。

《コルトレーン時代》

ジョン・コルトレーンに触れずには日本の六〇年代のジャズ受容は語れない、と断言してもよいだろう[11]。当時、日米両国では、一種のファンにとって、コルトレーンはほとんど神様同然と言っていいほど崇拝されていたらしい。実際にコルトレーンの死後、サンフランシスコでは、コルトレーンをめぐる(黒人中心の)新興宗教が組織されたし、日本では、一九七〇年にコルトレーンの三回忌が行われた。とくに日本の場合には、コルトレーンの死はジャズファンのみならず、多くの学生や文化人にも悼まれたようである。中上健次は「破壊せよ、とアイラーは言った」で次のように振り返っている。

一九六七年、彼が死んだ年、私はまだ二十歳だった。その頃、彼のジャズが一体どういう意味を持つのか整序立って考える事が出来なかったが、好きで、泣いた記憶がある。遠い異国で、訃報に驚き肉親を奪われた気になったのは私一人ではなかったはずである[12]。

また、第六章で論じるように、詩人の白石かずこはコルトレーンを自分の「詩の先生」と見なしており、コルトレーンの死を悼む作品をジャズ雑誌で発表した。ほかの同時代の文化人たちでも、一般のジャズファンでも、コルトレーンが自分に大きなインスピレーションを与えてくれた、という日本人は数々いる。(13)

コルトレーンが死んだ年に、東京四谷のジャズ喫茶〈いーぐる〉を開店し、その後独自のジャズ評論を書きつづけてきた後藤雅洋は、コルトレーン・ファンではないのだが、六〇年代の日本のジャズ受容において、コルトレーンの大きな比重を強調する。

わが国のファンは(中略)もっぱらレコードを媒介としてジャズに接してきた。その仲立ちをしたのが六〇年代に猖獗《しょうけつ》をきわめたわれらがジャズ喫茶だったのだが、当時、コルトレーンの聴こえない店はないほど、彼の存在は大きかった。(14)

コルトレーンの魅力を把握するためには、まず彼の音楽に耳を傾けるほかない。評論家たちは、その音楽を大まかに次のような三つの時期に分類する。

(一) 五〇年代半ばから末期まで――コルトレーンがマイルス・デイヴィス・クインテットの一員だったという「ハードバップ」時代。マイルスの『ラウンド・ミッドナイト』やコルトレーンの『ブルー・トレイン』などが代表作。

(二) 六〇年代前半――『マイ・フェイバリット・シングス』からコルトレーンが

率いた名カルテット時代。『バラード』や『至上の愛』などが代表作。五九年にマイルスの名盤『カインド・オブ・ブルー』とコルトレーン自身の『ジャイアント・ステップス』が録音され、それぞれが話題を呼んだが、どちらも「第一期」と「第二期」の中間に位置づけられよう。

(三)　六五年から没年までのフリージャズに傾倒した時期。『アセンション』や六六年の日本で録音されたコンサート『ライブ・イン・ジャパン』などが代表作。

しかし、どの時期のコルトレーンを聴いても、彼の音楽的姿勢に共通する要素が感じ取れよう。たとえば、コルトレーンの音楽に対するきわめて真剣な取り組み方、それが反映される一貫した情熱的な演奏、つねに新たな領域を探求しようとする野心、そして彼の人間としての誠実さが挙げられる。コルトレーン・ファンであろうとなかろうと、コルトレーンの音楽からこれらの要素は伝わってくるのではないだろうか。

だが、〈音〉および〈音楽的姿勢〉だけでは、コルトレーンの日本での別格の人気は説明しきれないと思う。当時の社会状況も考慮する必要がある。というのは、コルトレーンの人気は、同時代の日本の社会的変化、そして若いジャズファンたちの〈期待〉にも密接に関係しているわけである。

まず、コルトレーンの音楽および人生全般に対する、情熱および真剣さは、六〇年代の日本の若いジャズファンたちのジャズに対する〈期待〉によく応えたのではないだろうか。少なくとも、真剣な雰囲気に染められた当時のジャズ喫茶という場には、コルトレーンの音楽がより適合していたかもしれない。コルトレーンはつねに自分の音楽をより深化しようと努力したが、その〈努力〉は、当時の若いジャズ喫茶族の「一所懸命聴く」という努力に通ずるものがあったのだろう。また、音楽を通して尊いものを捜し求めるコルトレーンの情熱的な探求精神は、彼の吹く一つ一つの音に凝縮されており、これも「ジャズを通じて何かを求めている」という当時の若いファンたちの強い共感を得た、と推測することができる。

しかも、コルトレーンのきわめて真面目なイメージは、彼の独特な〈音〉および〈音楽世界〉だけによって構築されたのでなく、彼のレコードジャケットの表紙写真に写る、あの真剣そのものの表情も大いに貢献したにちがいない（**図2**、**図3**）。要するに、コルトレーンの〈音楽〉と彼の〈イメージ〉が合体し、日本の真面目な若いジャズファンたちが希求していた「何か」（自分たちでさえその「何か」とはよく分からなかったのだろうが）を、コルトレーンは漠然と体現していたように感じた、というわけである。だからこそ、コルトレーンに対するファンの思い入れがほかのどのジャズ・ミュージシャンより深く、そしてコルトレーンの死をより打撃に感じたのではないか。

ところが、一種の左翼インテリ・ファンや評論家たちは、コルトレーンの（とくに六〇年代半ばの）熱烈な音楽を、「黒人の怒りの表現」などと見なす傾向があったが、コルトレーン自身の発言から判断すると、これは多少思い込みによるものだと言わなければならない。コルトレーン自身は、政治やイデオロギーなどについてほとんど言及しなかったし、彼と親しかった人たちによると、コルトレーンはめったに怒ったりしない大変温厚な人柄だったそうである。むしろ、コルトレーンにとって（とくに一九六四年以降）、自らの音楽的探求は深い宗教性に基づいていたようである。(15)

図2　ジョン・コルトレーン『至上の愛』

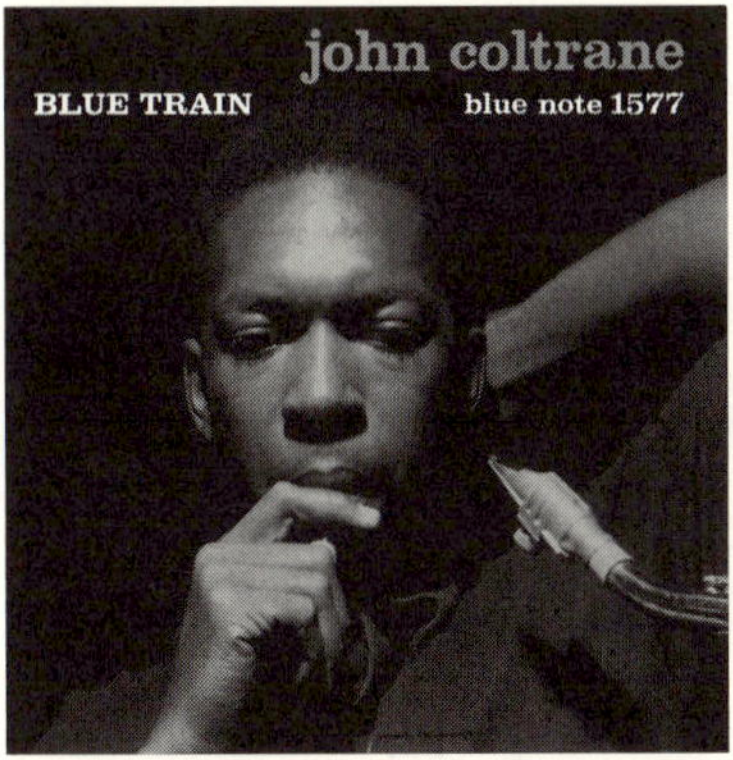

図3　ジョン・コルトレーン『ブルー・トレイン』

コルトレーンの宗教との関係は根が深い。まず、彼の父方と母方の両祖父はメソディスト教会の牧師だったことを忘れてはいけないだろう。また、コルトレーンの最も印象に残る名盤のひとつという『至上の愛』の題名が示すとおり、そしてジャケットに印刷されている彼の詩からも明白であるように、コルトレーンは、このレコードを神に捧げるものとして考えていた。コルトレーンはキリスト教だけでなく、ほかに多くの宗教にも興味を抱いており、彼が「神」と言うときに必ずしもキリスト教の神に限定しているとは限らないだろう。しかも、コルトレーンの宗教性はこのレコードだけに表れているわけでは決してない。他のレコードの曲名からも明らかだろう——たとえば、"Dear Lord" "The Father, the Son and the Holy Ghost" "Prayer and Meditation" など数々ある。

やはり、コルトレーンを考える上で本人の宗教性を十分に考慮しないと、彼の音楽の大事な側面をひとつ見失うおそれがある。ドラマーのエルヴィン・ジョーンズいわく、「『至上の愛』は、どこで聴いても、いつもスピリチュアルな体験である」、と。(16) 一方、コルトレーンの音楽の根底に強い宗教性が流れていることを意識すると、今度は彼の『至上の愛』以降(厳密にいえば『アセンション』以降)のバリバリのフリージャズへの展開に対する見方も違ってくるだろう。つまり、この音楽的方向変換を安易に政治状況に対する反応やイデオロギー的な主張と見なすことも、単なる音楽的冒険と見なすことも、説明として物足りなくなる。当時、話題を呼んだ『アセンション』というレコードの題名には、「上昇」という意味が確かにあり、この音楽的試みをもってコルトレーンがさらに上に位置する〈自由な次元〉を目指している、という解釈は成り立つだろう。しかし、同時にこの単語のもうひとつの意味は、「キリストの昇天」だということも見逃せない。

しかも、フリージャズの開拓者の中で音楽を自分の宗教性に結びつける奏者はコルトレーンに限らない。奇人バンドリーダー兼キーボード奏者として知られたサン・ラも、自分の独特な音楽を独自の宗教に満ちた世界観（いや、サン・ラの場合は「宇宙観」と呼ぶべきだろう）の一環と見なしていたようであり、アルバート・アイラーの場合もコルトレーンと同じく、本人の発言および曲名を見ると、その背景には強い宗教心が見受けられる。そう思うと、あるミュージシャンのフリージャズの試みに、過大なるイデオロギー的意味を付与することも、また、それを単に美学の次元に止まる実験と見なすことも、不十分であることが明らかだろう。

結局、六〇年代の日本でのコルトレーンに対するさまざまな反応は、コルトレーンの音楽自体に光を当てるというより、日本の評論家およびジャズファンたちが求めていた、同時代の日本社会に欠けていると感じた「何か」に焦点を当てていたといえよう。その「何か」とは、多面的であり、聴き手ひとりひとりによって異なるのだが、コルトレーン自身の音楽に対する姿勢――すなわち〈深化〉と〈変化〉につねに向かおうとする誠実なる探求精神――その姿勢が〈音〉として、日本人ファンたちの心に共鳴したのだろう。
しかし、日本人ファンに限らず、自らの社会の変化を希求し、〈未来〉に希望を託していた世界の多くのコルトレーン・ファンは、彼の音楽を通じてその〈未来像〉を垣間見ることができたと感じ、だからこそコルトレーンの突然の死を知ったときに切実な喪失感に見舞われたのではないだろうか。

《日本のフリージャズとその文化的周辺》

日本でのフリージャズの文化的意義を考えるとき、コルトレーンやドルフィーやコールマンやアイラーなどのようなアメリカ人ミュージシャンのほかに、山下洋輔、富樫雅彦、佐藤允彦、高柳昌行、吉沢元治、阿部薫、沖至など、国内で独自のフリージャズを切り開いていた日本人ミュージシャンもきわめて大きな存在である。しかも、彼らの影響は、主にライブ演奏や芸術混合の「ハプニング」などを目の当たりにすることで及ぼされたので、一層実感と迫力に満ちていたといえよう。また、日本のフリージャズについて注目すべきは、日本人のミュージシャンたちがヨーロッパ、特にドイツやオランダや北欧などで長年にわたる人気を得ており、毎年のようにヨーロッパへコンサートツアーにでかけているということである。(17)

副島輝人はその著『日本フリージャズ史』で、日本人のミュージシャンたちが目指していた音楽世界と当時の若者にとっての魅力を簡潔に記述している。（副島は〈フリージャズ〉と〈ニュージャズ〉を区別しているのだが、本章では同義語として考えても差し支えないだろう。）

ニュージャズとは、新しい時代に向けて、それまでの固定した概念や定型化された形式に対して反逆的、実験的な要素を多分に持ったジャズの総称である。だから、当然フリージャズもその中に含まれている。フリージャズといえば、メロディやビートの枠を明確に否定したフリー・フォーム、文字通り自由形式の方法で、個人のその時点での想念から出発する、いわばアナーキーなジャズを指す。

このようなコンセプトは、社会変革を目指していた当時の若者たちの圧倒的な支持を受けた。とにかく旧いシステムを破壊して、拘束から自由になることを闘争目的としていた人々にとって、ニュージャズ、更にはフリージャズは、彼等の前衛概念が表現化されたものだった。ラディカリズムという精神の究極的目標は、いかにアナーキーになり得るかということだったのである。(18)

また、アメリカに比べれば、日本でのフリージャズの文化的影響は、はるかに幅広い芸術表現に深く浸透していた。日本人ミュージシャンによるフリージャズは、一九六〇年代末期に軌道に乗り始め、一九七〇年代半ば過ぎまでが全盛期だったといえるだろう。もちろん山下洋輔、坂田明、梅津和時、林栄一(山下を除き、全員アルトサックスが主楽器)など、一九八〇年代を経て現在に至るまで精力的に活躍しているフリー系の日本人ミュージシャンは少なくない。だが、一九六〇年代後半から一九七〇年代半ばまでという時期は、フリージャズの氾濫するエネルギーとアナーキーに最も適していたし、当時の活発な文化状況にフリージャズがとくに密着していたことは、偶然ではないだろう。フリージャズは、その時代に適していた要素が大いにあったわけである。

副島は『日本フリージャズ史』で、さまざまな当時の文化的な「ハプニング」に触れている。

六七年九月、新宿一丁目辺りだったかの地下のスペース『ジハンナ』で、「ジャズは辺境から変る」をキャッチフレーズに『ジャズ会議』という三日間のイヴェントを、平岡正明と組んで行っている。内容は、山下洋輔、ジョージ大塚等のグループによる演奏と、各界から文化人たちを招いてのレクチャーとシンポジウムで、これが面白かった。寺山修司と松田政男の論争、「むかし特攻隊、いまモダンジャズ」という唐十郎のカッコイイ台詞、粟津潔の間引きについての話、植草甚一のニュー

> ヨークの前衛ジャズシーンについての解説等々。当時の論客は皆ラディカルで、情況にも芸術にも鋭い発言を行っていた。（三八―三九頁）

しかし、「日本のフリージャズ全盛期」があったといっても、きわめてマイナーな音楽だったことに変わりない。演歌や日本のポップスに比べたらもちろんだが、ロックやフォークなど、ほかの「外来音楽」に比べても、フリージャズの相対的な聴衆人口はごくわずかだった。にもかかわらず、中上健次や白石かずこや唐十郎や若松孝二や足立正生や相倉久人など、同時代の強烈な個性をもつ芸術家とインテリたち（主に「新宿文化」の担い手たちだが）にとって、フリージャズは不可欠な存在だったといえる。彼らが作品やエッセイなどで、フリージャズに言及し、あるいはその音を導入することによって、フリージャズの文化的存在が一層大きくなっていった。

多くの前衛芸術と同様に、フリージャズの場合もその「影響力」は、実際の愛好者人口よりも、だれが愛好者であるかによってかなり左右されたといえよう。そして日本の場合、フリージャズの愛好者に、同時代の文化と思想を築いた人たちが多く含まれていたので、その影響力は人口に比例するものをはるかに上回ることになった。

だが、なぜモダンジャズだけでなく、フリージャズも当時の芸術家とインテリに愛聴されたかについては、とくに考えなければならない。「単にその音が好きだから」という素直なファンもあろうし、逆に、内心はあまり好きでないのに時代のファッションとして聴いたり、あるいは「付き合いで」聴いたりする人もいたにちがいない。また、副島が論じるように「古いシステムを破壊して、拘束から自由になることを闘争目的としていた人々にとって……彼らの前衛概念が表現化されたものだった」という説明も、一部のインテリ・ファンに対して的を射ているだろう。

フリージャズは、徹底的に〈音〉の根源を追求する傾向が強く、受けつけやすい、聴きなれたフレーズやリズムやハーモニーや音色などをすべて拒否したり、楽器の新たな響かせ方を試したりすることによって、〈音の本質〉に迫ろうとすることこそに本領が確認できる、という見方もある。言い換えれば、フリージャズは、常に music（音楽）と sound（音）の境界線を問いなおし、music たる制限をおし広げよう、あるいは壊そうとしているように思える。いうまでもなく、ジョン・ケージのような現代音楽の作曲家も、違う方法を追求しながら似たような探求作業に関わってきたし、画期的なギター奏者ジミ・ヘンドリックスの音楽も、フリージャズのこの姿勢に酷似しているといえよう。また、さまざまな分野において新たな表現の可能性を模索していた芸術家や作家たちにとって、フリージャズのこういった姿勢は刺激的だったと言えるだろう。一方で、〈ノイズ〉（雑音）にしか聴こえなかった音が、徐々に〈音楽〉に聴こえてくるようになる過程は、さまざまな音楽の歴史の中で繰り返されてきたということも忘れてはいけない。

観念としてのジャズ

多くのインテリや文化人がジャズについて言及し始めたということは、必然的にジャズを観念に結びつけたようである。一九六〇年代と一九七〇年代前半の日本では、その主な観念とは、〈自由〉、〈革命〉、〈アナーキー〉と〈破壊〉だった。さらに、〈人種〉という概念が、これらのことばの根底に潜んでいる場合が多い。まず、この項で〈人種〉に注意を払いながら、〈自由〉という概念を考察したい。その次の項で〈革命〉と〈アナーキー〉と〈破壊〉の三つのキーワードを一緒に取り上げる。

《〈自由〉の多重性》

哲学においてと同様に、日米両国のジャズ言説での〈自由〉(freedom)とは、きわめて曖昧で複雑な概念である。また、ジャズ史の初期の頃から現在に至るまで、〈自由〉はいろいろな文脈でさまざまな人によって使われてきたので、なおさら厄介なことばだといわなければならない。たとえば、対照的な二人のアメリカ人ジャズ・ミュージシャンが語ったことばを引用しよう。まず、シカゴ・スタイルのスウィング系クラリネット奏者で、ユダヤ系白人の「黒人なりたがり屋」として有名なメズ・メズローは、以下のように断言している。

"Jazz and freedom are synonyms." つまり、「ジャズと自由は同義語だ」[19]。

そして、きわめてユニークなモダンジャズ・ピアニスト、作曲家として知られるセロニアス・モンクは、次のことばを残しているといわれる。

"Jazz and freedom go hand in hand."

モンクの発言とされるこのことばは、さまざまな日本語に訳されている。たとえば、『音楽の手帖　ジャズ』では、「ジャズと自由は、共に行進する」と訳されている[20]。また、前章で触れた五木寛之の『青年は荒野をめざす』の表紙には、英語の原文"Jazz and freedom go hand in hand"が記され（本書八七頁、**図1**参照）、「ジャズと自由は、手をつないでやってくる」という日本語の直訳が、テクストのなかに、登場人物の台詞として使われている。

もちろん、日本ではジャズを〈自由〉に結びつけたのは、五木寛之だけではない。本章の冒頭に引いた石原慎太郎の「ジャズが……「自由」という観念に集約される」という前例のほかに、上述した寺山修司の「あの音のイメージのなかにぐんぐんこじあけられて広がっていく〈自由〉」のような発言もあり、日本の一九六〇年以降のジャズ言説では、〈自由〉ということばが比喩として多用されていたことが窺える。おそらく日米両国のジャズに関する全発言の中で、〈自由〉ほど頻繁に出現する概念はないのではないか。

両国のジャズ言説では、〈自由〉とは、だいたいなんらかの束縛からの解放を指している。ただし、使い手と文脈によってその束縛の対象と主体が変わるので、注意しなければならない。大まかには、ジャズ言説では〈自由〉に関して次の三つの使い方が見出せるように思う。(一)音楽のなかでの美学的な意味での「自由」、(二)より個人単位での内省的および精神的な「自由」、そして(三)共同体の歴史認識を踏まえた上で訴求される「自由」。当然ながら、この三点は重なりあい、複雑な相互関係をなしている。

以上の(一)の「自由」が主に表れる文脈というのは、ジャズ演奏を評価する場合、つまり評論の文章や対談などが多いだろう。この意味合いの「自由」を把握するには、即興演奏という、ジャズにとって不可欠な行為を考えることが手っ取り早い。

まず、即興演奏では奏者がいつも同じソロを繰り返すと、「即興」といえない、したがって「ジャズ」と呼べないことになろう。しかし、ジャズの即興は全くゼロから出発するということは、厳密に考えたらありえないので、「ゼロからの出発」という説は、世界のジャズファンの間でのひとつの神話だといわなければならない。いくら創造性に富んでいる、先入観なしで楽器に向かっている(と宣言する)ミュージシャンでも、完全な〈白紙〉からは始められないはずだ。

たとえば、その主楽器がピアノだとしたら、セシル・テイラーでさえもっぱら十本の指を使って鍵盤に触る、という昔からの奏法に頼るではないか。もちろん、〈アケタの店〉の主である、すばらしく変人なピアニスト兼オカリナ奏者の明田川荘之は、ピアノの演奏中、調子に乗ってくると、頭、ひじ、かかとなどを起動させ、楽器に対する全身攻撃を開始する。しかし、さすがに変わり者の「アケタさん」でさえ、（頑丈と思われる）十本の指に頼ることが多い。楽器の奏法を別に考えても、即興演奏の中身はどうかというと、これも終始一〇〇パーセント新しい音楽に徹して弾くことは、きわめて困難な業だといわざるを得ない。ジャズ史上の即興の革命者たち、たとえばルイ・アームストロングやチャーリー・パーカーやオーネット・コールマンやジョン・コルトレーンなどでさえ、手馴れたフレーズやスケールやクリシェ（音楽的決まり文句）に頼ることがある。いくら巨人とはいえ、人間には限界があるだろう。セシル・テイラーのピアノ演奏を分析するドイツのエックハード・ヨーストのことばを借りれば、「テイラーが証明するのは、フリージャズの〈自由〉とは、すべての音楽的な構成を完全に避けることを意味するのではなく、〈自由〉はまず何よりも無限の音楽的材料のなかから意識的な選択をするきっかけにある[21]」。要するに、どんなに創造的な演奏でも、厳密な意味での「白紙からの即興」は、しょせん無理だろう[22]。

　ところが、即興演奏を一〇〇パーセント「自由」にやりぬけることは不可能だといっても、即興においてさまざまな音楽的拘束と戦いながら、より自由な演奏を目指すことが通常のジャズ・ミュージシャンの心境ではないか。その拘束の具体例として、曲の構造とそれに関連するコード（和音）、スケール、テンポ、リズムが挙げられよう。さらに、共演者による楽器編成、自分の楽器の音域などという諸限界、そして奏者自身の想像力、技能、体調、精神状態など、これらのすべてが〈自由〉を制限する。フリージャズの場合、以上のような音楽的な制限を無視する、あるいは拒絶するという方法はあるが、それでもゼロという完全なる出発点から始めることにはならないだろう。

したがって、ジャズの即興演奏における「自由」という基準は、あくまで相対的なものであり、本人の個人的な演奏歴、そしてジャズ史（あるいは音楽史）全体における即興演奏の歴史において評価されるものである。俗に言えば、「あいつは、いつもそこであいうフレーズを吹くんだよ」の場合、奏者は自分の演奏歴に束縛されているといえ、「あのソロの前半はソニー・ロリンズそっくりだよ」の場合には、ジャズ史のなかの（名手による）演奏歴に束縛されているといえる。まじめなジャズ・ミュージシャンなら、即興演奏を始めた途端に、上述したようなさまざまな束縛に挑戦しながら、そして楽器を通じての共演者たちとの自発的な「対話」を踏まえながら、自己の想像力と技能と精神力と体力を最大限に発揮し、「自分らしい」自由な演奏を目指す。成功した場合、自他とも「そ﹅の﹅人﹅し﹅か﹅で﹅き﹅な﹅い﹅」、「自由自在な演奏」を体験したように感じる。つまり、その奏者独特の表現による一回性の体験が味わえた、と感じるのである。（その演奏が録音されていたら話は別だ。）そして、この凝縮された瞬間を目指すところに、ジャズの厳しさとすばらしさが両方見出せると思う。

また、より自由な即興演奏に達するためには、さまざまな束縛から解放されなければならないという考えは、奏者自身の〈内面的な自由〉にかかっており、したがって以上の三通りの〈自由〉の意味の第二点に当たるわけである。言わずもがな、「純粋な」音楽的および美学的な意味での〈自由〉の(一)と、個人の内面的な心持としての〈自由〉の(二)とは、ごく密着しており、相互関係にある。五木寛之と石原慎太郎は、二人ともジャズを〈自由〉に結びつけるとき、この(一)と(二)の関連に着眼していると考えられる。とくに五木は(二)に重点をおいている。もちろん、両者のこれらの〈自由〉をめぐる発言の文脈が明らかでないため断言できないが、彼らのいう〈自由〉とは、主に美学と個人の精神的な次元に立っている、といえる。

一方、これとは対照的に、日本では寺山修司や中上健次たち、そして多くのアメリカの黒人ミュージシャンと評論家や作家たちは、〈自由〉とは、いくら音楽における美学的基準そして個人の内面的な問題であるとしても、共同体の歴史体験抜きには語れない、と考えているようである。「共同体の歴史体験」とは、奴隷制度以降長年続いているアメリカの黒人抑圧体制であったり、戦後の日本人にとっての日米安保体制であったり、あるいは中上が育ったという日本国内における差別体制であったり、とさまざまな状況を含むが、いずれにせよ〈美学〉も、孤立した〈個人〉も、社会や歴史の流れから完全には切り離しては語れない、という共通の認識が彼らの個々の発言に窺える。あるインタビューで、中上は〈自由〉と〈ジャズ〉を関連づけながら共同体認識と圧迫感に触れている。

紀州のど田舎から出てきた人間にとって、シャワーとしてジャズを浴びる事は自分がものすごく自由になっていくという感じと、ぶっ壊れていく感じが入り混っているんだな。(23)

日米両国のジャズ言説では、ときにはこの第三点の意味での〈自由〉をめぐる認識が直截なイデオロギー的主張として出現することもある。たとえば、リロイ・ジョーンズ(後に「アミリ・バラカ」に改名)著の『ブルース・ピープル』(一九六三年刊、邦訳『ブルースの魂』上林澄雄訳、音楽之友社、一九六五年／『ブルース・ピープル』飯野友幸訳、音楽之友社、二〇〇四年)という画期的なジャズ評論が好例である。また、黒人公民権運動の真っ最中に録音されたジャズレコードの題名からも、その傾向が見出せる。たとえば、自由と平等を訴求するソニー・ロリンズとマックス・ローチ(ドラム)の"Freedom Now! Suite"(『自由組曲』)やローチの"We Insist!"などの作品である。一九八〇年のフランスのジャズ雑誌での(後に和訳された)インタビューで、当時の自作を振り返ってロリンズは、次のように語っている。

——音楽には音楽としての意味しかないと思いますか、それとも神秘的、宗教的、政治的な意味があり得ると考えていますか？

SR：ジャズは常に政治的だった。だれも政治を避けて通ることはできないんだ。私は黒人だということによって、政治に関わっている。ただ政治的な理由のために音楽をやるのだとは言えないけれども。……しかしひとつの社会の中で何者かとして存在するという事実自体が、ひとを政治的にする。私も一時は(政治的活動を)やろうとしたことがある。そういうレコードを作ろうとしたことさえあるんだ……ただ一般的には、音楽が政治(意識)から生れるのだとは思わない。才能とかそういう類のものからきているんだ。私は音楽が好きだし、音楽を学んでもきた。しかし自分の音楽に一定の政治的理念を盛り込もうとは思わない。『Freedom Suite』では政治について語ったけれど、あれは特別な「できごと」だったんだ。自分たちが黒人だから音楽が政治的になると主張するミュージシャンがいる。たしかに彼らが生きている現実は、彼らの音楽に影響を与える。どんな演奏をするかは、人生の中でどんな経験をしてきたかにかかっているのだから、ある観点から見れば、それがその人の音楽を「政治的」にすると言えるだろう。しかし私は音楽を通して政治を語ることを追求するつもりはない。[24]

ロリンズのこの答えは、妙に彼の即興のソロにも似て、バランスの取れた完結された印象を与えるではないか。しかし、本人が暗示するように、アメリカの動乱期(五〇年代末期—六〇年代)の真っ最中には、政治的姿勢を意識して音楽に関わった体験もある。一九六〇年代から一九七〇年代前半までの日本のジャズ界でも、同様の傾向が見られたが、それは〈自由〉というより、〈革命〉や〈破壊〉などをめぐる発言によって最もよく表現されただろう。

二人のジャズ革命論者

五〇年代末期のフリージャズの出現は、ジャズ史上の〈革命〉と見なされがちだが、日本では六〇年代にもっと広い意味で〈ジャズの内在的革命性〉を理論化し提唱する異色の書き手がふたり現れた——相倉久人と平岡正明である。

相倉(一九三一年生)と平岡(一九四一年生)は、博識と洞察力を誇るだけでなく、精力的かつ刺激的な(「挑発的」と言うべきかもしれない)多くのエッセイを書いて、大きな注目を集めた。彼らのジャズ言説の特徴は、広範囲にわたる抽象的な理論と激烈なレトリックにあると思う。自筆のエッセイでは、このふたりはマルクス、レーニン、トロツキー、毛沢東、サルトル、フランツ・ファノン、マルコムX、リロイ・ジョーンズ(アミリ・バラカ)などの思想に触れながら、世界の文学作品に言及し、そして常にジャズを日米両国それぞれの社会情勢に結びつける。これだけ広く、しかも抽象的なジャズ論を簡潔に要約することはきわめて困難なので、本項では両者の思想の中で、注目すべき点を二、三取り上げたい。そして、相倉と平岡の六〇年代のジャズ論を読んだことのない読者のため、代表的なエッセイからの何節か引用し、その理論とレトリックを多少味わってもらおう。最後に、私が行った両者とのインタビューを踏まえて、二人に共通するジャズ論の問題点を提起したい。なお、日本のジャズ論者の中で、相倉が草分け的な存在だったので平岡より多少詳しく取り上げたい。

まず、相倉と平岡の〈ジャズ論〉における「論」とは、いわゆる「評論」の「論」というよりも、むしろ「理論」の「論」だと理解したほうがよいだろう。もちろん二人とも、レコードやコンサートや個々のジャズ奏者についての評論文を多く残しているが、そのようなエッセイにおいても、かなり同時代の思想と情況との関連性を重視している意味で、「音楽評論家」よりも「理論家」あるいは「思想家」、せめて「文化評論家」と形容すべきだろう。

《相倉久人――思想と行動の弁証法》

相倉久人のジャズに関する主な著作は、『モダンジャズ鑑賞』(一九六三年)、『現代ジャズの視点』(初版は東亜音楽社、一九六七年、角川文庫版は一九八二年)、『ジャズからの挨拶』(音楽之友社、一九六八年)、そして『ジャズからの出発』(音楽之友社、一九七三年)である。これらの著作にはさまざまな雑誌に一九六〇年代初期から七〇年代初期までに掲載されたエッセイが収録されており、書き下ろしのエッセイもある。ほかにも相倉は英語のジャズ評論書を和訳している。相倉のエッセイのなかには、内容が濃く、図式的であり、まるで研究論文を思わせる重厚なものも少なくない。しかし、以下のエッセイの題名から窺えるように、相倉はごく理論的な傾向を見せる一方、かなり想像力豊かな書き手でもある。


「ジャズ革命論序説」

「『艶歌』とジャズ」

「密室破壊論序説」

「リズムの祭儀性を超えて」

「都市ゲリラの新たな段階とジャズの危機」

「アフリカはジャズの故郷だろうか」

「狂気の組織者よ造反せよ!」

「ジャズ・ゲリラ的アメーバ状生活空間」
「黒人ジャズとの連帯は可能か」
「ジャズ性壊語病」

このようなエッセイの題名から、相倉はジャズを単なる芸術形態として捉えているのではなく、社会闘争や意識革命を促す〈音楽運動〉の可能性を孕んだ現象として捉えている姿勢が見受けられる。この発想（あるいは「理想」というべきか）は、相倉のジャズ論を理解するのに不可欠である。同時に、相倉のジャズ論の背景には、六〇年代の思想および社会情況が常に潜んでいることも見逃せない。

相倉のジャズ論は、つねに独自の問題意識を打ち出している。とくに、アメリカ黒人の歴史、文化、思想をめぐるエッセイでは、物惜しみしない研究意欲と鋭い洞察力を見せる。たとえば、「黒い肌をもった人びと」というエッセイ（『現代ジャズの視点』収録）では、奴隷制度時代の経済体制および黒人奴隷一人当たりの「相場」などの細かいデータを挙げたり、アメリカ国勢調査の統計を引用しながら米国各州における黒人対白人人口の比率を挙げたりして、相倉の研究の広さと深さを印象づける。これは並みのジャズ評論ではない。

しかも、相倉は単なる勉強熱心な論者というだけではなく、当時話題を呼んだリロイ・ジョーンズ(アミリ・バラカ)のジャズ論『ブルース・ピープル』を精読し、詳細な反論を発表した。(25) アメリカのジャズ界では、『ブルース・ピープル』に対する反論は主に保守的な白人ジャズ評論家によって行われたが、相倉の姿勢は違う。すなわち、ジョーンズ(以下は引用文以外に改名後の「バラカ」を使用する)の革命意識に賛同しながらも、著者の論理立てに問題がある、と相倉は主張している。その結果、ジャズの革命的な可能性がむしろ封じられてしまう、と論じる。とくに相倉は、バラカの「ブルース衝動」という概念の可能性を認めながらも、バラカ論の中ではこれを革命意識にそぐわないロマンティシズムとして批判し、さらにバラカの思想に潜んでいる民族的排他性(いわば黒人ナショナリズム)を告発する。数年後には、バラカ自身も、当時の自分の黒人ナショナリズムを、自論の弱点として認めるようになったが、相倉の先見の明に感心せざるを得ない。(26)

相倉はバラカ論を批評しながら自論を展開するが、これにはまたいろいろな図式が使用される(図4)、きわめて抽象的な論であり、当時の読者のなかで何割が十分な理解にせまったか疑わしいほど難解だといわなければならない。ただし、現在読み返すと相倉の批評で目を引くのは、彼の議論の根底に流れている「第三世界革命」という概念、そしてアメリカ黒人社会の中の階層の差異から生じる〈意識の格差〉である。(この〈意識の格差〉が黒人社会における「ブルース・ピープル」と「ジャズ・ピープル」として現れ

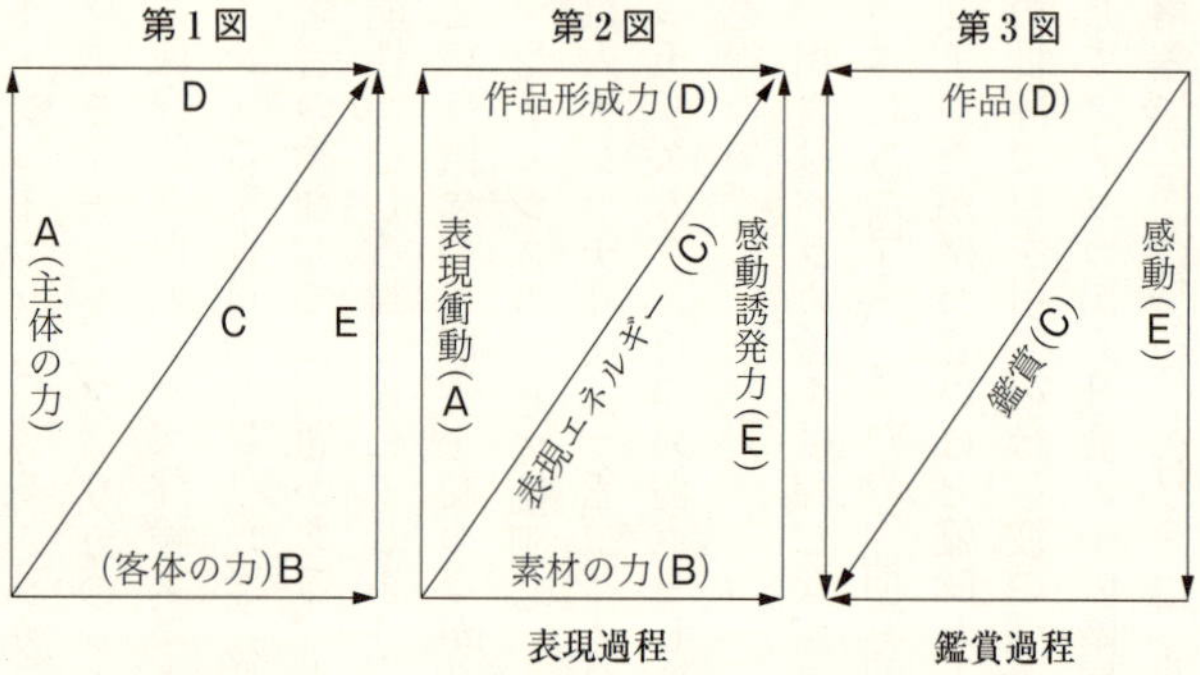

図4　相倉久人『ジャズからの挨拶』の図式より

る、という論点はまた興味深い。）言い換えれば、早くから相倉は、現在でいう「ポストコロニアル理論」の可能性に着眼していたのである。とくに、フランツ・ファノンの理論を踏まえている影響もあり、中産階級の黒人が抱く白人および白人社会に対するアンビバレンスを鋭く指摘し、そのアンビバレンスが独特な「いらだち」を生み出すと論じ、このアンビバレンスをジャズ・ミュージシャンの音楽表現に結びつけようとする。

ミンガスやデヴィスの音楽にわれわれがみるのは、単元的な怒りや怒りの沈潜ではなくて、この「いらだち」だ。それははっきりした方向性をもった感情ではないから、実際に機能する際には、実にさまざまな表われ方をする。攻撃的なものが同時に自己破滅的であったり、革命的なものが同時に宗教的であっ

たりするジャズの秘密がそこにある。(『ジャズからの挨拶』、一三頁)

相倉がもっとも興味を抱いていたのは、ジャズの「革命性」だったといえよう。しかし、相倉にとって、〈革命〉は単なるジェスチュアー(つまり、表現やファッション)ではなく、もっと深い根を持つものでなければならない。

一九五〇年代の後半をむかえて、アメリカの黒人解放闘争がようやく顕著な動きをしめしはじめたとき、ジャズメンのなかに、そういったテーマ性を盛りこんだ曲を演奏して、闘争への連帯を表明する連中があらわれた。そうすることの是非を、いまここで云々するつもりはない。が、いわばこういった連帯の挨拶おくりが、ジャズの革命性と何らかかわりのない行為であることだけは、ことわっておく必要がある。どんな意識を盛りこもうと、音楽は音楽でしかない。ジャズ表現の殻にとじこもっているかぎり、それが現実の革命にとって代わられようはずはないのである。

問題は下意識から噴き上げてくる力なのだ。情況が深刻化するにつれて、ミュージシャンの意識に変化がおこり、下意識からの力がより暴力的な色合いを帯びてゆくなかで、いつしかそれが限度にたっして、ついに楽器の枠を吹きとばしてしまったとき、その割れた殻のなかから革命がとび出すのである。破砕された楽器のあとに武器があらわれる。むろん、音楽としてのジャズはもはやない。だが、ジャズの本質はたもたれる。主体即客体としてのかかわりを通じてベクトルが強化され、たがいに相手を否定し合い変革し合いながら、下意識からの噴出をつよめてゆくのがジャズなのだから。(『ジャズからの出発』、二四—二五頁)

つまり、六〇年前後のマックス・ローチやソニー・ロリンズやチャールズ・ミンガスなどの露骨なイデオロギー的主張を前面に出したレコード企画だけが、ジャズの革命性を表しているものではない、と相倉は論じているようである。あるいは、そのような企画は革命とまったく関係がないとさえ主張しているようにも受け取れる。たしかに、ローチなどの“We Insist!”のようなレコードを出すことは、ある意味で安易かもしれない。だが、その企画も「深刻化した情況」に迫られた結果だからこそ、成り立ったともいえるのではないだろうか。

しかし、ここで留意したいのは、相倉のジャズ革命論の「有効性」などではなく、むしろジャズを「音楽を超えたもの」として捉えようとする姿勢である。いわばジャズ評論家である相倉久人自身は、ジャズを「単なる音楽」として取り上げるだけでは飽き足らないようである。彼の見解によると、ジャズが「単なる音楽」という殻を破り、楽器が武器と化するまでは、ジャズが内包している〈革命性〉が十分に顕在化できないことになる。したがって、「音楽としてのジャズはもはやない」という情況が実現した時点で、相倉はジャズの真の価値を見出すようである。ふつうに考えると、ジャズ評論家としては奇妙な主張ではないだろうか。だが、前述したように、相倉は「たかが音楽評論家」というより、むしろ同時代の思想家としてジャズを取り上げていたといえる。

相倉はジャズを直接〈革命〉に結びつけていないときでも、以下の一節にみられるように、暴力闘争を連想させるような比喩を愛用する。

われわれがジャズのインプロヴィゼーションの中にみるのは、譜面がひとりの音楽家の手によって犯され、ふみにじられて姿を消してゆく過程そのものではないか。この行為性こそ、ジャズに黒魔術的なエネルギーの爆発を許したエモーショナルな力の源泉であろう。われわれが、ジャズ・メッセンジャーズやホーレス・シルヴァーのステージにみたのは、まさにそれだった。（『現代ジャズの視点』、四八頁）

このようなドラマチックな暴力的比喩の使用によって、ジャズは「単なる音楽」という美学の次元を超え、社会闘争の領域にまでに持ち込まれる。つまり、「われわれがジャズのインプロヴィゼーションの中にみるのは」〈音楽〉という殻を破ってからの、ジャズの〈革命性〉という真の姿だ、ということである。

相倉のジャズ論の特徴のひとつは、レトリックの混在だといえる。すなわち、きわめて抽象的な表現や図や表などを用い、まるで社会科学の学術論文を思わせる側面もある。ところが、他方では驚くような暴力の比喩や、次の一節に見られるような性的比喩および辛辣な皮肉も愛用する。その結果、読者の感覚には、拮抗した、または稀有なバランス感が生じる。いずれにせよ、相倉のエッセイには冷静な理論家と毒舌の煽動家の像が交互に表れる。

小劇場運動などと称して、地下でモダニズっている新劇の退廃ぶりをみよ。金持ち息子の道楽めいたアングラ映画の冗漫さはどうだ。前衛気取りの自称芸術家たちの線香花火的和製ハプニングの阿保らしさ。外誌はそいつを〝ジャプニング〟と名付けてからかっているそうだ。

きみはインポか、早漏か。縄文土器を生んだ先住日本民族のヤマトダマシイをどこへやったなどと、岡本太郎と藤猛をごちゃまぜにした悪口をたたきたくもなろうじゃないか。

すべての即成芸術は急速にエネルギーを失いつつある。要するに西欧中心文明のゆきつく先がこれだったのだ。きみたちはその光輝ある末裔というわけなのさ。きみたちの役割はおわった。旧時代のイデオローグが、左右を問わず一九六〇年の安保騒動で崩壊し去ったように。次代をになうイデオロギーは、薄暗い書斎や、かびの生えた大学の研究室からは生まれない。

新しい思想は、切れば血の出る人間、手足をはたらかせることのできる人間によってつくられるだろう。行動が思想を生みだしてゆくタイプの人間。これからのイデオローグは行動家であるはずだ。

というところからオレは、状況劇場～若松プロ～ジャズというラインを考えてみたい。それは、小劇場～アングラ～商業主義的ジャズに対するアンチ・テーゼである。（『ジャズからの挨拶』、一二三―一二四頁）

二〇〇二年のインタビューで私は、初めて相倉氏に会った[27]。それまでこのような辛辣な文章のイメージが頭に入っていたため、相当アクの強い人柄を想像していたが、実際は、人当たりもよく、優しそうな方に思えた。もちろん、相倉が主なジャズ論を書いていた時期というのは、本人が三〇歳代だったし、日本社会が動乱期の真っ最中だったのに対し、インタビューを行ったのは、二一世紀に入ってから、そして本人が七〇歳を超えてからのことなので、社会情勢、本人の人生観、そしてジャズの社会的位置がすべて変わったことも影響しているだろう。相倉自身が一九七〇年代にジャズの世界を離れ、ジャズに関する執筆を断ったことも関係しているかもしれない。（つまり、本人のジャズに対する熱が冷めてから三十年以上経ってからのインタビューだったわけである。）
しかし、話を聞いてみて何より驚いたのは、彼が、ジャズについての著作よりも、ライブ演奏での司会活動や、ミュージシャンたちとの密接な関係を重視していたことだった。相倉は、日本のジャズ界との関係を振り返るとき、自分を「執筆者」よりも「参加者」とみなしているのだ。確かに、氏は「ジャズの現場」にも縁の深い生活をしてきた。とくに、山下洋輔との密接な関係をはじめ、ライブの司会者やプロモーションのような仕事にも携わってきた。だが、それ以上にインタビューでは、自分は「評論家」というよりも「どちらかといえばパフォーマー」に近いタイプだと言い、またミュージシャンたち(やはり特に山下洋輔)と親しかったことを強調した。この認識は、『現代ジャズの視点』の角川文庫版に収録されている一九八二年の書き下ろしのエッセイ「階段を降りるとジャズがあった」にも窺える。

意気さかんなミュージシャンたちと交流を重ねながら、同時に彼らの仲間のひとりとしてステージに立つ〝銀巴里〟での司会は、それだけにぼくにとって、二重にも三重にも意味をもつ重要なしごとだった。（一二―一三頁）

普通の「ジャズ評論家」の場合、自分の仕事は主に執筆によるもので、ジャズファンを対象にする啓蒙的活動だと、露骨に認めなくても内心そう思っていることが推測される。そして、エッセイなどを書くときに想定されている読者とは、主にミュージシャンではなくジャズファンであるだろう。ところが、相倉久人の場合、自分がジャズファンのために評論やジャズ論もいろいろ世に出し、相当な波紋を起こしたにもかかわらず、日本のジャズ界に対する自分の最大の貢献は、ジャズ論の数冊の著作ではなく、むしろジャズ・ギャラリー8やピットインなどの現場で口頭で行った評論と指導活動によってである、という認識がインタビューで明らかになった。

相倉とのインタビューでは、山下洋輔などの若手ミュージシャンに対して、自分は一種の師匠だったという認識が強いように思えた。とにかく山下などを、ある程度指導してきた、という「師匠」的認識は私には意外であった。なぜなら、アメリカでは楽器が弾けない評論家がミュージシャンに音楽について「教える」という関係は、評論家自身もミュージシャンも想像しにくい関係だからである。むしろ、通常ミュージシャンたちは、評論家と距離をおきたがり、蔑視する場合も多いといえる。ところが、二〇〇五年に山下氏自身に直接に会う機会があったので、「相倉さんとはどういう関係でしたか」と尋ねてみた。(28) すると、彼はためらいなく「相倉さんは私の師匠のようなものでした」と答えたのである。つまり、この点に関して、両者の認識が一致していたわけである。

結局、相倉が自分を「パフォーマー」やミュージシャンの指導者的存在などと見なすのは、相倉自身の「評論哲学」たるものの自然な延長線上のものとして理解すべきだと思う。すなわち、相倉はいわゆる「現場主義者」であり、彼にとって真の評論家とは、現場を生き、その経験を踏まえた上で評論を書くものだ、と認識しているようである。いわば、〈評論〉(言論)をあくまでも〈行動〉の一端と見なしているわけである。相倉自身が先の引用文に記述されている人間――「新しい思想は、切れば血の出る人間、手足をはたらかせることのできる人間によってつくられるだろう。行動が思想を生みだしてゆくタイプの人間」――そのような人間を自ら目指し、体現しようとしたのではないか。したがって、相倉は自分が「評論する」ミュージシャンとの間に距離をおくべきだ、という伝統的な評論家の姿勢に対して、あえて逆の方向を選んだように思える。すなわち、ミュージシャンたちと一緒に行動し、一緒に創造することである。その姿勢ゆえに相倉は、ジャズ論者としての独自の見解を構築し、〈ジャズ〉という一つの〈行動〉によって同時代における〈革命〉の可能性を思想として追求し続けたのだろう。

ところが、七〇年代初期から、相倉はジャズの「革命性」に失望したせいか、あるいは「下意識からの噴出」が十分に実現しなかったせいか、とにかく突然ジャズの世界から離れてしまったのである。相倉はジャズが同時代の音楽として「生きている」間は、熱烈な興味を示したが、「革命の季節」が終わってみると、ジャズに対する熱も急に冷めたようである。あるいは、相倉はあまりにもジャズを「単なる音楽」としてではなく、もっと大きな観念として捉えたり、期待を託したりしてきたからこそ、逆にジャズを聴く気が起こらなくなったと見なせるかもしれない。もしそうだとしたら、相倉の場合、〈観念としてのジャズ〉(行動と密着した観念ではあったものの)が〈音楽としてのジャズ〉を圧迫してしまった、ということがいえるのではないだろうか。その一方、同じ「ジャズ観念論者」の平岡正明は、まったく違う道を今まで辿ってきたのである。

《平岡正明──煽動者のジャズ論》

相倉久人に比べると、平岡正明はジャズに関する著書も多く、現在でもジャズ評論を含めて広範囲の文化評論書を書きつづけている。(二〇〇三年に平岡は、百冊目の著書を出版し、著書の一、二割がジャズ中心である。しかも、すべて手書きだそうである。)また、六〇年代に波紋を起こした「犯罪者同盟」の結成者でもある平岡正明の方が、相倉より煽動者的存在だといえるだろうが、同時に読者を爆笑させるほどのユーモアを見せるという多面的な執筆者である。平岡の初ジャズ論集『ジャズ宣言』の初版(イザラ書房、一九六九年)には、相倉久人が書いた四頁の冊子「平岡正明との出会い」が挿まれ、平岡の文章の特徴を鮮やかに集約しているので引用しよう。(以下の「韃靼人ふう」は、平岡の初期ジャズエッセイである。)

「韃靼人ふう」と題するそのとめどない饒舌の流れは、さながらこなごなに砕いた鏡の破片を素足でけちらすような、血なまぐさく鮮烈な色彩と狂気をみなぎらせて、正面からわたしにぶつかってきた。鋼のむちを思わせるするどさとしなやかさをもって、非連続的なフレーズをたたきつけてくる不協和的な文体は、その感性とスピードにおいてすでにしてジャズであった。たいへんな奴があらわれたものだ。こんな文章を書く平岡正明とはそも何者なのか、一日も早く知りたいものだと思った。それが一九六三年の夏も終わりに近いころのことである。

また、六〇年代初期の日本のジャズ評論界に対する平岡の以下の酷評から窺えるように、当時の平岡は、先輩に当たる相倉久人を大変尊敬しており、評論家のモデルにしていたようである。

理論の必要ということについて強調しておきたいのは、一般にジャズ評論といわれるものとそれが別の次元のものだということである。じっさい、相倉久人がでるまでは、ジャズ評論というものはプロレス評論と大同小異であるといわれてもしかたがないものだった。(『ジャズ宣言』、四三頁)

『ジャズ宣言』は、数々の平岡のジャズ本のなかで、最も話題を呼んだと思われるが、同書のなかで著者が自らの主張を「プロパガンダ」と繰りかえし呼ぶところに、平岡自身の煽動者的役割に対する自覚および遊び心が見受けられる。(29) 平岡は、おそらく相倉以上に、日本の同時代の(音楽外の)最先端の文化人や芸術家たちと密接な交流を持っていた。前述したとおり、両者ともジャズを語るときにイデオロギーや情況論に止まらず、ほかの芸術形態との関連性を考察する傾向が強い(第六章も参照)。したがって、ジャズファン以外の読者も数多く持っていたと思われ、それだけに影響力も大きかったといえる。

思想とは関係ない個人生活においても、相倉と平岡は、いささか意外な共通点がひとつある。二人とも酒を一滴も飲まないのだ。もちろん、日本の男性のなかにも禁酒者あるいは下戸をたまに見かけるが、ジャズ界ではかなりめずらしい。しかも、相倉と平岡のように闘争心に燃える文筆者は、当然大酒飲みにちがいないと想像されがちだろう。(30) ところが、二人ともあれだけ激烈な文章をしらふで書いたのだ。もし酒を飲みながら書いたとしたら、それこそ執筆行為だけで収まらない、とんでもない領域に踏み込み、まさに「犯罪者同盟」にふさわしい騒動に至ったかもしれない。

ともあれ、まず平岡の『ジャズ宣言』と『ジャズより他に神はなし』(三一書房、一九七一年)という代表的なジャズ論集からエッセイの題名だけをちょっと列記しよう。平岡にはほかにも『ジャズ的』(毎日新聞社、一九九七年)や『ウィ・ウォント・マイルス!』(河出書房新社、二〇〇二年)などの評論集もあるが、以下のエッセイのタイトルは激動期真っ最中の産物ばかりである。

「コルトレーン・テーゼ」
「ジャズほどはくい潜水艦はねえ」
「ジャズにおける暴力の契機」
「ジャズ革命の理論的根拠」
「中間空位期の理論的眺望」
「ジャズの平行四辺形理論」

当時の平岡は、相倉と同様に(あるいは相倉に倣って)、自分の執筆行為を「ジャズ評論」というよりも「ジャズのための理論の構築」と見なしていたようである。たとえば、「ジャズ・シーンにおいて理論の先行は可能か」というエッセイの冒頭は次のとおりである。

理論は必要である。われわれのいう理論とはこれまでのジャズ理解をぶちこわし

てしまう論難の組織化のことだ。（『ジャズ宣言』、四一頁）

まさしく「ジャズ宣言」ではないか。当時の平岡の〈ジャズの革命性〉をめぐる理論を味わっていただくために、『ジャズ宣言』から長い一節を引用したい。

こう仮定してみよう。ジャズ・コンミューンがアメリカ黒人のソウルと筋肉組織のあいだに蓄積された幻想的共同体であるという理解――デュボワや、ラングストン・ヒューズや、リロイ・ジョーンズや、そして相倉久人や朝比奈民雄や俺のだいたいのところ共通して持っている理解――をはずして、諸国の被抑圧大衆の、なかんずく第三世界人民の魂のなかにあり、それらの魂を結びつける共同体的な感情の母胎であると仮定してみよう。そして、それらの魂が「白い世界」から全体として離脱していく過程とジャズの深化が対応していると仮定してみよう。この仮定の正確さは、ジャズが世界中で理解されることの根拠としてあらゆる社会の下層にはなんらかのブルースがあること、非西欧世界のすべての音楽に音声の上でジャズ的イントネーションがあり、胴間声やヴァイブレーションや持続低音を社会的価値の体系として保持していることを客観的に証明することによってささえられるものとしよう。このように仮定することによって、ジャズの直面している本質的な問題を解くことができる。すなわち、フランツ・ファノン――マルコムX――エルネスト・ゲバラとつなぐ第三世界の革命家の行動と主張のなかに、ジャズの思想化を読みとることができるのである。（六三―六四頁）

たった一段落でこれだけいくつもの「仮定」を積み重ねられ、多種多様な思想家や作家の名を列記されると、当時の読者は、平岡のジャズ論にどのように反応したのだろうか。おそらく、著者の博識ぶり（出版当時、平岡はまだ二六歳だった）に感心し、読みつづけた読者もいれば、大雑把な抽象論として読むに耐えられず、不満のあげく本を投げ出してしまった読者もいたことは想像できよう。同じ難解な〈ジャズ革命論〉とはいえ、平岡の議論は相倉ほど綿密ではない印象を受けるだろう。たとえば、上述の一節で疑問を投げかけるなら、ファノンとマルコムXとゲバラは、具体的にどのように類似しているのか、その三人の相違点はどう関係するのか、本当に「第三世界の革命家」としてまとめてもよいのか、そして彼らの思想がジャズとは具体的にどのように共鳴するのか。このような問いに対し、平岡はある程度の提示をしているものの（とくにファノンについて、かなり詳しく言及する）、依然として論全体が分かりにくい、と感じる読者は多かったのではないかと想像される。

しかし、執筆者としての平岡正明の真の魅力を把握するためには、『ジャズ宣言』という一冊の評論集のなかで、以上のような真面目な内容と並んで、ユーモアに富んだとっぴなエッセイもあることも見逃せない。たとえば、同書のなかから、平岡が敬意を払っていたという山下洋輔に対する記述を引用しよう。

ふだんの彼は、ジャズマン特有の貧血症のかげはあるが、ともかくそんな男で、ピアノに向ったときの、どこにあの蛮勇ともいえるような戦闘力があるのか、ちっともわからない。ところが彼は端麗な容姿にもかかわらず、極端すぎる大股でドタドタあるき――ジャズマンの歩きかたには、王者とチンピラと土人のミックスされたような共通したスタイルがあって、一様に、年中小便がたまっているような印象をあたえる。(一六〇頁)

また、同書に収録されている別のエッセイは次のように始まる。

銀座のジャズ・スポット「オレオ」の便所に、俺の悪口を書いた落書きがふたつある。この店のママが――ママとよぶのはどうもそぐわないが、ことジャズにかんしては、「おかみ」という江戸前の呼称もさらにそぐわない――『ジャズ批評』誌編集発行者の松坂比呂である。彼女がこういった。トイレットの落書きに固有名詞をかかげて悪口をいうなんてのはあまりないケースだから消さずにおきましょう。

これはいい！　便所のなかで口惜しがられるなんて俺もたいしたものだ。当方の「教養俗物」ぶりが、よくもここまでいやなことをいいやがったなとおもうほど小気味よくこきおろされているが、しかし、俺とウンコはついてまわる。どうせ教養について悪くいうなら、ひとつ大便に関する知識でも問題にしてくれないか。知る人ぞ知る、こちらはスカトロジーに関しては、鼻もまがる博識であって、糞便クロレラ学『くそ馬鹿』の中村浩博士、『スカトロジア』山田稔、『トイレット部長』藤島茂、『糞尿譚』火野葦平、『ベンベン物語』加藤芳郎、風格ある糞をひりおえた時に家人を集めて拝観・講義する故古川緑波、そしてスカトロジーと革命論の結合という史上類例のない領域をほりつづける「糞奸地獄」の木下成人などに、次ぐかないしは比肩しうる実力を有するのだぞ。さて、落書きにこうある。（一六二―一六三頁）

その文章の続きでは、平岡が例の落書きを全文引用し、ユーモアたっぷりの反論を発表し、おまけに「オレオ」のトイレの細かい図を挿入したりする。

要するに、平岡のエッセイは、ときには重苦しくてくどい、ときには軽快で爆笑を誘う、そしてたまには感嘆させられるような発想を、見事に創造的なフレーズで表現することもある。言い換えれば、平岡正明という奇人は、ものを書きだすと何が出てくるかまるで見当がつかない、それこそ「フリージャズ的物書き」としか形容のしようがないだろう。

《レトリックの問題――「女立入禁止」の再現》

相倉久人と平岡正明のジャズ論における類似点をいくつかすでに指摘した――ふたりとも抽象論を好み、ジャズを〈革命〉などに関連づけたり、「人種問題」や「第三世界」に敏感であり、そして自分の思想を〈行動〉として捉える傾向がある、という点。彼らのジャズ論が好きか嫌いかとは関係なく、ふたりともオリジナリティに富んでいる刺激的なエッセイを書き、同時代の日本のジャズ界、そして一般のインテリ層のジャズ観にもかなりの影響を及ぼしてきたことは否定できないと思う。だが、ここで最後に、両者のレトリックに含まれる、今まで表立ってはほとんど指摘されていない問題をひとつ提起したい。すなわち、彼らのジャズ論のきわめて男性中心的なレトリックによる女性排除の問題である。

序章で述べた通り、世界各国のジャズ界は主に男によって牛耳られている。少なくとも日米両国では、多くの楽器奏者も聴衆も男性であることは否定する余地がない。また、レコード会社の重役も、コンサートの「呼び屋」も、ライブハウスやジャズ喫茶の店主も、そしてほとんどのジャズ評論家も、数人の例外を除けば男である。[31] だからといって、ここでその状況が不公平である云々のような表面的な男女平等論を訴えるつもりはない。また、ジャズ界がなぜそのような状況になったか、という問いもここでは追求しない。

ただし、相倉と平岡のさまざまなエッセイを読むと、著者自身がいかにも男性的だという間接的な表現による誇張と、読者は当然男性であるという先入観が繰り返し頭に浮かぶことは、共通の問題として見逃してはいけないと思う。つまり、彼らの〈ジャズの革命性〉をめぐる諸論文、そして〈思想も行動なり〉という主張は、きわめてマッチョな言語空間によって形成されており、女性の読者は、男性に完全に同一化しない限り、その議論に入る隙をほとんど見出せないのではないか。また、相倉も平岡もアメリカでの人種差別構造に対する鋭い指摘を提供しながら、自らのレトリックは女性読者の主体性を実質的に奪うことには全く気づいていないようである、という皮肉をさらに指摘したい。結局、彼らは自分のジャズ論のなかで、社会革命を訴え、自己の思想の「革新性」を誇示しながら、ジェンダーの面においてはきわめて保守的な社会構造を補強しているという矛盾があるのではないか。これは、いわゆる全共闘時代のさまざまな言説にまつわる典型的な問題だと見なせるかもしれないが、相倉と平岡を取り上げる以上、触れなければならない問題であると思う。

その男性中心的レトリックの最も表面的な(と同時に具体的な)例は、両氏の文章における〈人称〉の使用だといえよう。いわば、ふたりとも「オレ」（あるいは「俺」）を一人称としてよく使う。周知のとおり、日本語の常識として女性はこの語が使えないという意味で、「オレ」と自称することによって、ある程度の排他的雰囲気が文章に生じるといえるだろう。しかし、それだけなら、問題にするほどのことにはならないだろう。もっと肝要なのは、著者として語りかける相手に（議論相手にせよ、読者にせよ）、必ずといっていいほど、男性を想定しているように思えることこそ問題だと思う。たとえば、相倉が「きみはインポか、早漏か」となじる相手は明らかに男である。しかも、そこまで明言しなくても、多くの相倉と平岡のエッセイも同様だという印象を与える。

もっと間接的な意味で相倉と平岡（そしてジャズを〈破壊〉として唱えた中上健次など）は、喧嘩やテロルなどを含む〈暴力のレトリック〉に陶酔する傾向が見られ、やはりこれも男性ホルモン溢れんばかりの文章だといわなければならない。誤解がないように補足しておくと、ここで私は彼らが「中性的」な表現を徹底して使うべきだといっているわけではない。それは一種の自己否定になるし、彼らの文章のおもしろさと個性を犠牲にする結果にも繋がるだろう。（当時の平岡氏なら、「オレに去勢された文章を書けというのかい？　このやろう！」と、わざと性的比喩でもって意気揚々と反論したにちがいない。実際に、本人とのインタビューでこの問題を持ち出したとき、「まあ、俺はキンタマ主義者だから」といたずらっぽく答えた。）

要するに、私がここで指摘したいのは、彼らのマッチョなレトリックが多用されるジャズ論は、「ジャズは男の世界だ」という先入観を強化し、女性をジャズの現場からも、ジャズ言説からも、締め出す結果につながる、ということである。しかも、もっと重要な問題は、〈革命〉などの社会変革を呼び起こす言語空間が、男性に独占されているという状況自体が、はたしてどのような社会認識を反映しているのだろうか、ということだと思う。

結局、〈自由〉にせよ、〈革命〉にせよ、ジャズを観念として捉えたがることは、日本の激動期におけるジャズ言説の特徴であったと同時に、その言説はほとんど男ばかりによって構築されただけでなく、その言説を形成する表現はきわめて「男性中心的」であったことを忘れてはいけないと思う。だが、日本のジャズ界の中で、最も重要な男性中心的な空間とは、次章で取り上げるジャズ喫茶だったといえよう。

第5章　ジャズ喫茶解剖学

——儀式とフェティッシュの特異空間

Things ain't what they used to be.
——京都のジャズ喫茶〈YAMATOYA〉のマッチや名刺に記されていることば

また、私事をお許しいただきたい。私は昔からの嫌煙者であるにもかかわらず、日本のジャズ喫茶という常に煙ったい空間が意外に好きである。留学生として初めて日本に来た一九七六年、葛飾区の下町で四世代の音楽好きの日本人家庭にホームステイをしながら、早稲田大学の国際学部に通い、授業が終わったら早速高田馬場と新宿を中心に、〈ジャズ喫茶ハシゴ〉をひそかな趣味にしていた。(同年に出版された季刊『ジャズ批評』の別冊「ジャズ日本列島」によると、一九七六年当時、全国のジャズ喫茶は五百軒を上回り、早稲田と新宿近辺だけで二十軒以上はあった。[1])

約一年間の日本留学が終了し、カリフォルニア州の大学に戻り、寮の部屋のドアの外側に〈イントロ〉、〈203〉、〈木馬〉、〈ポニー〉、〈DIG〉、〈DUG〉、〈タロー〉、〈びざーる〉など十数軒のいつも通っていたジャズ喫茶のマッチ箱を張りつけ、外から寮に戻って自分の部屋に辿りつくたびに、東京のジャズ喫茶の独特な雰囲気とその鮮烈な音を思い浮かべ、遠い世界に運ばれたまま悦に入った。一人で自室のドアの前で、ぼーっと立ってニコニコしている私の姿を見かけた同居者たちは、きっと不思議に思ったのだろう。私の心境を何度か説明しようとしたが、無駄だった。ジャズに興味のある学生もほとんどいなければ、「ジャズ喫茶」という日本独特の場所も想像できないからである。しかし、想像できないのも無理はない。というのは、ジャズ喫茶は、世界的にも、という以前に日本の中でもきわめて特殊な文化空間だからである。

ところが、いくら私はジャズ喫茶愛好者とはいえ、本章でこのような甘く懐かしい「ジャズ喫茶回顧録」などを書くつもりは一向にない。そのような本やエッセイはすでにいくらでもあるし、単なる自己満足で終わってしまうおそれがあるからである。むしろ、本章では、ジャズ喫茶の歴史をふり返り、文化空間としての多面性を掘り下げ、そして多くのジャズ喫茶言説で注目されなかった諸問題に焦点を当てるのが目的である。ただし、そのためには、それなりの批評精神が必要となる。したがって、以下のジャズ喫茶試論(そして私論)は、かなり辛辣な批判のように感じる読者もいるにちがいないが、ジャズ喫茶愛好者の一人からの、懐古趣味言説に対する〈孤独な挑発〉として受け止めていただけたら幸いである。

規律と厳粛

思えば、京都の名門ジャズ喫茶〈YAMATOYA〉(一九七〇年開業)の宣伝文句"Things ain't what they used to be."は、マーサー・エリントン(デュークの息子)の名曲ブルースの曲名を借用したものだけでなく、日本のジャズ喫茶全盛時代に対する、ジャズ喫茶愛好者共有のノスタルジーおよび哀愁の表現としても受け取れるだろう。確かに、このフレーズが暗示する通り、現在(のジャズ喫茶)は昔とは違う。だが、ジャズ喫茶の記憶をノスタルジー一色に塗りつぶしてしまうと、あの空間で課されていた規律と厳粛の側面が忘れられてしまうのではないか。

たとえば、次に紹介するような硬派のジャズ喫茶像は、一九六〇年代から七〇年代半ばまでにけっしてめずらしくなかった。

ジャズ喫茶はお話するところではありませんよ。ジャズという高まいな芸術をかん賞する所なんですよ。アベックで来るなどという不謹慎は許しませんよ。リクエストは所定の用紙の所定の位置に書いて下さいよ。タイトルが問違《ママ》っていたらかけませんよ。一人一枚ですよ。ワングループ一枚ですよ。このレコードのA面はよくないから、B面しかかけませんよ。本はなるべく読まないでほしいけど、どうしてもというなら、単行本にして下さいよ。新聞はガサガサいうからかん弁して下さいよ。原稿書きはもってのほかですよ。ゲタは騒音の発生源だからダメですよ。サングラス、ハラマキ、ステテコは入場お断りですよ。

しかも、この文章を書いたのは、ほかならぬ寺島靖国である。[2] 寺島は吉祥寺の〈メグ〉という今も健在のジャズ喫茶の店主であり、ジャズ評論家としても知られている。この文章の数行後に同氏は「いま言ったジャズ喫茶の病的な体質」とさらに皮肉っているが、「病的」とまで言わなくても、外部の人間から見ると、日本のジャズ喫茶というところは相当に偏屈かつ神経質であるように映るといえよう。寺島の以上のジャズ喫茶の風刺（パロディ）は、もちろんギャグのつもりだろうが、しかしそのような店が実際にあったからこそ、風刺として成り立つのではないか。

いうまでもなく、上記のようなハードコアなジャズ喫茶のほかに、もっとリラックスした雰囲気の店も少なくなかった。[3] 内装はお洒落で明るく、客同士の会話が許容され——要するに、客が緊張したり大真面目に振る舞ったりしなくてもよい類のジャズ喫茶が、硬派の店と共存していたわけである。しかし何といっても、その熱い時代を代表するジャズ喫茶といえば、やはり厳しい硬派の店となろう。したがって、本章ではそのような店を主な対象とする。八〇年代以降、両タイプのジャズ喫茶は激減していったが、現在でも多少残っている。そして、インターネットの「JAZZ協同組合」というサイトは、現在の新しいジャズ喫茶客のために、次の基本マナーのご案内を提供している。

基本マナー1
地震や火事でもない限りしゃべるべからず(しゃべっても良いところもあるので初めての時は良く観察するか、JAZZ協同組合のJAZZ喫茶ガイドを参考にしましょう)

基本マナー2
店の人が席を指定したらそこに座るべし

基本マナー3
基本的には2時間たったら新たな注文をするか外に出るべし

基本マナー4
携帯の音は切るべし

基本マナー5
店によってはリクエストが可能であったり、リクエストノートが用意してあるので積極的に利用すべし

追加基本マナー
コーヒーがまずくても当然の様な顔をしてクールに振る舞うべし(ごくまれにう

まい店もあるが、「うまい！うまい！」と騒いではならない(4)）

明らかに誇張とユーモアを込めた記述ではあるものの、ここに挙げてある「ルール」は現在でもジャズ喫茶での常識として通用するだろう。（基本マナー4は、新状況に応じてできた新たなルールであることはいうまでもない。）

同じＨＰに、東京都内のジャズ喫茶を紹介する便利な表があり（これは上述の「ＪＡＺＺ協同組合のＪＡＺＺ喫茶ガイド」に当たるが）、この表は次のカテゴリーに分類されている――「喫茶」、「酒」、「名盤」、「入りにくい度」、「しゃべるな」、「頑固度」、「場所」である。最初の三項目とは、コーヒーや酒を出すかどうか、または名盤レコードをかけるかどうか、「場所」の欄には「新宿」や「渋谷」など地名が記されており、「しゃべるな」とは、寺島氏が記述している厳格な伝統的な硬派ジャズ喫茶のルールを指す。「入りにくい度」と「頑固度」は①―⑤までランク付けされている。前者は読んで字の如くだが、「頑固度」とは、いわゆる「マスター」の性格のことを指している。（一種のジャズ喫茶オタクにとって、むずかしい性格の厳しい「頑固オヤジ」店主の存在は、自虐的な快感を高めるらしい。）

後で論じるように、六〇―七〇年代前半のジャズ喫茶は、〈自由〉や〈冒険的〉な空間というイメージを醸し出しながら、上述の〈規律厳守〉が形成する一種の〈秩序主義〉も混在している。さらにいえば、儀式化された聴き方や音楽に対するフェティシズムも見られるので、当時のジャズ喫茶――とりわけ新宿の〈DIG〉などのような硬派のジャズ喫茶――はきわめて複雑な文化空間だったといえる。本章では、六〇年代から七〇年代までのジャズ喫茶特有の、このような多面性に焦点を当てるが、まずは戦前から現在に至るまでのジャズ喫茶の歴史を概観したい。戦前の〈音楽喫茶〉から始めよう。

ジャズ喫茶の歴史と多面性

音楽研究者の細川周平によると、[5] 一九六〇―七〇年代のジャズ喫茶の源泉は、一九二〇年代の〈音楽喫茶〉にある。日本での喫茶店文化自体は明治時代(一八八八年頃)まで遡るそうだが、蓄音機とレコードを備えた喫茶店が本格的に普及し始めたのは関東大震災後であり、日本初といわれるジャズ喫茶は一九二九年に東大赤門前の〈ブラックバード〉だったことは既述のとおりである。しかし、戦前の音楽喫茶が全盛期を迎えたのは、一九三〇年代の半ばであり、戦前の音楽喫茶では戦後と同様に、一種類の音楽(たとえば「クラシック」または「ジャズ」)だけをかける店もあったが、さまざまな(主に「船来」)音楽をかける店も少なくなかったようである。そして、当時の多くの「ジャズ喫茶」がタンゴのレコードもかけていたことは、それらの音楽が一緒に演奏されていた同時代のダンスホールの影響を物語っている。

細川は戦前の音楽喫茶に、つぎの「四元素」を見出している――すなわち、(一)レコード、(二)オーディオ、(三)喫茶ガール、(四)外装と内装である。戦後と同じく、ある程度のレコードコレクションとオーディオ装置は音楽喫茶の前提条件といえ、「マスターの趣味や収集力は、喫茶の評価につながった」と細川は指摘するのだが、これも後のジャズ喫茶と共通しているだろう。いうまでもなく、ジャズ自体と同様に、「オーディオ」なるものが時代と共に大きく変わっていくのだが、早くからオーディオがジャズ喫茶では、ある程度重視されたことは注目に値すると思う。ただし、後に論じるように、ジャズ喫茶のさまざまな機能の中で、オーディオ装置がどのぐらい客に重視されたかという問題は、同時代の常連客の生活水準、そして当時のオーディオおよびレコードの価格などと密接な関係があった。

また、細川は戦前の「喫茶ガール」を次のように分類し、説明する。

音楽喫茶には大体、二種類の女性が働いていた。客のリクエストをきいたり飲み物を出す「喫茶ガール」「サービス・ガール」と、レコードをかける「レコード嬢」「レコード・ガール」「レコちゃん」である。前者はカフェーの女給と同じ従業婦、後者は事務員の待遇だった。前者は客と同席はできないが、立ち話ぐらいはできた。振り袖かイブニング・ドレスが好まれた。年齢は女給よりも若く一六、七から二〇歳ぐらい、給料もチップ制ではなく月給制を取っている。女給のように男性客をあしらう手練手管は不必要で事務員と女給の間のような存在だった。

この「喫茶ガール」の存在において、戦前の音楽喫茶と戦後のジャズ喫茶はかなり異なるだろう。もちろん、六〇年代のどんなにハードコアなジャズ喫茶であっても、きれいなウエートレスを目当てに店を選ぶ客が混じっていたに違いない。だが、戦後のジャズ喫茶では、ウエートレスのいない店も少なくなく、仮にいたにしても、客とお喋りするような雰囲気ではない店が多かったのだろう。ただし、戦前の音楽喫茶でも、戦後のジャズ喫茶でも、客層が圧倒的に男性中心だったことは確かである。

内装・外装に関しても、戦後のジャズ喫茶では新宿の〈木馬〉や京都の〈YAMATOYA〉などのように、凝った内装を誇る店もあれば、〈DIG〉のようなきわめて禁欲的な飾り気のない店も少なくなかった。外装に関していえば、大都会の場合、建物の地下や二階に位置するジャズ喫茶が多かったため、戦前の音楽喫茶ほど重要だったとは言い難い。

このように、戦前の音楽喫茶(ジャズ専門店を含めて)と六〇―七〇年代のモダンジャズ喫茶との相違点はいろいろあるが、大まかな共通点として次の三点が挙げられるだろう――(一)新メディアを通して最新の〈外来音楽〉を紹介し、(二)レコード中心の音楽鑑賞を養成し、(三)客に〈文化的価値〉を付与する、という点である。
さて、今度はオーストリア人の日本研究者であるエクハート・デルシュミットの戦後ジャズ喫茶論を紹介しよう。英語で発表したこの小論文で、デルシュミットは戦後におけるジャズ喫茶の変貌を次のように区分し、要約している。

一九五〇年代――「学校」(School)
ジャズのレコード(特に輸入盤)の私有が困難なこの時代には、ジャズ喫茶はジャズを勉強する〈学校〉として主に機能し、店主が〈教師〉の役割を担う。客たちはきわめて真面目な〈生徒〉のような態度が目立つ。

一九六〇年代――「寺」(Temple)
暗い内装の店が増え、オーディオ装置が整ったおかげで、大音量でレコードがかけられるようになり、会話はほぼ不可能(あるいは禁じられている)、アルコール類の飲み物を出さない禁欲的趣向と店内の規則厳守を徹底する「マスター」をありがたく押し戴く、〈お寺〉やカルトなみの宗教的空間のジャズ喫茶が増える。

一九七〇年代――「スーパー」(Supermarket)
一九七三年ごろまで学生運動の勢いが続いたが、その後社会風潮も急変し、ジャズ喫茶も生き残るのにフュージョンとロックの押し寄せる波に対抗および対応しなければならなくなる。その結果、一九七〇年代後半からジャズ喫茶は大きく変貌する。客離れ対策として、店内を明るくしたり(照明を増し、真っ黒だった壁を明るく塗り替えて)、軽い親しみやすいフュージョンのレコードをかけたり、客のために漫画を棚に置いたり、アルコール類をメニューに加えたりして、生き残るために必死にあの手この手を使う店が多い。客引きに懸命になったジャズ喫茶は、「商品」およびサービス拡大の作戦において、〈スーパー〉に似ている。

一九八〇年代――「博物館」(Museum)

一九八〇年代では、メディアにおけるふたつの大きな変革が目立った(一)ウォークマンの普及と(二)CDの発明。前者のおかげで個人がいつでもどこでも大音量でかなり良質の音で音楽を聴くことが可能となり、後者は一九八二年の市場進出からたった五年間でレコードを圧倒してしまった。しかし、そのうちに、小さなプラスチック・ケースに入る、いかにも大量生産の匂いのするCDに不満を感じる客も現れ、「本物のジャズ」として古いLPレコードと大きなしゃれたジャケットを、大切に保存してきた本格的なジャズ喫茶に対する見直しが、一九八〇年代末から表面化する。この類の若い客にとって、ジャズ喫茶というのは過去を大切に保存する〈博物館〉のような存在である、と。(6)

時代や店や各自の客の欲望などによって、ジャズ喫茶の「イメージ」や「意味」や「役割」などが変わることはいうまでもない。したがって、以上のデルシュミットのまとめ方は多少図式的すぎるだろう。実際にジャズ喫茶の変遷は、十年間という区切りにきれいに収まるものではないし、現に同時代においてさまざまなタイプのジャズ喫茶が共存していた。とはいえ、この論はなかなか刺激的で、しかも大まかな流れを上手く押さえているのではないだろうか。

確かに、一九五〇年代に〈学校〉の役割を果たしたジャズ喫茶は少なくなかった。その好例として有楽町の〈コンボ〉が挙げられる。〈コンボ〉には、当時ビバップを目指していた秋吉敏子、守安祥太郎、渡辺貞夫など若手ミュージシャンたちが集まったが、彼らはジャズをじっと「鑑賞」するというより、もっと積極的に「勉強」するために通っていたようである。〈コンボ〉でかかっているレコードについて議論したり、ソロを聴きながら採譜したりするような風景は、当店ではめずらしくなかった[7]。ところが、ビバップ中心のモダンジャズをかける〈コンボ〉のような店もあれば、一九五〇年代初期に五木寛之が通っていたディキシーランド専門のジャズ喫茶もあったことを忘れてはいけない。

一九六〇年代に入ると、ジャズの拠点が銀座から新宿に移り、モダンジャズをかけるジャズ喫茶が急増したが、そのなかでボーカルや聴きやすいピアノ・トリオを中心にかける店もあれば、ばりばりのフリージャズをもっぱらかける店もあった。しかし、一九六〇年代においても、ジャズ喫茶の最も基本的な存在理由は、いまだに高価だったレコードを紹介したり聴かせたりすることだったといえよう。

輸入されるレコードの数は少なく、値段も月収の一割を越えるほどの額だった時代に、ジャズ喫茶のメディアとしての意味は、現在に比べてはるかに大きかった。(8)

一九五〇年代半ばまでの「戦後初期」とその後の激動期との決定的な違いは、激動期の大学生の間で、モダンジャズ(コルトレーンやドルフィーなどを含めて)に対する最低限の知識が一種の必須科目となり、ジャズ喫茶がその主な教室だったことである。油井正一は、一九六一年に当時のジャズ喫茶を次のように記述している——「モダン・ジャズを理解することは、もはや近代青年の教養のひとつになった観があります。(9)」

つまり、一九六〇年前後から七〇年代初期にかけて、ジャズ喫茶は〈学校〉として機能し続けた、ともいえるわけである。しかし、八〇年代——少なくとも九〇年代——以降のジャズ喫茶は、まさに博物館と化していったようである。それを証明するかのように、吉祥寺の〈メグ〉の入り口のドアは、店名の下に"Jazz Museum"ときれいに刻んであるではないか。(だが、このドアは二〇〇五年四月にオークションに出されることになったそうで、店全体がジャズ喫茶からライブハウスに変身するという。(10))

《フーテンの溜まり場――文化の拠点》

一九六〇年代の(とくに新宿の)ジャズ喫茶のうちに、いわゆる「フーテン」の溜まり場として利用されていた店も数軒あったと伝えられる。睡眠薬などで「ラリッている」客もよく見かけられたそうである。ジャズ喫茶が〈学校〉であったなら、彼らは立派な落第生だったろう。(しかし、なかには「栄誉ある落第生」が含まれていたことを付け加えなければならない。)

フーテンと一応対照的に見えたのは、文化人やインテリに憧れる若者たちだったが、中上健次のように両方のグループに所属する人もいた。インテリ志向の客たちにとって、ジャズ喫茶とは音楽を聴くためだけでなく、自分の文化人としてのアイデンティティを確認、あるいは確立するための場所でもあった。言い換えれば、当時のジャズ喫茶はこの類の若者にとって、ピエール・ブルデューのいう「文化資本」を提供する場であった。すなわち、ジャズ喫茶に通うことによって、何らかの文化的価値が付与されるというわけである。実際に一九六〇年代にジャズ喫茶に通っていた文化人(あるいは文化人の卵)の名簿を作れば、きりがないほど長くなるだろう。その意味で当時のジャズ喫茶は、まさしく〈文化の拠点〉だった。

しかし、以上の文化資本論は多少シニカルすぎる言い方かもしれない。評論家の小野好恵はもう少し肯定的な捉え方をした。

それほど音楽に思い入れがなくても、ジャズ喫茶はアナーキーな雰囲気を大事にしていたから、様々な自由人を許容していた。無名時代のビートたけしや中上健次も新宿のジャズ喫茶の常連で、よく顔を見かけたことがある。おそらく、六〇年代中期から後期にかけての新宿のジャズ喫茶群は、音楽を聴かせる以上に、クリエイティヴなパワーの温床地だったのだと思う(11)。

小野のこの記述は、〈自由〉や〈アナーキー〉を肯定的に連想しながら、新宿のジャズ喫茶はさらに「クリエイティヴなパワー」を客に与える、と見なすところが興味深い。この〈自由〉や〈アナーキー〉は、既述した〈規律〉と〈厳粛〉とはどのような関係にあったのだろうか。じっと岩のように、不動の姿勢でジャズを聴いていた客たちは、その空間から本当に「クリエイティヴなパワー」を吸収していたのだろうか。これらの問題について検討する必要があるので、文化の拠点としてのみならず、ジャズ喫茶のさまざまな側面を取り上げるなかで念頭に置いておきたい。

《闘争と犯罪の場》

一九六〇年代から七〇年代初期のジャズ喫茶のもうひとつ大切な側面は、安保闘争や学生運動などに参加する若者たちの集まる場としてである。当然、そのなかに上述した文化人や「フーテン族」も混じっていた。たとえば、詩人の清水昶は、「デモの後はジャズ喫茶に入る」ことがよくあったと証言し、またデモの最中にジャズ喫茶に逃げ込んだ、という話もよく耳にする。神保町の〈響〉という名門ジャズ喫茶（一九九三年閉店）の店主大木俊之助は、学生の客について「デモに行く前にうちで彼らの学生証を預かっていたことがある」と証言している。いまだに現存する四谷の〈いーぐる〉の店主兼評論家である後藤雅洋は、当時激しく対立していた革マルと中核派に所属していた学生が両方とも、〈いーぐる〉に来ていたことを、店内のトイレの落書きから知った、と語る。後藤氏は、はじめはハラハラしていたが、結局店内でのトラブルはなかったという。(12)

要するに、六〇年代から七〇年代初期までのジャズ喫茶は〈文化の拠点〉というイメージもあれば、「過激派」の若者たちがたむろするところというイメージもあった。いくら〈文化の拠点〉といっても、ジャズ喫茶に入ったことのない一般人からみると、多少危なそうなところである、と感じるのは無理もなかっただろう。たとえば、一九六〇年代の朝日新聞の見出しだけを眺めれば、次のようなジャズ喫茶関係の記事が目に入る。

「ジャズ喫茶でだます　女学生から時計など一〇万円」（一九六二年三月一一日付）

「下の店員が深夜に強盗　新宿のジャズ喫茶」(一九六七年七月四日付)

そして、一九六八年にいわゆる「連続射殺魔」として逮捕された永山則夫が新宿の〈ビレッジ・バンガード〉というジャズ喫茶で一時アルバイトをしていたことも報道され、外部の者の目から見ると、ジャズ喫茶が敬遠すべきところだという先入観が一層強くなっただろう。(次章で、足立正生監督の永山をめぐる『略称・連続射殺魔』という〈風景映画〉を取り上げる。) さらに、大江健三郎のタブーを破った「セブンティーン」という小説では、天皇の暗殺を狙う青年がジャズ喫茶に入る場面がある。(13) ともかく、当時の日本では左翼やアナーキストだけでなく、麻薬中毒者や殺人者などまでがジャズ喫茶にたむろしている、という印象を受けた人もいた。

以上論じたように、一九六〇年代から七〇年代半ばまでのジャズ喫茶はさまざまな客層があり、個々の客にとって、ジャズ喫茶の「意味」もかなり異なったにちがいない。にもかかわらず、デルシュミットが主張するとおり、一九六〇年代にはジャズ喫茶は「寺」(Temple)の性質が目立つ。そして、当時の硬派のジャズ喫茶というのは、儀式とフェティッシュの場でもあった。

聴き方の儀式

例外を除けば、ジャズ喫茶はライブ演奏ではなく、レコードを命としている。[14] 厳しくいえば、普通のジャズ喫茶には、ライブ演奏という一回性の認識から生じる興奮と緊張感がなく、聴衆とミュージシャンとの相互的コミュニケーションもない。もちろん、同じレコードを何度聴いても、聴くたびに新たな発見をする、という意味ではレコード聴取体験にも〈一回性の論理〉を見出すことはできる。また、レコードを聴いて感動するとき、それは録音されたミュージシャンたちの〈コミュニケーションの力〉によるものだ、という見方もある。しかしながら、レコード聴取と生演奏を聴くときの共通点はあるとしても、質的な違いは無視できない。

ジャズ喫茶は、〈レコード〉という無限に再生可能な〈物〉を中心とする空間であり、同じ場所で定期的に同じ演奏を(リクエストすれば)何度も聴けるという意味で、まさに〈儀式〉の論理を実現する場でもあるといえよう。ここでいう〈儀式〉とは、すなわち、ある集団がある場で、共同体験の反復によって、時空的制限を超越し、〈過去〉(ジャズ史)や〈死者〉(死んだジャズ・ミュージシャン)や〈神〉(マイルスやコルトレーンなど、最も英雄視されているジャズメン)との連帯感を味わうことを意味するのである。

また、ジャズ喫茶でのレコードの聴き方自体が儀式化されていることにも注目すべきだろう。リズムに合わせて足を踏むのも、指を鳴らすのも、体を気持ちよく揺さぶることさえ店主や周りの客に白い目で見られ、暗黙の了解で抑制されていた。当時の(とりわけハードコアな)ジャズ喫茶での「正しい聴き方」は、体をじっとさせ、腕組みして、目をつぶり、首をたらすことであったらしい。音を立てずにじっと「勉強する」および「鑑賞する」ように強いられているこの姿勢は、第三章で触れたようなジャズ本来のライブ演奏における奏者と聴衆との活発な相互関係を思えば、異様な風景として映る。強いていえば、この「正しい聴き方」という発想こそ、ジャズの「真髄」と唱えられてきた〈自由〉に背を向け、それこそ「反ジャズ」の精神を表しているのではないか——内心そのように抗議したいと思ったジャズ喫茶愛好家は、私だけではないにちがいない。

以上のようなジャズ喫茶での風景を考えると、渡辺裕が記述する現代のクラシック音楽のコンサートを連想せずにいられない。

なぜ演奏中にポップコーンを食べたりしてはいけないのか？　ピアニストの妙技に魅せられて思わず歓声を送ったりしては、なぜいけないのか？　それどころか、演奏会の聴衆はたとえ風邪をひいていても咳払いひとつできないし、曲について知りたいと思ってプログラムをぱらぱらめくっても、その音がうるさいと隣の人から文句を言われかねないのである(かくいう筆者も数年前、隣にすわっていた若い学生風の客に叱られてしまったことがある)。しかしなぜそうなのか？　その根拠は少しも明らかではない。(15)

とにかくジャズ喫茶では――少なくともある種のハードコアなジャズ喫茶では――極端に厳粛かつ統一化された聴き方が六〇年代から徐々に支配的となっていったようである。

いうまでもなく、ジャズ喫茶の貢献および聴取体験の長所も少なくない。まず、既述したとおり、六〇―七〇年代初期の日本では、ジャズ喫茶という場は、ジャズを聴く主な媒体であった。したがって、多くの若者がジャズに初めて出会ったのはジャズ喫茶だったし、その客のなかに、後にプロのジャズ・ミュージシャンになる者がいた例もけっして少なくない。だから、ジャズ喫茶は「レコード中心の場」とはいえ、日本のライブ中心のジャズ界にも大きな貢献をしてきたことも見逃せない。

しかし、ミュージシャンとは別に、ジャズレコードを〈勉強〉および〈鑑賞〉するために通う、という「普通の客」にとって、当時の硬派のジャズ喫茶は、最適の環境のように思えたのだろう。暗い部屋の中で、周りの客に邪魔されることなく、最高級のオーディオシステムから流れる〈音の世界〉に集中することができる。しかも、ジャズのレコードを熟知している店主(マスター)は、新盤や名盤だけでなく、珍盤も聴かせてくれるから、ジャズに対する知識(少なくとも「ジャズ雑学」)は一段と深まるにちがいない。(私自身も、ジャズ喫茶のおかげで多くの、きわめてマイナーながら卓越したユニークなミュージシャンたちの存在を知るようになり、いまだにそのような体験を楽しみに、ジャズ喫茶に入るのである。)

ジャズ喫茶での「儀式化された聴き方」を理解するのに、以上のような長所も考慮する必要がある。

思えば、〈儀式〉というものは、規律および規制による束縛感がつきものだが、その束縛から新たな〈意味〉を見出すこともあり、その儀式が社会的な機能をはたしていることも当然考える必要がある。たとえば、〈儀式〉を通して新たなアイデンティティを「身につけてみる」手段として機能することもあるではないか。(六〇—七〇年代に地方から上京したばかりの大学生が「都会的な文化感覚」を身につけるのに、ジャズ喫茶の客を手本にしたケースは少なくなかっただろう。)さらに、もっと広い世界とのつながりを確認したいとき、ジャズ喫茶では共通の趣味を持つ他の客との連帯感を味わうことができるだけでなく、はるか遠くのジャズ・ミュージシャンの一ファンとして、広い意味での〈ジャズ界〉のなかに自分の位置を確保する、という機能もあるだろう。

しかし、このような共通体験は、はたして〈共同体意識〉(sense of community)と呼べるものに及んでいるのだろうか。つまり、一人でジャズ喫茶に入り、狭くて暗い店内で他人に囲まれ、客全員がほぼ同じポーズで一緒に(あるいは別々に?)レコードを聴き、一言もことばを交わさないで、別々に帰る。このような沈黙の共通体験によって、何らかの共同体意識が生まれたという可能性は認めても、それは濃厚な人間関係を形成するような共同体とは言い難いだろう。

やはり、ジャズ喫茶での音楽の発生源は、目の前で演奏している、生きた人間ではなく、事前に録音済みのレコードとオーディオシステムという機械的な媒体である以上、ジャズ喫茶の儀式化された聴き方から生まれるさまざまな〈意味〉は見出せるとしても、そして客ひとりひとりの想像のなかで一種の〈共同体意識〉が生まれても、その共同体には相当限界があるのではないだろうか。音楽を聴きながら反応を示したり、周りの客と感想を交し合ったりすることが許容されるような店の場合は別だろうが、代表的な硬派のジャズ喫茶に関しては、これらの疑問は容易に解消できないように思う。

〈物〉となった音楽――フェティッシュの眼

外から見ると、ジャズ喫茶の「儀式化された聴き方」と並んで目を引くのは、フェティシズムの側面である。かつて私が集めたマッチ箱も「ジャズ喫茶フェティシズム」の一例であり、インターネットを検索してみたら、いまだにジャズ喫茶のマッチ箱を大事にしている人が少なくないことが確認できる。(16) だが、もっと一般的なフェティシズムの対象は、いわずと知れたレコードとレコードジャケットである。上述したとおり、ジャズ喫茶の第一の前提条件は膨大なレコードコレクションである。だが、レコードというものは、扱い方によって、単に〈音楽〉を聴くための媒体ではなくなる。すなわち、レコードという〈物〉自体と付随するジャケットが、ジャズ喫茶の世界で、客や店主の執拗な欲望の対象となり、まさに「フェティッシュ」と化してしまう。

《レコードvsCD考》

ジャズ喫茶における「〈物〉となった音楽」という問題を考えるとき、まず浮かび上がるのは、レコードだろう。ここでは、レコードの物体性(materiality)を考察するためにCDと対照したいが、通常のレコード対CD論と違って、音質の違いに注目せずに、触覚や視覚など、それ以外の側面に焦点を当てたい。

もしジャケットも見せられず、音も聴かされなければ、レコードを一枚一枚判別するには、ラベルを見るほかない。極言すれば、レコードをジャケットから出し、ラベルを外してしまえば、視覚的特徴がほとんど残らないということになる。だが、それでもCDと違って、レコードの場合には、一枚一枚の視覚的だけでなく触感的な特徴が、ある程度確認できよう。すなわちレコードの場合、目と指で把握できる〈溝〉がある、ということである。しかも、曲の境界線をなしている太い溝の間隔に注意すると、その間隔がパターンをなし、そのパターンは同レコードの特徴となることに気づくだろう。録音技術の制限の厳しい時代に作られたビバップのレコードの場合、片面に七、八曲も詰めたのに、技術の発展と共に出現したフリージャズの長時間即興演奏や、キース・ジャレットのソロ・コンサートなどの場合、一枚に「一曲」しかおさまらず(あるいはレコード二枚を要する場合もある)、したがって上述したような曲の太い境界線がないわけである。

もちろん、普通の聴き手がレコードを選ぶときに、溝など意識しないだろうが、それでも可能性として触感のみで一枚一枚のレコードが違うことだけでも判別できるという意味で、レコードはCDとは決定的に異なるといえる。CDの場合、目を閉じたら、どんなに触覚が敏感な人でも、点字などがついていない限り、たとえばチャーリー・パーカーの初期のレコードとキース・ジャレットのソロ・コンサートのレコードでさえも判別できない。

確かにレコードはCDと同様に、音楽を収容する大量生産の工程によって出来上がった円盤にすぎない。だがここで強調したいのは、同じ音楽を聴くための円盤とはいえ、レコードのほうがCDより触感的な具体性および多様性を誇っているということである。その結果、レコードの方がフェティッシュの対象にもなりやすいといえるのではないだろうか。あるいは逆にいえば、CDのほうが大量生産の「匂い」がするからこそ、消費者に大事にされなくて、少なくともジャズ喫茶の世界では、フェティッシュとして扱われることはほとんどないようである。

また、レコードとCDを比較する場合、視覚的な違いも大切だろう。まずレコードの方が大きく、しかも真っ黒だから、その分、存在感があるといえよう。(むかしの赤色の78RPM盤は、違う存在感があるが、ここではLPに注目したい。)好きなレコードを繰り返し繰り返しかけると、真っ黒い円盤が徐々に「白く」なり、この変化もレコードの物体性を強調することになっている。

さらにレコードは、聴き手の積極的な参加を、CDより強要するといえる。たとえば、CDの場合、最初から最後まで通して聴きたかったら、一度ボタンを押せば済むのだが、レコードの場合、針を曲の始めのところに丁寧に落としたりするほかにも、片面が終わってから立ち上がってレコードをひっくり返すことが必要である。また、もし曲順を変えたかったら、CDでは一回の設定で済むのに、レコードの場合はターンテーブルにつき添ってタイミングを見計らいながら、選んだ曲の始めの溝に合わせて、針を正確に落とさなければならない。だからレコードの方が面倒といえば面倒だが、聴き手としてそのプロセスに参加を必要とされているからこそ、いささかの自己確認および満足感を得る人もいるにちがいない。

もちろんレコードとCDを比較するときに見逃せないのは、レコードのほうがそれぞれの時代において相対的に高価なものであったことである。たとえば、ジャズ喫茶全盛時代の当時、レコード(とくに輸入盤)は、普通の消費者の生活水準から考えると、一九八〇年代以降の平均収入に対するCDの価格より、はるかに高かったのである。稀少なものこそフェティッシュの対象に適しているではないか。その上、CD用のウォークマンができてから、レコードと違って、CDは特定の場所で聴く必要もなくなり、したがってCDを聴くという体験自体は、レコードを聴くときほど儀式化されなくなったといえる。儀式めいたことは、必ずしもフェティッシュにはつながらないとしても、共通する側面が多く、稀少価値を考えても、やはりレコードの方がフェティッシュの対象になりがちだということに納得できよう。

最後に、レコードとCDの大きな違いは、その円盤が入っている容れ物である。存在感の面において、CDの小さなプラスチックケースは、大きなレコードジャケットには到底及ばないだろう。レコードのジャケットこそジャズ喫茶での最高のフェティッシュの対象であると思われるので、以下くわしく考察したい。

《レコードジャケット考》

ポピュラー音楽研究者ジョン・コーベットによると、視覚的特徴を強調するレコードジャケットは、音を中心とするレコード盤自体の視覚的欠如(visual lack)を補完する役割がある。つまり、ジャケットがこの音的・視覚的落差を埋めるからこそ、有意義であり、重視されがちである、と。(17) なるほど、典型的なジャズ喫茶でのレコードとオーディオシステムの配置を考えれば、確かにレコードは(少なくともCDに比べ)物体性を誇るとはいえ、客はジャズ喫茶所有のレコード盤を手に取れないし、かかっているレコードが客席から見えない場合も多い。見えるのは、巨大なスピーカー、そしてレコードジャケットである。その意味では、ジャケットは確かにレコード盤の視覚的欠如を補う役割を果たしているといえる。

しかし、こういった機能主義的説明だけでは、ジャズ喫茶でのレコードジャケットに対するフェティシズムは説明しきれない。ジャズ喫茶特有の空間的制限から生じる状況も大いに関係しているし、一枚一枚のジャケットによって、客の思い入れも異なる。代表的なジャケットについては後で考察するが、まずジャケットをジャズ喫茶という環境の中で検討したい。

はじめに、着眼すべきは、コーベットが想定している状況——つまり、個人がレコードを所有した場合——とジャズ喫茶での状況との最も根本的な相違点は、ジャズ喫茶のレコードは店(店主)の〈物〉であり、客のものではないということである。その意味では、ジャズ喫茶の客一人一人が、美術館の来館者と似たような立場におかれているといえる。すなわち、音楽は〈鑑賞する物〉として展示されており、ジャズ喫茶のレコードは美術館に展示される貴重な絵画と同様に、鑑賞する側は手を触れてはいけない。その代わり、ジャズ喫茶では客がジャケットを手に取ることは許されるので、レコードの〈音〉に対する客の欲望が、ジャケットの方に移るように誘導される、という構造が見受けられる。そう考えると、かかっているレコードのジャケット専用の〈スタンド〉が用意されていることは注目に値する。

遅くとも、六〇年代からこのようなスタンドは、日本全国のジャズ喫茶共通の習慣だったといえる。もちろん、この習慣は「真面目な」客に対して貴重な情報を与える役割（サービス）としての目的が大きい——演奏されている曲名、ミュージシャンたちの名前、録音年月などは、真面目なジャズファンにとっての最低限の知識である。だが、ジャケットをスタンドに置く理由は、情報提供のためばかりではないだろう。同時にフェティッシュの対象として、ジャケットをスタンドに大事に据えて「飾る」という側面も見逃せない。

思えば、レコードのジャケットというものは、単なる写真や絵などが複製されている、折たたみ式ボール紙にすぎない。だが、それでもＣＤのプラスチックケースに折りたたまれて挿入されている一枚の薄っぺらの紙に比べて、やはり大事なものとして映ることは不思議でない。その理由はいろいろある。もちろん、現在ではレコードがめずらしくなっており、一種のアンティークと見なされるようになってきた。これはデルシュミットの「八〇年代博物館説」に準じる見解といえる。しかし、それとは別に、ＣＤ以前の六〇年代・七〇年代のジャズ喫茶においても、レコードジャケットに接するときの客の態度は、お寺の大事なお経、あるいは教会の聖書などを扱う際に等しい敬虔なものであったように思える。対照的に、一九八〇年代以降、客がCDのケースを同じく敬虔な気持ちで扱う風景はめったに見られないだろう。店主やアルバイトの店員のレコードとCDの扱い方も著しく違うようである。

レコードジャケットは小さなCDケースと違って、ジャズ喫茶の客席からよく見えるので、「情報提供」としての利点もあることは既述のとおり。しかし、ジャケットの存在理由は、レコードを収めるため、あるいは音楽やミュージシャンに関する情報を消費者に提供するためばかりではない。当然、宣伝効果の狙いも大きい。むしろ、消費者の目を引いて買うように誘導することが、ジャケットのもっとも大事な目的だといえる。ただし、一九六〇年代の日本の場合、多くのジャズファンは購入できるレコードの数がごく限られていたので、ジャズ喫茶の客は、違う形でレコードとジャケットを「消費」することになったといえる。自分で購入せず、ジャズ喫茶で聴きたいレコードをリクエストしてかけてもらったり、ジャケットを読んだり鑑賞したりする、ということである。

この「消費パターン」は、当時のアメリカのジャズファンのレコードとの関係とは決定的に違う。アメリカの場合、ジャズファンのレコード消費は、ジャズ専用のラジオ放送局やそのほかのラジオ番組で聴くこと、あるいは個人でレコードを購入することが主だったからである。(六〇年代までは黒人のクラブを中心に、まだジャズレコードをかけるジュークボックスが残っていたことを付け加えなければならないが、その相対的な比重は三〇―五〇年代までの時代とは比べものにならなかった。）

ラジオでレコードを聴いた場合、音はジャケットのイメージとは切り離されている。つまり、聴き手はラジオでかかるレコードのジャケットを一度も見たことがない場合には、商品としてのレコードのイメージはほとんど音のみによるものとなるだろう。

たしかに、一九五〇年代から六〇年代前半までのアメリカ産のジャズレコードのジャケット表紙写真は、実に印象的なものが多く、ジャズ喫茶の客の執拗な欲望のまなざしの対象となった気持ちは理解しやすい。とくに、ハードバップ時代のブルーノート・レーベルのなかに、美術作品並みの不思議な魅力をもっている表紙写真が多い。ほかにもマイルスやロリンズのプレスティッジ盤やチェット・ベーカーやジェリー・マリガンなどいわゆる「西海岸クール派」のコンテンポラリー盤やコルトレーンの『至上の愛』（第四章、**図2**参照）を含むインパルス盤など、それぞれのレコード会社の表紙写真は独特のスタイルを誇り、当時の日本の熱烈なジャズファンにとって、まさにフェティシズムの対象だった。このようなレコードジャケットの表紙写真が拡大され、ポスターに使われることも多く、そしてこれらのポスターが日本全国のジャズ喫茶の壁を飾り、ジャズ喫茶の内装には不可欠な装飾品となっていった(18)。

さて、ジャズレコードのジャケットを飾る写真を大まかに分類してみよう。最も人気のある表紙写真に、トランペットを片手で鷲づかみし、鼻からサングラスが少し滑り落ちたまま、いかにもクールな態度でこちらを睨むマイルスの『ラウンド・アバウト・ミッドナイト』(コロンビア、一九五六年)と、題名にふさわしい青味がかった現像法で強調されているコルトレーンのきわめて真面目な表情が映える『ブルー・トレイン』(ブルーノート、一九五七年)(第四章、**図3**参照)がある。日本全国のモダンジャズ喫茶における、まさに〈神々の肖像〉の代表格といえよう。

このようなジャズメンの肖像を飾るジャケットのほかに、一九五〇年代にアメリカの宣伝界で流行っていた「美女動員作戦」とでも呼べる手法を用いた名盤レコードのデザインも少なくない。すなわち、ミュージシャンの顔写真や演奏姿を写す代わりに、美女(あるいは彼女の身体の一部)がレコードの題名・テーマを体現することを狙う宣伝作戦である。ただし、この場合、日本人ファンにとって英語の俗語を多用するジャズレコードの題名と表紙写真との意味的関連は必ずしも一目瞭然ではないように思える。いや、むしろその題名と写真(つまり〈言語〉と〈イメージ〉)の意味的関連が不明だからこそ、このようなレコードジャケットが日本でフェティッシュの対象になりやすかったかもしれない。

この類のレコードジャケットでは、日本で最も代表的かつ有名なものは、間違いなくソニー・クラークの『クール・ストラッティン』(ブルーノート、一九五八年)である。俗に「あの足のレコード」と呼ばれたものである(図5)。この時代に、日本のジャズファンの間でソニー・クラークの名前を知らないものはほとんどいなかったといっても過言ではないし、『クール・ストラッティン』の表紙のおかげでジャズファン以外にも「ソニー・クラーク」の知名度は日本で相当高かったようである。ところが、皮肉なことに、当時(そして現在にいたるまで)のいわゆる「本場」のアメリカでは、黒人ファンにせよ白人などのファンにせよ、よっぽどのジャズ狂でないかぎり「ソニー・クラーク」[19]という名はだれも知らない、と断言できる。この日米の状況の違いは、単なる「音楽嗜好の相違」だけで説明しきれない。やはり、日本の場合、レコードを中心とするジャズ喫茶文化では、ソニー・クラークのあの一枚のジャケット写真のおかげで、彼の知名度がぐんと上がったことも大いに関係しているはずである。

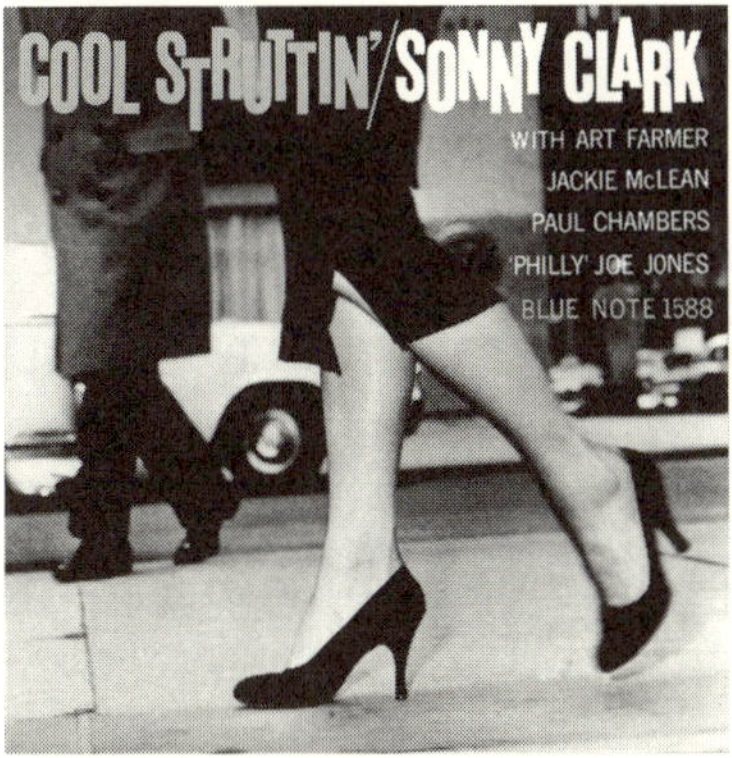

図5 ソニー・クラーク『クール・ストラッティン』

『クール・ストラッティン』の表紙写真をもう少し細かく見ていこう。まず、ここで中心となるイメージは、歩いている女性の足である。そして、その歩いている足はまさに『クール・ストラッティン』という、やや俗っぽい言い回しの意味を体現していることに着眼する必要がある。ただし、"Cool Struttin'"という表現にぴったりした簡潔な日本語の訳語はないようなので、この(日本での)名盤の題名の意味と、表紙のイメージとの関係のニュアンスまでわかる日本人ファンは少なかったのではないか。"Cool Struttin'"という英語の表現は、当時のアメリカでも日常的な慣用句ではなかったように思える。実際に、この表現に描かれるイメージというのは、ゆったりとリズミカルに、ややもったいぶった歩き方であり、なるほど"cool"に"strut"している、と納得できる。

また、女性の足だけが写っていることがこの表紙のアピールに大きく貢献している。つまり、彼女の顔が写っていないということは、彼女が不特定の人物となり、個々の(男性)観客の想像(ファンタジー)に委ねられるだろう。この女性のアイデンティティが不特定ゆえに、大量生産によるイメージでありながら、観客(聴衆ではなく)一人一人が、自らの想像力で彼女の姿を「完成する」ことが任されるのである。

しかし、『クール・ストラッティン』の表紙写真を考えるときに見逃せないのは、(一)対象となる観客は間違いなく男性であることと、(二)ソニー・クラークは黒人なのに、表紙に写っている女性が不特定とはいえ白人である、ということである。

上述したようなジャズレコードの「名ジャケット写真」というのは、二つのカテゴリーに分類できる。ひとつは「ジャズの神々」の肖像（ジョン・コルトレーンの『至上の愛』は好例だろう）、もうひとつは『クール・ストラッティン』にみられる性的なアピールをもつタイプである。後者の場合、例外を除けば、まなざしの対象となるものは白人女性であり、見る方は（人種に関係なく）男性である。だが、当時のアメリカでは、ジャケット写真においても黒人の男性が白人女性を見る、という設定自体が人種モラルに反するタブーであった。したがって、ソニー・クラークのレコードジャケットに白人女性が写るなら、ソニー・クラークは一緒に写ってはいけないということになる。ところが、白人男性の奏者なら許されたようである。

つまり、白人の女性が黒人男性の欲望の対象とされるのはタブーだった。逆の縮図——白人奏者のレコードジャケットを黒人の女性のイメージで飾るパターン——これもタブーだった。人種混合のエロティック・ファンタジーは実際にアメリカ社会で流通していても、公認できない風潮があった。しかも、黒人男性のレコードジャケットを、黒人女性の写真で飾る例も五〇年代当時にはごくまれだった。これはまた、レコードの想定消費者のなかに白人男性が多く含まれたからではないだろうか。やはり、これも間接的でありながら、禁じられている人種混合のモラルに当たるからだろう。要するに、当時のジャズレコードのジャケットデザインに、その時代のアメリカ社会の性的・人種的制約が明瞭に反映されている。

以上の事情を背景にすれば、マイルス・デイヴィスの“Someday My Prince Will Come”(コロンビア、一九六一年)のジャケットが話題を呼んだのはわかりやすい。このジャケットはジャズレコードのジャケット写真史のなかで画期的なものだった(図6)。当時のマイルス夫人だったフランシスという色の白い黒人美人が大きく写り、こちら(つまりジャケットを見る人の目)を落ち着きはらって眺めている。自伝ではマイルスがそのいきさつに触れている。

「サムデイ・マイ・プリンス・ウィル・カム」で初めて、ジャケットに黒人の女性を使うようコロンビアに要求した。それで、フランシスがあのレコードのジャケットに登場したってわけだ。オレのレコードだったたし、オレはフランシスの〝プリンス〟でもあったから当然だろ? それに〈プフランシング〉という曲は、彼女のために書いたんだからな。(Miles Davis with Quincy Troupe, *Miles: The Autobiography*, p. 252[Ch. 12])(邦訳『マイルス・デイビス自叙伝2』第13章、宝島社文庫、二〇〇〇年)

注目すべきことは、マイルスがここで何気なく、だが明快に、レコードの題名と表紙写真の意味的結びつき[20]に触れ、同時にそれまでのレコード会社による白人女性掲載方針を非難している点である。やはり、音楽においてもレコードの表紙においても、マイルスは〈変革〉をもたらす男であった。しかし、日本のジャズ喫茶でマイルスのレコードジャケットを何度も眺めた客のなかに、そのジャケットが写し返す歴史的苦難と社会的タブーを感じ取ったものはどのぐらいいたのだろうか。

以上のようなレコードジャケットをめぐる人種的および性的タブーは、実際にアメリカのジャズ界にとって、始めからつきまとっていた問題である。ニュー・オーリンズのクレオール・ミュージシャンの曖昧な人種的立場も、白人と黒人を両方含んだベニー・グッドマンなどのスウィングバンドも、黒人バンドをバックに歌う、白人と間違えられた黒人歌手たちに対する(主に南部の白人ファンによる)揶揄の声も、アメリカにおけるジャズ史を考える上で、避けて通れない課題である。

図 6　マイルス・デイヴィス『Someday My Prince Will Come』

ジャズ喫茶の現在

現在日本の残り少ない本格的なジャズ喫茶は、どうしても全盛期を過ぎてしまった印象を与える。生き残っているジャズ喫茶一軒一軒は、それぞれの店主と常連たちと一緒に年齢を重ねてきた。また、八〇年代以降新しいジャズ喫茶が出現するようなことはめったに見られない。頑張りつづけてきた「老舗」のジャズ喫茶でさえ、四苦八苦の経営状態である。(もともと大もうけしたジャズ喫茶はほとんどなかったろうが、店主たちは当時若かったし、日本の生活水準も現在よりはるかに低かったので、それで済んだ場合が多かったのだろう。)

いうまでもなく、今日のジャズ喫茶はもはや〈文化の拠点〉でも〈フーテンの溜まり場〉でもなくなっている。また、フリージャズの文化的存在も極度に薄れ、ジャズ喫茶でのミュージシャンと芸術家との交流も、まったく過去の風景となった。今日の日本では若いインテリや文化人にとって、ジャズを聴くこと自体は通過儀礼でもなんでもない。ジャズ喫茶の常連だった者にとって、今日のジャズ喫茶は主に懐かしい場所として認識され、〈過去〉を連想させる場のようである。そして、客層の変貌は、ジャズ喫茶の文化的位置づけをも物語っている。相変わらず男性客が多いのだが、学生や若い文化人および芸術家よりも、この頃のジャズ喫茶には中年のサラリーマン客の方が目立つだろう。

当然ながら、現在のジャズ喫茶に入る客の目的は、昔の常連だった若者と大きく異なる。レコードが買えないからジャズ喫茶に入るという理由は、約三十年前からほぼ消えただろう。客から見たらジャズ喫茶のひとつの魅力は、膨大なコレクションのなかから聴いたことのない、しかもすばらしいレコードを選び出してもらう、という「出合いの喜び」が挙げられよう。この点は、六〇年代のジャズ喫茶とそれほど変わらないだろう。だが一方、大都会に住んでいるジャズファンなら、ジャズ専門の「レコード屋」に入りさえすれば、全世界から届く新盤CDを無料で試聴できるから、〈新盤を聴かせる〉という重要な役割は、現在のジャズ喫茶には以前ほど期待されないだろう。また、グローバル化された現在の市場では、「輸入盤」自体はもはや稀少価値がなくなったといえる。

《オーディオ重視時代》

ジャズ喫茶が自慢するレコードコレクションの価値が減っていくのと逆に、ジャズ喫茶内のオーディオシステムがだんだん重視されるようになってきたようである。この「オーディオ重視」傾向は、戦前の〈音楽喫茶〉でも見られ、五〇年代末期のモダンジャズ喫茶でも見受けられるが、七〇年代後半からとくに加速しはじめたといえる。その時期、若いジャズファンが個人的なレコードコレクションを所有することが可能となり、またカセットテープの普及による簡単な録音が可能となったので、個人のコレクションが膨張するにつれ、ジャズ喫茶の経営が危うくなったわけである。ただし、若者は自分の部屋で好きなレコードやテープが揃っていても、個人的に裕福でない限り、良質なオーディオを通して大きな音で聴くことができない状況は以前とたいして変わらなかっただろう。したがって、この時代からジャズ喫茶にとって、店内のオーディオに関する詳しい広告宣伝がひとつの客引き作戦として成立し、以前より頻繁に使用されるようになった。

音楽雑誌でのジャズ喫茶広告を時代別に辿って見比べると、オーディオ装置に対する注目度の変遷が克明に見受けられる。たとえば、『スイングジャーナル』誌の一九六〇年の新年号には、十八軒のジャズ喫茶が広告を掲載しているが、そのうち店内のオーディオ機器に言及する広告は、三軒しかない——新宿の〈キヨ〉と〈木馬〉（広告では、両方の店名はローマ字になっている）、そして巣鴨の〈カド〉である。しかも〈キヨ〉と〈カド〉の広告では、「ステレオ」という一語の記述しかなく、〈木馬〉の場合、「HI FI 3 WAY」と宣伝されているだけである。つまり、オーディオシステムに言及しているとはいえ、当時の広告は最小限の記述に止まっているわけである。

その反面、同号のジャズ喫茶広告で目立つのは、「モダンジャズ」という表現の使用度だろう。十八軒の内、十三軒はわざわざ「モダン」を「ジャズ」の前に付け加えていることから、当時における「モダンジャズ」の新鮮度と商品価値が窺える。

また、これらの広告でさらに目を引くのは、ジャズ評論家による解説つきの「新輸入レコード・コンサート」である。有楽町の〈ママ〉では相倉久人、水道橋の〈Swing〉では油井正一、そして渋谷の〈デュエット〉ではいソノてルヲが、それぞれのレコード・コンサートの「解説者」を務めることが宣伝されている。「レコード・コンサート」という表現自体は矛盾を孕んでいるといえるが、とりわけこの表現は当時のライブ演奏に対する憧れを物語っている、と理解すべきだろう。同号の『スイングジャーナル』誌は、一九六一年一月のアート・ブレイキーとジャズ・メッセンジャーズの初来日コンサートのちょうど一年前に当たり、いわゆる「来日ジャズ・ラッシュ」以前のことでもあるので、当時の「レコード・コンサート」なるものはライブの疑似体験的な代行だったと理解できよう。また、「解説者」が登場すること自体は、当時のジャズ喫茶がデルシュミット論の〈学校〉としての側面をまだ脱皮していないことを物語っているだろう。

七〇年頃から、同じ雑誌のジャズ喫茶広告は、店内のオーディオシステムを誇る例が徐々に多くなるが、八〇年代以降だと、店内に設置されているスピーカーのウーファーはどうの、トゥイーターはこうの、ターンテーブルのカートリッジは何々を使用しているまで、きわめて詳しく宣伝する店が全体の過半数を占めるようになる。いうまでもなく、この傾向は日本経済の急激な成長ぶりと密接な関係にあるのだが、それだけでは説明しきれないだろう。やはり、ジャズ喫茶文化自体の変貌も大きな要因だと思われる。

ジャズ喫茶のオーディオ重視現象の例として、九人のジャズ喫茶店主とのインタビューを収録した村井康司著『ジャズ喫茶に花束を』が挙げられる。〈いーぐる〉の後藤雅洋とのインタビューで、店内のオーディオシステムについて、村井は次のように記している。

ちなみに現在の「いーぐる」のオーディオ・システムは、スピーカーがJBL4344マークⅡで、パワー・アンプはマーク・レヴィンソンの23・5L、プリアンプがアキュフェーズC280L、CDプレーヤーはデンオンDCD―S1というラインナップ(21)。

同書のなかでこのような記述はほかにも何度か出てくるが、オーディオ狂以外の読者にとって、まるで外国語同様だろう。ここまでオーディオシステムにこだわると、新たなジャズ喫茶フェティシズムの出現と見なせるのではないだろうか。もちろん、よいオーディオのおかげで音がより楽しめるということはあろうが、上述したようなジャズ喫茶についての出版物あるいはジャズ雑誌での店の広告が、これほど詳しくオーディオに焦点を当てるとなると、音楽よりもオーディオシステム自体が欲望の対象とされているように思えてならない。

私のような「音楽好きのオーディオ音痴」というジャズファンは、ほかにも少なからず存在するにちがいない。つまり、そこそこのオーディオシステムさえあれば、音楽が十分に楽しめるタイプである。しかもこのタイプのファンには、音楽を「まじめに聴く」人もかなり多いように思える。たとえば、大概のジャズ・ミュージシャンは〈音〉に対して敏感であるはずなのに、オーディオ機器にはそれほどこだわらないようである。とりわけ日本のジャズ・ミュージシャンでは、「オーディオ狂」と呼べる人は過半数には及ばないだろう。むしろ、ミュージシャンが音に対してうるさいのは、自分の楽器の音色や、ライブ演奏における音響などだろう。つまり多くのジャズ・ミュージシャンは、自分が現在発している〈生きた音〉に細かくこだわるのだが、レコードを聴くとき、オーディオ機器に対してそれほどこだわらないといえるのではないか。

七〇年代後半から徐々にオーディオシステム自体に重点がおかれるようになってきたジャズ喫茶の店主や客たちの場合、ミュージシャンたちと違って、〈音〉の対象とは現在自ら発している生の音ではなく、他人が過去において出してしまった録音済《ほぞん》みの音である、という相違点に着眼すべきだと思う。言い換えれば、その音は〈生〉で聴けないからこそ、なるべく〈生かせる〉オーディオシステムにこだわる、という発想である。したがって、ジャズ喫茶におけるオーディオフェティシズムとは、文字通り〈再生〉に対するこだわりに由来する、ということになる。もちろんジャズ喫茶がレコード中心の場である以上、よいオーディオ装置を求めることは、ごく自然な欲望だといえる。ただし、オーディオが音楽を聴くための媒体でなく、逆に音楽が主にオーディオを楽しむための媒体だと見なされるようになったら、本末転倒と見るべきではないだろうか。

最後に、ジャズ喫茶でのオーディオ重視という現象を考えるとき、あまり話題に上らないのは、女性客への影響である。というのは、女性のオーディオ狂はきわめて少ない。その理由はともかくとして、店内のオーディオ装置を自慢することによって、すでに「男の場」（現在ではもはや「オヤジの場」となっている）と思われがちなジャズ喫茶が、さらに女性客を敬遠させる結果になってしまうではないか。そのせいだけではないにせよ、八〇年代以降のジャズ喫茶は、全盛期に比べ若者のみならず、女性客も相対的に減ったようである。デルシュミットのジャズ喫茶論によると、八〇年代以降のジャズ喫茶は〈博物館〉同様であるが、まさにその通りかもしれない。ただし、保存されているのは、ジャズ喫茶という消えつつある空間、そして古いジャズレコードという貴重な〈物〉だけでなく、老いていく我々ジャズ喫茶常連客自身の〈過去〉でもある。

わが毒舌的ジャズ喫茶論

"Music is not a thing at all but an activity, something that people do."
「音楽は〈物〉ではなく、〈行動〉である、つまり人間がスルことである。」
（クリストファー・スモール[22]）

戦後日本のジャズ喫茶の〈意味〉および〈機能〉は、時代と共に変化を遂げ、また個々の店と客によって変わることをここまで論じながら、代表的なハードコアなジャズ喫茶に焦点を当ててきた。このような店の中でも多様な趣向は見られるが、とりわけ「全盛時代」とされる六〇—七〇年代前半を見渡すと、ふたつの相反する大きな側面が目につく。

ひとつは、小野好恵、そして次章で取り上げる倉橋由美子や中上健次や白石かずこなどが描いたジャズ喫茶像である。すなわち、アナーキーなエネルギーに満ち、大胆な人間による活発な文化交流を奨励し、そしてつねに最先端の表現形態を探る、という〈文化の拠点〉説である。このジャズ喫茶像の根底に、ジャズは切実な〈同時代の音楽〉であり、社会や政治の変化（たとえばアメリカの黒人公民権運動や日本の安保闘争など）にも密着しており、そして何よりも〈行動〉に結びつく、つまりジャズは生きた音楽でなければならない、という発想が流れている。ジャズを聴き、そのエネルギーを吸収し、デモに出かける学生、文学作品を生み出す若い作家や詩人、音大代わりにジャズをその場で必死に分析するミュージシャンたち——全員にとって、ジャズはすでに〈行動〉(action)に結びつき、ジャズ喫茶がその行動のためのインスピレーションとエネルギーを与えてくれる場と見なされる。

これは、いわば「六〇年代ジャズ喫茶英雄物語」とでも集約できるジャズ喫茶像であり、当時の多くの文化人が共有していた見方でもあるだろう。そして、ジャズ雑誌や通常のジャズ評論集などを除けば、同時代の日本のジャズ言説を築いたのも、同じ文化人たちだったからこそ、この「物語」が普及し、そして時代が去っていくにつれ、神話化されていったのである。

対照的に、大半の常連客にとって、ジャズ喫茶というのは、それほど大げさな場所ではなかったといえるのではないか。むしろ、個人では手に入れられない輸入盤のレコードを、最高級のオーディオシステムで(しかもアパートで許されない音量で)楽しみながら、社会の主流から多少外れた特殊な文化空間を味わうことこそ、ジャズ喫茶の魅力である、と感じた客が圧倒的に多かったのだろう。強いて言えば、この「普通の」ジャズ喫茶愛好家は、どちらかというと、文化を〈創る〉側に立つのではなく、〈消費する〉側に属するのである。そして、彼らのジャズに対する接し方も、例外を除けば、上述の文化人たちと異なり、消極的ともいえるだろう。

たとえば、猛烈なリズムの演奏が大音量でスピーカーから流れている場合でも、客は依然として不動の姿勢で耳を傾け、体内の感情を絶対に体の外面や顔の表情に表さない。これは、ある程度強制的な儀式化された聴き方といえども、やはり音楽に対する姿勢として〈行動的〉というよりも〈静的〉だといわなければならない。もちろん、だからといって、このような常連客は、かかっている音楽のパワーを感じ取っていないとは決していえないが、ジャズを自分の今後の〈行動〉に結びつけようと考えたがる上述の客層とは、聴き方が根本的に違うだろう。

結局、多くの当時のジャズ喫茶の客にとって、ジャズは静かに聴き入る〈鑑賞の対象物〉であったようである。あるいは、まだ鑑賞できるだけの素養がないと思っている場合には、そのためにジャズを一所懸命勉強するものだという姿勢が感じとれるだろう。言い換えれば、ジャズは「理解」しなければならないものだという発想を垣間見ることができる。したがって、ジャズ喫茶の〈学校〉としての役割が六〇―七〇年代前半までに、〈お寺〉的側面と重なりながら継続されることになったといえる。

さて、本項の冒頭に引用した音楽研究者であるクリストファー・スモールの音楽論を紹介しよう。冒頭の引用文でスモールは、「音楽は〈物〉ではなく〈行動〉である、つまり人間がスルことである」と主張している。したがって、大勢の前でベートーベンの協奏曲を演奏するオーケストラと、ひとりでＭＰ３プレイヤーでポップスを聴く少年・少女は、基本的に同類の行為に参加しているとスモールは論じ、これらを包括して"musicking"（「音楽する」）と呼ぶ。スモールのこの妙な造語に示唆される主張は、〈音楽〉は名詞ではなく動詞である、つまり〈物〉ではなく〈行動〉である、ということだろう。なるほど、これは欧米の近代化とともに現れた〈音楽家〉と〈聴衆〉との分離およびヒエラルキーを解消しようとする、一種の民主主義的思想（理想）であり、同時に〈音楽を聴く〉こと自体が立派な〈行動〉である、という認識改革を提唱する宣言でもある。

スモールのこの主張の利点は、六〇年代の硬派のジャズ喫茶で見られるような、眼をつぶり不動のままレコードに聴き入るという客でも、一種の「音楽行動」を行っていることを我々に意識させる点だといえる。拡大解釈すると、ジャズ喫茶でかかっているレコードの音楽を以前に吹き込んだミュージシャン自身と、それを静かに聴いている客とは、同じ「音楽する」という〈行動の連続体〉に位置付けられるべきだ、という主張が生じるだろう。

私はこの論の根底にある理想（いわば、ヒエラルキーの解体など）に共感しながら、スモールの「音楽行動論」をひねって逆用してみたい。すなわち、以上のようなジャズ喫茶での聴取姿勢は、いささかの〈行動〉をなしていると認めても、それは〈行動〉としてはかなり消極的な方に属しており、むしろ、それこそ〈音楽〉を主に〈行動〉ではなく〈物〉として捉えている傾向が強いのではないか、という問題を提起しながら反論したい。

もとより、ジャズ喫茶での音楽の源泉は、レコードとオーディオという〈物〉であることも過小評価してはいけないだろう。[23] 第一章で既述したとおり、レコードというマスメディアに触れずには、そもそもジャズの歴史自体が語れないほど、ジャズとレコードとは密接な関係にある。だが、他方では、ジャズの歴史は録音された演奏だけに還元することはできない。ジャズの聴取体験は、レコードなどだけによって形成されると、ジャズのきわめて大事な側面が十分に味わえない、と断言してもよいと思う。強いていえば、どんなにジャズ喫茶で長時間を過ごし、すばらしいオーディオシステムで幅広いスタイルのジャズレコードをたくさん聴いても（そして、どんなにＤＶＤなどで録画されたジャズ演奏を見ても)、やはり情熱的なライブ演奏を狭いジャズクラブで聴くこととは、文字通り「次元が違う」と思う。ジャズを〈知る〉ためには(あえて「理解する」という言い方を避けたい)、レコードのほかに多種多様なライブ演奏を聴き重ねなければ、ジャズの一面しか知ることができない、と私は主張したい。

ジャズクラブにはよく行くが、ジャズのレコードは二、三枚しか聴いたことがない――そのようなジャズファンは、ほとんど考えられないではないか。ところが、一種の「ジャズ喫茶オタク」や「ジャズ喫茶文化人」には、ライブ演奏はせいぜい二、三回しか聴いたことがないのに、ジャズの雑誌や評論集をよく読んだり、珍盤を熟知しているようなファンはめずらしくないだろう。もちろん、ライブ演奏の聴けない辺鄙な地方にずっと住んでいるファンは別だろうが、いくらその当時、貧乏学生だったとはいえ、せめて大学の「ジャズ研」などの初心者バンドの演奏などは無料で聴くことができたはずだ。それこそ、ジャズ喫茶で聴けるようなプロばかりでなく、アマチュアやセミプロ・ミュージシャンの演奏をたまに聴くことも、意外に「耳の育成」に役立つことがある。とにかく、六〇年代半ばから、「ジャズ喫茶でしかジャズを聴くことができなかった」という言い訳は、多くの当時のファンにとって成り立たないのではないか。

むしろ、問題は次のような考えではないだろうか――すなわち、「ジャズ喫茶でいろいろなレコードが聴けるので、生演奏を聴きに出かける必要はない」、あるいはもっと大きな要因として「つまらない生演奏より名演レコードを聴いたほうがマシだ」、という発想である。さらにいうなら、有名な(アメリカ人)ミュージシャンが来日したらコンサートに足を運ぶが、たとえば東京に住んでいても地元の(日本人)ミュージシャンが演奏するクラブにはまったく行く気がない、というような「ジャズ・スノッブ」も少なくなかったのだろうが、この態度は、ある種のジャズ喫茶が養成(そして要請)する独特な〈鑑賞学〉および〈美学〉の産物でもあると思う。

　というのは、ジャズ喫茶の鑑賞学には、より「よい」レコードを厳選し客に聴かせることによって、ジャズに対する「理解」を高めることに貢献する、という教訓的な自負が当時とくに強かったようである。それはそれで立派だが、地元の中堅ミュージシャンやアマチュアなどの生演奏にも耳を傾ける価値を、当時の多くのジャズ喫茶は推薦しなかっただけでなく、まったくその価値を認めようとしなかったのではないだろうか。一方、いわゆる「本場」のアメリカのジャズに徹底的に傾倒し、日本人のジャズ――あるいは極端な場合、アメリカ黒人以外のすべてのジャズ――を「本物」と見なさない姿勢もめずらしくなかったようである。いうまでもなく、この類の本質論主義的姿勢に対し、問題点はいくらでも挙げられるのだが、大きな矛盾をひとつだけ指摘するなら、〈本物〉をレコードという大量生産の〈物〉から見出そうとすることを挙げたい。(この問題について、第七章でさらに追求する。)

いうまでもなく、レコードに向かって声をかけても拍手しても、無駄である。しかし、通常のジャズ喫茶では、〈ミュージシャン〉と〈聴衆〉との相互コミュニケーションがそもそもないだけでなく、客自身は、一人で店に入り、他の客と喋らずに帰ってしまう場合がめずらしくなかったことは既述したとおり。言い換えれば、ミュージシャンとのコミュニケーションが欠如しているという問題は、レコード聴取の必然的条件として片づけられるかもしれないが、「会話一切禁止」のようなジャズ喫茶では客同士のコミュニケーションさえ抑制されてしまう。

では、互いに沈黙を宣誓するかのように、敬虔なジャズ喫茶常連客の間で、何らかの共同体意識がはたして生まれることはあったのだろうか。そして、もしあったとしたら、どのような意識だったのだろうか。本章ですでに多少触れた問題だが、ここでもう少し掘り下げて考えたい。もちろん、推測しかできないが、まず映画館と比較考察することがひとつの手がかりとなろう。

ジャズ喫茶の聴衆と同じく、映画館の観客は、すでに作り上げられた〈作品《パフォーマンス》〉を味わうことが前提条件であり、その味わいが主な「売り物」ともなっている。暗い空間のなかで他人に囲まれることも類似点のひとつといえよう。ただし、映画館の場合、多くの観客は他人に囲まれているとはいえ、二人組、または小さなグループ（家族や友人など）と一緒に座ることが普通だろう。また、視覚中心の世界である映画館では、観客の眼が常に画面に集中し、周りの観客の表情などが判別できないようになっており、連れ以外の存在をあまり意識に留めない構造となっている。

対照的に、音が中心となるジャズ喫茶では、眼をつぶったりしながら聴く客が多く、とにかく周りの客を露骨に見ることはマナー違反として敬遠される。つまり、ジャズ喫茶の場合、耳が主役となり、眼ではスピーカーという音源を見るか、レコードジャケットという音の代替物を見る場合が多い。

さらに注目すべき相違点がある。すなわち、音に対する自らの反応を抑制するジャズ喫茶客と違って、映画館では周りの観客の顔が見えなくても、暗い館内で一緒に笑ったり、すすり泣きしたりする他人の声が聞こえてくるではないか。したがって、映画館では周囲の他人との共同体験はかなり確かなものとして感じ取れる。だが、ジャズ喫茶では、ひとりひとりの聴衆が音楽に対する反応を自分の内面にしまい込み表現しないために、周りの客との連帯感があるとしても、それは主にひとりひとりの想像の次元に止まっている、といえるのではないだろうか。

もちろん、どの共同体も、ある意味では個々の想像力によって形成されているといえるが、この点に関しては、映画館とジャズ喫茶との違いにとくに注目すべきだと思う。なぜなら、この相違は、映画館とジャズ喫茶という場所、またはその中心となるメディアなどに由来するのではなく、むしろ、そこで築き上げられた文化に決定されているからである。要するに、慣習として要請されたり許容されたりしてきた、それぞれの観客や聴衆の〈ふさわしい振る舞い〉こそ、それらの場所での〈他人同士の共同体〉という可能性を大きく左右している、と言いたい。

再びローレンス・レヴィンのことばを借りれば、ある種の典型的なジャズ喫茶の客は、まるで〈飼いならされている〉ようにみえるのではないか。一人で自分のアパートなどでジャズを聴くときも、彼らは同じような「感情的便秘症状」に襲われるだろうか。周りに誰もいなくても、極端に聖なる沈黙と不動の姿勢をはたして厳守するのだろうか。

そこまで辛辣に書くと、すでに読者からの反論が聞こえてくるような気がする。「日本人には日本人なりの聴き方があって、てめえのような威張りたがるアメリカ人に何もいわれる必要がないゾ！」あるいは、もっと冷静な口調で論破を狙う方なら、「確かに、外から見ると、そのような聴き方は妙に映るかもしれないが、そのような聴き方を否定するということ自体は、先ほど非難していた「正しい聴き方」の概念を自ら肯定することになるのではないだろうか」。しかし、私はここでジャズの「正しい聴き方」を提唱しているのではないことをご理解いただきたい。同じ音楽に対し、人によって感じることも違っていれば、その感情表現の方法も違ってくることは当然だということは百も承知である。逆に、いろいろな聴き方や聴取表現があるはずだからこそ、ジャズ喫茶での規律・厳粛の統一精神に異議を呈したいのである。

しかも、上述したような硬派の店であればあるほど、〈自由〉や〈アナーキー〉な雰囲気を醸し出しながら、実は個人の自由な表現を厳しく抑制する傾向が見られるのは、皮肉としかいいようがない。おまけに、このようなジャズ喫茶の店主も、常連客も、大概はクラシック音楽などのコンサートホールで見られるような気取ったふるまいをバカにしたがるのに、自分たちこそ、外部から見ると、ずいぶん気取っているように見える上に、〈自由〉や〈アナーキー〉や〈破壊〉や〈革命〉などという大義名分を吐きながら、コンサートホールの客たち以上に、統一化された振る舞いを無意識に自ら体現しており、しかも隣の客の振る舞いまで監視し規制していることにも気がつかないではないか。いや、これは〈アナーキー〉というよりも〈ファシズム〉を思わせる風景ではないだろうか。少なくとも、個人ひとりひとりの自発的な表現と、周りの人間(バンドマンにせよ、聴衆にせよ)との活発なコミュニケーションを大事にしてきた〈ジャズ〉という音楽の核となる姿勢からは、程遠いという気がしてならない。

また、「全盛期」とされる六〇―七〇年代前半のこのようなジャズ喫茶では、聴き方だけでなく、客層もだいぶ統一化されていたことも付け加えたい。この現象は、単なる客層の音楽的嗜好によって自然に決定される問題ではないと思う。やはり、店の雰囲気が排他的であればあるほど、同じような客が集まり(たとえば、共通のイデオロギーに傾倒する男子大学生など)、結果として店内は冒険的な異種混合の交流が行われるというよりも、同種安泰の場と化していくのである。

暗い店内に入って腰をかけ、腕を組み、首をたらし——つまり身体を丸めて——再現可能なレコードを大きな音に包まれてじっと聴く、という当時の典型的な硬派のジャズ喫茶で見られる姿勢(ポーズ?)は、デルシュミットの主張するように〈お寺〉の世界を連想させるというよりも、むしろ母胎回帰の疑似体験を思わせるのではないだろうか。だからこそ、最近ジャズ喫茶に対する懐かしさに溢れる回顧録がたてつづけに出版されているのかもしれない。

以上、我ながら予想にまして厳しいジャズ喫茶論となったが、あえて主流の甘え、ジャズ喫茶言説に抵抗する試みとして提起させていただいた。当時のジャズ喫茶関係者は、本当にジャズ的な〈自由〉を尊重するなら、この程度の挑発的な言辞を許容してくださると確信する。

第6章　破壊から創造への模索

——一九六〇—七〇年代ジャズ文化論（2）

ジャズの浸透力

一九五〇年代末期から一九七〇年代までの時代においては、ジャズはより広く、より深く、日本の文化人層に浸透した。本章では三人の小説家、一人の詩人、そして二人のアンダーグラウンド映画監督に焦点を当てるが、いうまでもなく彼らは同時代においてジャズに言及した文化人のなかで、いわゆる「氷山の一角」にすぎない。というのは、この時代にこそ、ジャズはほかの分野の芸術家や作家などにも幅広く愛聴され、最先端の文化活動の欠かせない一面となっていたからである。

文学と映画以外にも、いわゆる「アングラ劇団」にジャズ関係者が少なくなかった。たとえば、唐十郎と「状況劇場」(いわゆる「紅テント」)として知られる明治大学実験劇団のメンバー、早稲田小劇場と黒テントの劇団員、東大の芥正彦とその周辺、そして少し上の世代の演劇人で言えば、寺山修司と「天井桟敷」が挙げられる。また、六〇年安保闘争を撮った写真家の石黒健治は、一九六一年のアート・ブレイキーの初来日コンサートの撮影を『スイングジャーナル』誌に依頼され、その後しばらくジャズにはまったという。さらに、「落語とジャズ」や「ダンスとジャズ」[1]や「マイムとジャズ」といったコラボレーションの試みも、この時代に盛んに行われた。

ほかにもテレビなどのタレント、言い換えれば「芸能界の文化人」のなかにも有名なジャズ関係者がいた。たとえば、クレージー・キャッツやタモリは、ジャズを演奏する「テレビ・タレント」として知られている。また、北野(ビート)たけしは六〇年代にジャズ喫茶でアルバイトをしていたことがあるという。(それこそ、「ビート」という名前自体がジャズを連想させるではないか。)

当時の日本文化のなかで、ジャズがそれほど浸透しなかった分野をあえて挙げるなら、美術、とりわけ絵画ということになろう。一九五〇年代のアメリカでジャズの即興演奏に刺激されて抽象画を描いたジャクソン・ポロックに匹敵する日本人画家が、一九六〇年代の現代美術界に現れても不思議でないと思われるが、少なくとも著名な画家はいなかったらしい。結局、日本の現代美術の関係者にもっとも重視された音楽はジャズではなく、クラシック系の「現代音楽」だったようである。また、六〇年代のジャズ文化の中心は新宿に移ったのに対し、現代美術の「本拠」は依然として銀座と赤坂だった。当時、絵画を中心とする美術の世界は、洗練された上流のイメージが支配しており、もっと生々しいラフなイメージを誇るジャズ(とくにフリージャズ)に適していない、と広く認識されていたのだろうか。

この時代において、ジャズは単に幅広い文化人層に愛聴されたり、さまざまな作品に登場したりしただけでなく、既存の文化基準を破壊して新しい表現形態を創造しようとした日本人に、大きな刺激を与えたことは確かである。とくに、破壊的なイメージをもっていたフリージャズが、同時代の冒険的な作家や詩人や演劇人や映画監督などの想像力を触発してきたといえる。しかも、パフォーマンスや映画制作に実際に参加した日本人のフリージャズ・ミュージシャンの貢献が大きく、当時のアンダーグラウンド文化(アングラ)においてジャズの存在は絶対に見逃せない。

ジャズにとりつかれた小説家たち

ここで取り上げる三人の小説家——大江健三郎、倉橋由美子そして中上健次——は、自作の小説でジャズに触れてはいるが、五木寛之や河野典生や筒井康隆などのように本格的な「ジャズ小説」と呼べる作品は書いていない。だが、大江と倉橋と中上は、新聞や雑誌などでジャズに関する興味深いエッセイを残しており、以下それぞれの代表的なエッセイを紹介しながら、この三人の小説家のジャズ言説を考察したい。大江と倉橋は、激動期の六〇年代を代表する「硬派」の作家であり、中上は同時代にデビューした小説家の中で、最もジャズに感化された一人だといえよう。少なくとも、中上は自分の文学に関する考え方が、ジャズを聴くことに深く影響された、と繰り返し述べているので、三人のうち中上を最も詳しく取り上げたい。

る。

《大江健三郎——抵抗の表象》

「モダンジャズと僕自身」というエッセイ（『厳粛な綱渡り』に収録）から判断すると、大江健三郎のジャズとの出会いは、いかにも文学青年らしく小説を通してだったようである。

最初ぼくはジャック・ケルアックの小説のなかで、ジャズに出会ったのだった。（中略）ぼくはあのように興奮させる情熱的な小説が、この二十世紀に五冊以上、書かれうるとは思わない。ともかく、ある夏、毎日くりかえしてこの小説を読みつづけ、ついには秋まで、他の本を読まなかった。(2)

このエッセイで大江は、自分が聴いたジャズレコードやミュージシャンたちの名を挙げているが、主にモダンジャズに限るとはいえ広範囲にわたる。ジョージ・シアリングとＭＪＱからチャーリー・パーカーとディジー・ガレスピーまで、チェット・ベイカーとジェリー・マリガンからジョン・コルトレーンまで、かなり幅広く聴いていたようだ。しかも、レコードだけでなく、パリのジャズクラブでバド・パウエルを生で聴いたという記述は興味深いが、同エッセイはすでにかなり知られているので、ここでは触れないことにする。

『厳粛な綱渡り』に収録されているジャズに関するエッセイは他に三篇あるが、そのなかに一九六三年のアート・ブレイキーとジャズ・メッセンジャーズの二度目の来日ツアーの東京コンサートに関する評論文もある。同エッセイは、もともと一九六三年一月一一日付の毎日新聞(夕刊)に掲載されたものだが、その文章から察すると、大江は一九六一年のブレイキーの初来日コンサートも聴きに行ったようだ。一九六三年のコンサート評では、大江は演奏自体だけでなく、日本の聴衆のふるまいにも注目している。

聴衆たちのなかで、とくに熱心な人たちだろう、舞台のソデにあがってそこで聴いていた一団の先頭の少年、あるいは青年が、たびたび手をたたいては調子をとって(おそらく、その少・青年の考えでは)アート・ブレイキーをはげましていた。そして『モーニング』という曲で新加入のベーシスト、レジー・ワークマンが、微妙な、繊細さにみちたソロをはじめたときにも、しきりに手をたたいた。その音が入念なソロをおこなっている黒人をなやましていること、またそれを聴くために耳をすましている聴衆をいらいらさせていることはしだいにあきらかになったが、手をたたく少・青年は勇敢にもひとりぼっちで奇妙な調子をとりつづけていた。その瞬間、若いいきいきした女の叫び声がおこって、それに抗議した。それからはもうだれも、手をたたく男に妨害されないでよかった。(四〇四—四〇五頁)

〈ジャズ演奏と聴衆〉の問題を喚起するおもしろい一節ではないか。多くのジャズ・ミュージシャンは聴衆から積極的な反応を示してほしいと思っていても、大江が記述している青年の「悪乗り」は、どのミュージシャンも困るだろう。結局、聴衆が積極的に反応するためには、その音楽の伝統や慣習に通じていることが前提条件であり、聴衆自身の音楽性も試されることになる。つまり、上記の青年のように、タイミングもずれ、音楽のダイナミクスの面（強弱音の使い分けなど）に鈍感である人間は、聴衆として演奏に積極的に参加する資格が揃っていないといえよう。明らかに彼は黙って聴いていてくれたほうが演奏者も周りの聴衆もありがたい。

この一節が提起するもうひとつの問題は、演奏の〈場所〉と〈ふさわしい聴き方〉との関係だと思う。記述されている情況は、こぢんまりとしたジャズクラブではなく、あらたまったコンサートホールなので、その青年の反応がなおさら目立つ。通常はクラシック音楽に使われるような会場をジャズに使用しているので、その場での「正しい振る舞い」が定かでなかっただろうし、現在でさえ日米両国においてコンサートホールにおけるジャズの「ふさわしい聴き方」は曖昧だといえる。いまだに、クラシック楽団の演奏で求められるような神聖な沈黙がふさわしいか、狭いジャズクラブで見かけるような活発な反応がふさわしいか、迷うところである。

もうひとつ、大江の「抵抗するジャズ」というエッセイからの一節。

去年の冬、パリで買ったダウン・ビート誌にナチス強制収容所におけるジャズという記事がありました。また、ペンギン・ブックスにはいっている『ジャズ・シーン』という本には、抵抗、あるいは抗議音楽としてのジャズという一章があります。ジャズが黒人の音楽である以上、抵抗者の音楽でもあるはずで、ジャズのなかの抗議的要素は、つねに注目されるべきだと思いますが、日本のジャズ批評家たちは、おおむね政治的に無関心で、アジア・アフリカ的には無知で、とくに評価すべき評論もあらわれていないようです。しかし、最近しだいに、あからさまに抵抗的なジャズが具体的に日本の聴衆の耳にはいるようになったこと、すなわち、そのようなディスクの日本版がしだいに発売されはじめたことはよろこぶべきことです。(四〇七頁)

ここで大江はさまざまな問題に触れている。まず、日本のジャズ評論家に対する辛辣な批評は印象的である。当時の日本のジャズ評論における〈人種〉と〈歴史〉と〈政治〉の関連に対する認識の欠落は、ただちに相倉久人や平岡正明などのジャズ論によってかなり埋められるのだが、音楽の専門家でもなんでもない大江自身が早くからこのような一連の問題に着眼していたことは評価すべきだと思う。大江のジャズに対する認識は、終戦直後から一九六〇年代初期までの日本のジャズ言説にはほとんど見られないと言っても過言ではないだろう。その意味では、大江の政治意識の強さもあるが、ジャズに関するこのエッセイを通して、彼が同時代の旗手的知識人であったということも確認できると思う。

さらに、この一節には大江がアメリカやフランスのジャズ評論を原文で読んでいたことも見受けられ、氏の旺盛な知識欲および視野の広さが展開されている。ちなみに、言及されている一九五八年出版の『ジャズ・シーン』という本の著者は、フランシス・ニュートン(Francis Newton)とされているのだが、実はエリック・ホブズボウム(Eric Hobsbawm)の当時のペンネームである。ホブズボウムはその後、英国の著名な歴史学者として知られるようになり、*The Invention of Tradition*(日本語題は『創られた伝統』)などの著書で、歴史学に大きな影響を及ぼした。

しかし、「抵抗するジャズ」というエッセイの中で、最も注目すべき発言は、「ジャズが黒人の音楽である以上、抵抗者の音楽でもあるはず」というくだりだろう。アメリカの黒人公民権運動の真っ最中だったことを意識していた大江は、この主張で当時の日本のジャズ評論の非政治性を告発したかったのだろう。その点において、アミラ・バラカの一九六三年に出版された名著『ブルース・ピープル』や同年から独自のジャズ論文集を出版し始めた相倉久人と、大筋では共通の認識が見受けられる。

また、大江が見出すジャズの〈内包的な政治性〉に対する理解は、ニュートン／ホブズボウム論にかなり依存しているようである。たとえば、大江は「ジャズが黒人の音楽である以上、抵抗者の音楽でもあるはず」と書いているが、これは『ジャズ・シーン』の"jazz is a music of protest, because it was originally the music of an oppressed people and of oppressed classes"をほぼ忠実に反映しているといえる。[3] ここでホブズボウムはpeople(民族)とclasses(階層)を区別しており、さらに「ジャズそのものは、とくに政治的意識の強い音楽だといえないし、ほかの黒人音楽に比べ革命的ともいえない」、と付け加えているところから確認できるように、相当細かい論理立てをしているのである。大江もそれなりの理解を示していると察してよいだろうが、一方、大江の同時代の(『ジャズ・シーン』を読んでいない)日本人読者のなかに、「ジャズが黒人の音楽である以上、抵抗者の音楽でもあるはず」というくだりをもっと大雑把に受け取った者がいたのではないかと推測できよう。

つまり、「ジャズがアメリカ黒人の音楽だから、必然的に抵抗音楽にあたる」と理解(誤解?)した読者も少なくなかったのではないだろうか。

しかし、この解釈に従えば、すべてのアメリカ黒人の音楽に当てはまることになるではないか。たしかに、差別されつづけてきた人種として、独自の音楽文化を築き上げ、根強く保持していくこと自体に一種の抵抗精神を見出すことはできるが、それなら話は何もジャズに限ることはないだろう。ブルースこそ〈抵抗の音楽〉だといえるかもしれないし(実際にホブズボウムはそのように主張しているようだが)、ゴスペルでもR&Bでもそうだろう。確かに、「ジャズ」のなかにも、抵抗精神を誇示する音楽とミュージシャンはいろいろある。たとえば、デューク・エリントンの一九四一年の"Black, Brown and Beige"という「ジャズ組曲」、初期のビバップやフリージャズもそうだろうし、ビリー・ホリデイの歌う「ストレインジ・フルーツ」や後のニナ・シモンやアビー・リンカーンの反抗歌、またはチャールズ・ミンガスやマックス・ローチやソニー・ロリンズなどのその名もずばり「抗議レコード」(protest records)などは明らかに黒人として抵抗心に満ちている。

だがしかし、大衆向けのスウィングはどうだったろうか。あるいは、ルイ・アームストロングやナット・キング・コールの歌は、はたして〈抵抗者の音楽〉と見なせるか。アート・テイタムの目まぐるしいピアノのテクニックは確かに、ホロヴィッツなど当時のクラシック系の一流ピアニストたちも魅了していたといわれるが、その驚異的なテクニックを披露するということ自体は、テイタム自身の〈抵抗表現〉と見なすべきだろうか。または、タキシード姿で豪華なコンサートホールで、数々の欧米のオーケストラと共演してきたMJQの場合はどうか。「黒人などに上品な洗練された音楽ができるものか」、という偏見には抵抗しているかもしれないが、彼らのジャズは〈抵抗者の音楽〉と本当にいえるだろうか。

要するに、白人が支配する、まだ合法的な人種隔離制度が残っていた当時のアメリカ社会では、黒人たちが独自の音楽を(どんな音楽にしても)誇らしげに演奏することだけでも、既存社会に対する〈抵抗行為〉と見なすことは可能であるかもしれないが、そこまで〈抵抗〉を拡大解釈してしまうと、さまざまなアメリカの「黒人音楽」のなかの区別や、ミュージシャン一人一人の主体性や独自性があまりにも軽視されてしまうことになるのではないだろうか。

さらに、〈ジャンル〉と当時の〈流行〉との関係も考慮する必要があろう。たとえば、ビバップは始めは、いろいろな意味でダンスミュージックだったスウィングジャズに対する反抗・抵抗の音楽だったとしても、七〇年代にビバップを演奏しつづけるミュージシャンたちははたして〈抵抗の音楽〉を演っているといえるだろうか。マイルスなどにいわせれば、彼らは単にマンネリ化した〈過去の音楽〉をやりつづけているにすぎない。しかし、マイルスのこのような批判に対する反論も考えられる。すなわち、同時代の新しいジャズやフュージョンなどに対し、ビバップのような「古い」ジャズを頑固に演奏しつづけることこそ、立派な抵抗精神だ、という主張である。言い換えれば、高度資本主義社会の中で、その社会が重視する一連の価値観(たとえば、金や社会的地位や名誉や若さなど)を否定し、自らの道を歩むことこそ、〈抵抗精神〉と見なすべきではないか、という反論である。

さらにこの議論を展開させるなら、黒人が伝統的な「白人音楽」を演ることも抵抗行為となりうることが挙げられよう。たとえば、黒人が有名なオペラ団で歌ったり、クラシックのオーケストラでバイオリンを弾いたり、またはレイ・チャールズのようにカントリーの歌まで歌ったりすることによって、〈人種〉と〈音楽ジャンル〉との歴史的関係性およびそこから生じるステレオタイプに抵抗していることになるのではないだろうか。また、ジェンダーを考えると、同じような論理が成り立つ。たとえば、ジャズ界でいえば、女性がピアノやヴォーカルではなく、トランペットやベースやドラムを主楽器とすることだけでも、かなりの抵抗行為だといえると思う。

誤解がないように付け加えるが、私はここで大江健三郎(そしてエリック・ホブズボウム)の発言にケチをつけているのではない。上述したとおり、音楽の専門家でもない大江の洞察力と独自の知的姿勢に感銘を覚える。むしろ、私は大江のジャズ論がどれだけ重要かつ複雑な問題を提起しているかということを強調したい。いってみれば、この短いエッセイで提起される一連の問題を、現在でも議論しつづける必要が大いにあると思う。同時に、これらはきわめて難渋な問題であるだけに、当分解決されそうもない、という覚悟も欠かせないだろう。

《倉橋由美子――黒い魔力への視線》

噂によると、倉橋由美子は東京中央線沿線のあるジャズ喫茶でアルバイトをしたことがあるという。真相はともかく、『暗い旅』や『聖少女』など一九六〇年代の倉橋の長編小説にジャズの話がよく登場し、以下の『暗い旅』の一節から窺えるように、ジャズ喫茶での体験は少なくないようだ。

あなたは親しげな微笑とともにいった、「リクエストして、いい?」「どうぞ」とウエイトレスは答えた、そこであなたは彼女といっしょにカウンターまでおりていった。いつもならあなたがリクエストするとウエイトレスはあまりいい顔をしないのだ、だからリクエストはかれまかせだった、かれならここの少女たちから職業的でないはにかみの微笑をひきだすことができたから……ウエイトレスは上機嫌《じょうきげん》でレコードのリストをあなたにわたした。「五十一番を」とあなたはいった、「オーネット・コールマンですね」とカウンターの娘が口を尖《とが》らした。

「ございませんわ。うちのマスターが嫌《きら》いで、みんなもって帰っちゃったんです」

「チャーリー・ミンガスではいけませんか?」とウエイトレスがとりなすようにいった。

「じゃ、《Blues & Roots》のA面、お願いするわ」

どうしてミンガスがオーネット・コールマンの代用になるというのか？……ミンガスは怒っているにちがいない、猛烈なわめき声……そしてジャッキイ・マクリーンが切り裂くような音であなたをひっ掻《か》く……(4)

この小説では、他にもソニー・ロリンズ、ソニー・スティット、ジョン・コルトレーンなどのさまざまなレコードのタイトルが飛び交う。倉橋がジャズ喫茶文化にかなり浸かっていたことがここで推測できよう。しかし、以上の一節で注目したいのは、倉橋の〈女性の視点〉である。(5)まず、男性客とウエイトレスとの関係を微妙に描写するところはとくに上手いではないか。もちろん、男性の書いたさまざまな「ジャズ喫茶言説」を読みくらべると、やはり可愛いウエイトレスを目当てに毎日通っていた客がめずらしくなかったことは明らかだが、『暗い旅』で描かれるような、もっと複雑な男女関係はほとんど見られないと言っても過言ではなかろう。ことに、この作品の女性ナレーター（いわば倉橋自身）の鋭い観察力によって、ジャズ喫茶という特殊な空間が醸し出すのは、レコードやジャケットやオーディオなどに対する物質中心のフェティシズムだけでなく、もっと平凡な男女間の欲望も入り混じっている、ということだろう。

そして、倉橋はこのエッセイで一貫して「モダンジャズ」という言い方を好むことに留意したい。六〇年代の多くの作家がジャズを語るとき、ビバップ以降のスタイルを指しており、スウィングやそれ以前のジャズ・スタイルに興味を示す小説家は、五木寛之と筒井康隆という例外を除けば、この時代にはきわめて少ない。また、倉橋がジャズを語るとき、ジャズに関連する文学作品を挙げていることに着眼したい。（たとえば、石原慎太郎の「ファンキー・ジャンプ」やサルトルの『嘔吐』などに触れている。）上述した大江健三郎と次に取りあげる中上健次は二人とも、ジャック・ケルアックの『路上』に触れていることから、この時代の作家にとって、ジャズ関係の小説の存在が小さくなかったことが窺える。

以下引用する文章はすべて、「サムシング・エルス——わたしとジャズ」からのもので、『わたしのなかのかれへ』という一九六〇年から六九年までの文章を集めたエッセイ集に収録されている。(6) ちなみに、同エッセイはもともと『スイングジャーナル』（一九六四年四月号）が初出となっている。

現在の《古いモダン・ジャズ》は、まったくつまらない。そこで、《もっともっとたのしくして、めちゃめちゃにして》というエロティックな叫びをあげたいのである。

モダン・ジャズの魅力をみとめる人間には、《あなたのご趣味は？》ときかれて、《クラシックを聴くことです》と答える《趣味のよい》人間とはちがったなにかがある。すぐれたモダン・ジャズはわたしたちの肉体、それも頭ではなく下半身のあたりに眠りこんでいる《自由》に火をつける。

まず、当時の倉橋にとって「モダン・ジャズ」とは、〈同時代の音楽〉である。そして、ジャズはつねに新しい地平に向かっていなければならない。ちょっとでも「古くなる」と、彼女は聴く気がしなくなるようである。ところが、倉橋はジャズがつねに〈進化〉（もしくは〈新化〉）し続けることを期待しているのに、以上のふたつの短い節から明らかなように、彼女のジャズ言説自体は意外に「古典的」な側面も多い。たとえば、〈ジャズ〉と〈自由〉の連想、〈ジャズ対クラシック〉という対比、そしてそれに関連する〈ジャズ＝下半身・クラシック＝頭〉という縮図が挙げられる。どれも欧米そして日本のそれぞれのジャズ言説の中で長い歴史を持つ比喩・比較である。

しかし、いくら単なる比喩とはいえ、黒人の音楽として認識するモダンジャズを〈下半身〉に位置づけ、クラシックは欧米の怠慢な白人音楽として軽蔑するとしたら、やはりこれはあまりにも古典的なステレオタイプに満ちた対比ではないだろうか。いわば、黒人音楽は頭脳が介在しない、エロティシズム溢れる本能的なものであるのに対し、白人音楽は洗練され(すぎ)た「文明的」なものである、というポール・ホワイトマン時代からの思考の系譜に回収できる。いうまでもなく、倉橋自身はここで〈下半身〉を肯定し重点をおくことによって、従来の上下関係——言ってみれば〈白人〉＝〈頭〉、〈黒人〉＝〈肉体〉(あるいは〈性器〉と書くべきか)——という力関係を覆そうとしているのだろうが、やはりその区別自体は黒人の知的主体性を無視していることに変わりはない。(そのうえ、ジャズを演奏するのに、頭を使って努力するような〈勉強〉は不要で、単に〈インスピレーション〉や〈本能〉などでやりこなせる、という「ジャズ即興神秘論」を肯定することにもなるのではないだろうか。)

同様に、倉橋は同じエッセイの以下の一節で、きわめて鮮明な比喩を駆使しながら、〈クラシック対ジャズ〉という従来の二項対立的図式に固執するあまり、結果としてむしろこの図式を強化しているようにさえ思われる。

> すばらしいモダン・ジャズは想像力に充電する。なにかが書けるという予感が胸を熱くする。(中略)
>
> わたしはときどきサングラスをかけて都内のモダン・ジャズ喫茶を歴訪し、貪欲な禿鷹のようにうずくまってなにか新しい獲物はないかと、耳の集音器をひらく。しかしじきに退屈する。いまでは、生きた獲物はじつに少ない。衰弱したものや贋

物が多すぎる。また、それとは別に、あのスロー・バラードというやつが多すぎる。スピードのないジャズはジャズではない、とわたしはいいたい。結局のところ、モダン・ジャズも《クラシック》と同じように《鑑賞》されはじめ、それだけ多くのファンを獲得したらしく、どこの喫茶店も繁昌しているのはたいへん結構なことである。しかしわたしにとっては、あまり結構ではない。モダン・ジャズの黒い魔力は失われつつある。

デューク・エリントンやチャーリー・パーカーなど、多くの偉大なる、しかも創造力豊かなジャズ・ミュージシャンたちが、〈クラシック対ジャズ〉のような発想自体を拒否し続けてきたのに対し、新しいものを希求する倉橋は、皮肉なことにこの古い対立図式に頼っているのではないか。さらに、バラードを拒否し、ジャズの本質を(寺山修司と同様に)「スピード」に集約するという主張は――たんに自分の好みを表明していると受け止めても――倉橋のジャズに対する視野の限界を物語っているという見方もできるだろう。

あるいは、このエッセイを書いたのは数カ月早すぎただけかもしれない。「サムシング・エルス――私とジャズ」が発表された一九六四年という年は、マイルス・デイヴィスの(それこそバラード中心の)コンサート録音の名盤、『マイ・ファニー・バレンタイン』が現れ、同年の一二月にコルトレーンの『至上の愛』も録音され、エリック・ドルフィーの『Out to Lunch』やアルバート・アイラーの破格的な『Spiritual Unity』などのようなレコードが相次いで発表された年である。要するに、モダンやフリージャズの名盤が数多く発表された年であり、それこそジャズレコード史のなかでも絶頂の一年間だったと見なす評論家やファンも少なくない。もし、倉橋がかりに翌年にジャズ喫茶に入ったとしたら、はたして以上のような「ジャズ倦怠論」を書いただろうか。

だが、倉橋が退屈する原因は、当時のジャズ界の実情とは関係なく、むしろ日本のジャズ喫茶文化そのものにあるのではないだろうか。つまり、「黒い魔力」や「新しい獲物」をジャズ喫茶に求めること自体に無理がある、それならジャズ喫茶は場違いである、という見方もできるだろう。いってみれば、ジャズ喫茶には最新の輸入盤レコードという〈新しい物〉は提供できても、それは倉橋が狩猟するような〈生きた獲物〉とは基本的に違うというわけである。〈反復〉と〈秩序〉を基本論理とするジャズ喫茶では、倉橋が鋭く指摘するとおり、とうとう「モダン・ジャズも『クラシック』と同じように『鑑賞』されはじめ」ていたので、彼女が失望することは驚くに値しないだろう。

しかし、もし倉橋が一九六四年当時、最先端かつ質の高いジャズが毎晩のように目と鼻の先で演奏されていたニューヨークやシカゴやパリのような街に住んでいたら、同時代の「モダン・ジャズ」がマンネリ化しているような印象をきっと受けなかっただろう。

さまざまな試みが行われていたし、街のジャズクラブで数々の一流の演奏を聴くこともできた。ただ、六〇年代後半になると、東京でも冒険的なミュージシャンによるフリージャズをコンスタントに聴くことができたが、以上の文章から察すると、その時点で倉橋はすでにジャズ全体に失望していたのかもしれない。もし、その後、倉橋由美子が「想像力に充電する」ためにジャズ喫茶に行かなくなったとしたら、つぎに取りあげる中上健次とはきれいにバトンタッチして入れ替わることになったといえる。

《中上健次の破壊神話》

中上健次は日本の小説家のなかで、もっともジャズに感化された一人と言っても過言ではない。一九八一年のインタビューで、中上は自分のジャズとの出会いを次のように振り返っている。

高校の先生らが単位くれるっていうから卒業式も出ないで東京に来た。その日の夜、新宿に出て、高校の先輩が経営しているという〝DIG《ディグ》〟へ行った。そこで大きな音ではじめて聴いて、言葉に言い表わせない衝撃を受けたわけです。次の日にまた、一人で新宿へ出て、不思議な音のするほうへ歩いていって見つけたのが〝ジャズ・ビレッジ〟だったわけです。その二日目から毎日、五年間、〝ジャズ・ビレッジ〟

に通ってジャズを聴いた。だからこんなふうに思う、僕のジャズの聴き方と、特に今のほかの人達のジャズの聴き方は違う、と。たとえば英語を勉強するときにまず英語を意味など分からずともいいからシャワーのように目いっぱい浴びてから、単語や意味や発音をさぐっていく方法があるが、さながらそれと同じようにわけがわからずにジャズを全身から浴びたんだ。だからライナーノートに書かれてあるような事を知ったのはずいぶんあとになってからなんだよね。(7)

中上が述べているとおり、「毎日、五年間、〝ジャズ・ビレッジ〟に通っ」たというのは多少の誇張であっても、当時の中上は新宿のジャズ喫茶の常連だったことは疑いようがないだろう。その時期に中上はフリージャズ、とくにジョン・コルトレーン、アーチー・シェップそしてアルバート・アイラーという三人の黒人テナーサックス奏者を愛聴していたらしい。中上にとって、この三人の音楽世界は一九六〇年代の猛烈なエネルギーを表現していたばかりでなく、中上自身の激しい気性および内面的な葛藤をも表していたところに魅力を感じたようである。

ジャズを聴き始めた頃から中上が機敏でなめらかなアルトサックスよりも重量感をもつテナーサックスという楽器に惹かれたことは、著者のその後の重厚な文体、そして本人自身のどっしりした体格を思えば納得できよう。また、中上がコルトレーン、シェップ、アイラーなどの黒人ジャズメンに注目したのは、彼らが発する激しい音に惹かれたことが大きな原因だったにちがいないが、それだけではないと思われる。やはり、中上が被差別部落で育ったことも、彼のアフリカ系アメリカ人のジャズメンに対する強い連帯感を裏打ちしていたのだろう。同時代の文化人のなかには、アメリカ黒人に対する連帯意識を主張する日本人は多かったが、その主張がどうしても抽象的あるいは義務的なレベルに止まっているように感じることがある。高卒で「部落」出身の中上と対照的に、中流階級および上流階級出身で名門大学に進んだエリート文化人たちの場合、アフリカン・アメリカンの立場に同情したり、理解しようとする努力は目立つといえ、共通する体験に基づいているというよりも、イデオロギーに駆られて生じているように思える場合が多い。それに対し、中上健次のアメリカ黒人との連帯意識は、もっと深い根につながっているようである。

とはいえ、中上はきわめて複雑な人間であり、自分の〈人生〉と自作の〈物語〉の構築および解体は微妙に入り混じり補完し合うところがある。まず、彼が自作の中で「路地」と称した「部落」との関係も、当然単純ではなかった。一方中上が、自分を周りのエリート出身のインテリや文化人などと区別したい気持ちをもっていたことは、数々のエッセイや対談から明らかだろう。名門大学に入らなかっただけでなく、まったく大学に進まなかったことを自負していたし、しかも家族のなかで自分が初めての高卒だということにも言及している。大学に進学せず、上京して肉体労働によって生活を支えたことも、母親はひらがなとカタカナしか読めないことも、たびたび述べている。イタリアの社会主義思想家のアントニオ・グラムシの言い方を借りれば、戦後日本の文壇ではめずらしい「有機的知識人」(organic intellectual)の例だということになろう。

ところが、これも事実に基づきながらひとつの「中上神話」でもある、といえるだろう。たとえば、一九九一年の柄谷行人との対談で次のように上京した当時を語っている。

柄谷　あの時期は、「中卒は金の卵」とか言われた時期で、集団就職のことが話題になっていた。そういう水準から見ると、中上君なんかは、すごく恵まれているほうだと思いますね。

中上　それはやっぱり、土方の親方の家ですから。成金の家ですね。

柄谷　大学に行かなかったというのは、たんに行かなかっただけですね。行けないような環境にあったのではない。

中上　だから、行こうと思ったらいつでも行けた、という状況ですよね。大学へ行かなかったのも、意図的に強い意志で、行かないで自分一人で勉強するんだという、そんなツッパリではなくて、そこに行くよりこっちのほうが面白いという、そういうことでぐずぐずと生活し始めて、結局それが習い性みたいになったんですよね。(8)

ある意味で、大学に学費を収めながらほとんど授業に顔を出さない、あるいはまったく勉強しない、というよく見かけるパターンよりも、中上が選んだ道のほうが正直で高潔のように思われがちだろうが、同じ対談で本人はつぎのように告白している。

あのときはまだ、親についている嘘の話では、予備校生だったわけ(笑)。(中略)物語上で今度は、僕は大学に入ったと嘘をついたのです。入学金と参考書代とか親に全部送ってもらって、架空ではちゃんと、予備校生活をして、大学生になったというストーリーを作った。

私は中上のモラルに対し云々言うつもりはない。注目したいのは、彼が自分の人生を(少なくとも、一九九一年の時点では)「物語」や「ストーリー」と見なそうとすることである。どこまでが「事実」でどこまでが「虚構」かという問題は、中上研究の専門家たちに譲ることにしたいが、被差別部落出身であるということをめぐる諸発言に多少留意すべきだろう。

守安敏司の『中上健次論』によると、中上が自分が被差別部落出身者であることを「公然と表明した」のは、一九八一年だった[9]。つまり、文壇デビューから十五年も経ってからのことである。もちろん、七〇年代の中上の諸作品を精読すると、それを察することは可能だろうし、本人は「僕は一貫して被差別部落のことを書いている、とも言えるし、そうじゃないとも言える」と曖昧に要約している。[10] さらに曖昧なのは、一九七七年の野間宏と安岡章太郎との座談会での発言である。また守安を引用しよう。

安岡、野間との対談で自らの出自を語る座談会の場で、中上がそのことを「他人の話として書いてください」と語っていることには、大きな関心を持たざるをえない。（中略）

自らの出自を語ったこと、自らが部落の民であることを語ったことを、他人の話とすることは、作家として自らを他者として対象化することを意味しはしないだろうか。そしてその対象化の作業の結果それ自体が、作家・中上健次による作品群なのである。[11]

要するに、中上を語る場合、〈私小説〉というジャンルを読むときとは違う意味で、作家と作品との関係の複雑さを痛感させられることがまぬがれないということである。八一年の「出自表明」まで、中上は自らの出自を作品でほのめかしながら明言することを避けてきた。したがって、それまでに自分の育ちに触れるとき、「被差別部落」というストレートな呼称をほとんど使わずに「紀州」や「新宮」という地名、あるいは「路地」という言い回しを用いたことも、彼の微妙な心境を反映しているだろう。

また、中上の文壇との関係は、憧れと反発、同一視と異化が共存し拮抗していることも見逃せない。自分を文壇のエリートたちと区別したいと同時に、一人前の作家として認めてもらいたい気持ちは強かったようである。つまり、文壇をときにバカにしながら、文壇の目を相当気にする作家であった。（しかし、これは文壇全体の典型的なポーズだといえるかもしれない。）中上のこのような「矛盾」は、おもに本人の姿勢ゆえか、彼が日本社会および文壇に置かれている立場ゆえか、ともかくほかの多くの作家とは違う立場から文学に向かったことは否定できないだろう。

そのような状況こそ、アフリカン・アメリカンのインテリや文化人に類似しているかもしれない。たとえば、アフリカン・アメリカンの作家が「一人前のアメリカ人作家」として認めてもらいたい気持ちを抱きながら、現在にいたる長い歴史においてアメリカという国家に蔑視され続けてきた民族に属するひとりとして、歴史体験が自分の小説世界を形成していることは否定できないし、否定すべきでないという自覚が強いはずである。そこでアメリカ文壇の作家に対する評価において大きな矛盾が生じる。すなわち、作品がどんなに文壇で賞賛されても、著者本人は「マイノリティ作家」というレッテルを貼られることによって、新たな(今度は文壇における)隔離制度にはめられることとなるわけである。それぞれの状況は異なるものだが、日本では似たような問題に、沖縄や在日韓国・朝鮮人や被差別部落出身の作家がつねに直面してきた。だが、中上のように文壇における成功を遂げた作家においてこそ、その矛盾が浮き彫りになる。しかし、ここで中上の出身ばかりを強調すると、上述したパターンを再現するおそれがある。ジャズに感化され、六〇年代の激動期に出発した独特で、重要なひとりの戦後作家としての中上像が見失われることになるわけである。だから、ジャズに話を戻そう。

〈中上とジャズ〉に関してとくに注目すべきことは、多くのジャズ好きの戦後作家とは対照的に、ジャズを単にひとつの音楽文化や小説の題材として取り扱ったのではなく、文学作品を考える上での〈方法論〉として追求しつづけたことである。一九四六年生まれの中上の処女作が出版されたのは、十五歳も年上の五木寛之の「さらばモスクワ愚連隊」と同じく一九六六年だったことは既述のとおり。中上の一連の初期小説とエッセイ(「十八歳」や「隆男と美津子」や「海へ」や「JAZZ」など)は、形の上でジャズに触れながら、同年にデビューした五木の「ジャズ小説」ほどジャズが中心的な題材だとはいえない。つまり中上は、本書第三章で取り上げたような「ジャズ小説」を書いていないといえる。

中上文学においては、ジャズが直接に筋や会話などに出現する初期作品よりも、後に書かれた『岬』や『枯木灘』などのようなジャズと何らの関係もなさそうな小説のほうにこそ、ジャズの存在が大きく感じられる。物語(あるいは「反物語」というべきかもしれない)の表面から消え、深層に沈殿したときこそジャズが生きてくるわけである。なぜなら、その時点では著者がジャズを〈題材〉ではなく、小説を書く〈方法〉として捉えているからである。

数人の評論家が中上文学へのジャズの影響に触れており、中上自身も言及しているが、その主な例はかなり抽象的な考察に基づいているように思える。たとえば、小野好恵は「二つのJAZZ・二つのアメリカ――中上健次と村上春樹」で「中上健次の初期作品群はジャズ的記号に充ち充ちており、いかに彼が〈フリージャズ〉という解体的通過儀礼にモチーフを触発されたかが明瞭に表れている」と指摘し、フリージャズといわゆる「物語の解体」の関連性を重視している。[12] 日本でポストモダン思想をより意識した一九八〇年代には、中上自身も「物語の解体」のような表現を好み、このプロセスをフリージャズに喩える発言をしばしば行っている。

ところが、中上の執筆姿勢におけるジャズの「影響」を最も鋭くかつ具体的に指摘した一人は、評論家ではなく、むしろ同じ小説家である(しかもジャズを実際に演奏する小説家である)奥泉光だと思う。奥泉は中上の手書きの原稿を読んだときの印象を私とのインタビューで語った。まず奥泉は、中上の肉筆から作家としての中上のすさまじい息込みが感じとれる、という。すなわち、その原稿には改行もなく、段落もなく、修正もほとんどない。まるで演奏し始めたジャズ・ミュージシャンと同様に、やり直し許さずの厳しい気持ちで書いているようである、と。また、ひたすら溜めていたアイディアとことばを一気に出してしまうという姿勢も、まさに即興に挑むジャズ・ミュージシャンのごとし、と奥泉は指摘している。(13) なるほど、中上が愛聴したコルトレーンやアイラーなどがサックスを無心に吹くように、力を溜めて、即興演奏の一回性に伴う緊張感を以って一気に書いてしまう、という中上の姿が想像できる。

しかし、中上の「ジャズ的要素」は、小野が指摘するように、物語形式に対する発想にも反映されているかもしれないし、実際に書くときの意気込みにも反映されているだろうが、そのほかにも中上の『枯木灘』あたりの文体は、五木寛之の一連のジャズ小説に見られる文体より、はるかに「ジャズ的」に思える。ただし、中上の文体から流れ出るジャズとは、伝統的なスウィング感に満ちたスタイルではなく、むしろ六〇年代前半のコルトレーンを連想させる。コルトレーンも中上も猛烈な感情を凝縮して表現しながら、フレーズの反復とバリエーションを執拗に探りつづける。また、二人ともきわめて激しい感情を表現しながらも、妙に冴えきった思考が窺えるところに、気がつきにくい共通点があるように思う。

中上は、自らジャズと文学をエッセイや対談などでよく結びつけている。たとえば、「破壊せよ、とアイラーは言った」のなかで、コルトレーンとジェームズ・ジョイスの類似性について論じている。また、自作の小説を語るときに「物語の解体」ということばを用いたりするのと同様に、フリージャズを語るときに「コードの破壊」という言い方を多用している。いうまでもなく、ここで「コード」とは、"chord" つまり音楽における「和音」の意味を指す。たとえば「破壊せよ、とアイラーは言った」に収録されているエッセイ「コードとの闘い」で、中上は次のように述べている。

コルトレーンが幾多の作品で問題にしたのは、つまるところジャズの中にしっかり根を張ったコードに関してである。コルトレーンのジャズは、コードという音楽規制をいかにして無化するかというところで成り立っている。(14)

ところが、同エッセイでは「コード、あるいは法・制度」という付加定義を用いる。中上が「コード」を単なる「音楽規制」としてだけでなく、もっと広い意味、いわば "code" としても使っている、といえる。この後者の意味での「コード」を大きく捉えると、「秩序」という訳語に行き当たるだろう。

「コードの破壊」というと、アルバート・アイラーのようなフリージャズ奏者が、それまでのジャズ音楽における組織化された秩序(code)を破壊することによって、新しい音楽世界が初めて可能となる、そのような意味がまず受け取れよう。しかも、ビバップ以降のジャズ史の流れのなかで考えると、その主な"code"とは、まさに"chord"(和音)、つまりコード進行(Ⅱ—Ⅴ—Ⅰなどの"chord progression")に当てはまる。すなわち、コード進行によって構成される曲、そしてコード進行によって規定される即興方法こそ破壊されるべきだという主張である。また、破壊する精神こそ本物のジャズ精神である、という発想もこの縮図に内包されているだろう。

既述したとおり、中上はジャズを語るときに、〈破壊〉ということばを多用し、ジャズを〈革命〉として語ることもある。その意味では、中上のジャズ言説はいかにも六〇年代の産物だといえ、また、彼のレトリックには相倉久人や平岡正明と同じくマッチョな要素と暴力に陶酔する傾向が見られる。初期の小説から後期のエッセイまでさまざまな形で〈ジャズ〉を、何らかの暴力的行為に結びつけながら、その行為を芸術的創造性の前提として捉えるところに、中上のジャズ言説の特徴がひとつ見出せる。

中上が〈破壊〉や〈革命〉などのことばを使うとき、それは政治的な概念というよりも美学的な概念として捉えるべきだろう。つまり、中上は非政治的なアナーキーを主張しているからこそ、ジャズを語るときは〈革命〉ではなく、〈破壊〉を用いているではないか。自分の過ぎ去った青春とアルバート・アイラーの死を悼むエッセイ集「破壊せよ、とアイラーは言った」のなかで次のように述べている。

革命や政治の波があの時代をつき動かしていたとは絶対に思わない。ましてや〝全共闘〟という革命運動や政治運動の風化現象、通俗化、大衆化の波によって、あの熱狂が起ったのでは決してない。むしろ、コルトレーンが踏みとどまりながら逆さにひっくり返そうとしたコード、そのコードを敵として全面的に対峙したアイラーの、その声が、引き起したと言った方がよい。

破壊せよ。

状況はますます不利になっている。あれほどあの時、露呈していたコードが、法・制度が今は隠蔽されてしまい、ジャズを聴く者に通俗化、風化を強いる。破壊せよ。何もかもためらう事なく破壊せよ。革命とはコードの破壊、法・制度の破壊の中にしかない。そのアイラーの毒の声は、デビスを聴く私の耳元にあり、エルヴィン・ジョーンズのドラムスの間から耳に届く。

アイラー、冬のニューヨークはおまえの死に似つかわしい。(15)

また、ジャズと暴力との連想を露骨に打ち出す『ジャズと爆弾』という村上龍との対談では、中上が若いときの自分を以下のように振り返り、要約している。

ほんとのことといえば僕も政治はない。全然ないんです。言ってみればただ騒げばいいって感じね。[16]

この二つの発言、つまり「革命や政治の波があの時代をつき動かしていたとは絶対に思わない」というくだりと、「言ってみればただ騒げばいいって感じ」という告白こそ、中上のジャズに関するレトリックを理解するための鍵であるように思う。結局中上の場合、ジャズに惹かれたのは、イデオロギーや文学を通してではなく、「音のシャワー」という肉体的な体験からだったようである。（ただし、「肉体的」とはいえ、それは生演奏ではなく、ほとんどジャズ喫茶でかけられたレコードを通してだったことを付け加えなければならない。）

そして興味深いことに、上記の村上龍との対談で、村上が中上に「やはり、アーチー・シェップは一番印象に残っているだろう」というと、フリージャズ愛好者として知られる中上が、次のような意外な返事をする。

最終的にデビス(引用者注：マイルス)だったよ。いまでもデビス好きだね。（中略）僕が一番好きなのはね、「リラックスイン」。タッタッタッタータタってやつね。

中上にとって、フリージャズはどちらかといえば「時代物」のように感じたのだろうか。とにかく最後に一番印象に残っていたジャズ奏者は、アイラーでもなく、コルトレーンでもなく、マイルスだった。しかもいかにもハードバップ時代の〈五〇年代半ばの〉"Relaxin'"のマイルスであったということは、多くの中上ファンにとって予想外かもしれない。結局、中上から見ると、フリージャズはまさに〈同時代の音楽〉であり、その時代が過ぎたらその音楽の魅力も薄れたのではないだろうか。だが、中上がコルトレーンやアイラーなどを集中的に聴きこんだことは、彼らが亡くなったあとも、中上文学の行間から響きつづけている、という事実には変わりないといえる(17)。

ジャズを〝歌った〟詩人たち

日本の小説家でジャズに言及した者はきわめて多いが、詩人でジャズの世界に深く入り込んだものも少なくない。たとえば、清水俊彦は熱烈なフリージャズの聴き手として評論も書き、プロのジャズ評論家としての一面ももっている。清水のフリージャズをめぐる評論集には、『ジャズ・オルタナティヴ』と『ジャズ・アヴァンギャルド』があり、フリージャズを中心とする野心的な評論活動を一九六〇年代から続けてきた。初期のころの『ジャズ批評』誌にも、「ヨーロッパのニュー・ジャズ」のような評論文を書き、早くから内外のフリージャズを聴き込み、日本のファンに紹介してきた一人である。清水の詩集には、チャールズ・ミンガスのレコードの題名に倣った『直立猿人』などがあり、ミンガス、モンク、アート・ブレイキーなど、さまざまなジャズメンの名前が登場するばかりでなく、新宿のジャズ喫茶〈木馬〉などの名も表れ、いかにも一九六〇年代のジャズ界に浸かっていた詩人の姿が見受けられる[18]。

清水のほかに、木島始は『詩　黒人　ジャズ』を書き、そこでは詩と散文を織りまぜながら、実に幅広いジャズ文化に触れている。アメリカ黒人作家ラングストン・ヒューズの詩集およびナット・ヘントフの『ジャズ・カントリー』などの邦訳者でもある木島が、アメリカのジャズ小説や詩について言及したり、リロイ・ジョーンズの『ブルース・ピープル』を独自の視点で取り上げたり、黒澤明の『酔いどれ天使』での「ジャングル・ブギ」や、あまり知られていないブギウギ・ピアニストの名手ジミー・ヤンシーにまで言及したりするなど、きわめて広範囲にわたるジャズ文化に触れながら詩作を発表している[19]。

しかし、日本では〈ジャズと詩人〉というテーマを考えるとき、書かれたものにだけ注目すると大きな問題を見落としかねない。すなわち、朗読の問題である。ジャズに触発されて、あるいはジャズと関係のあったアレン・ギンズバーグなどのようなアメリカのビート詩人たちに刺激されて、一九六〇年代に日本の若い詩人たちがいわゆる現代詩を朗読する実験に乗り出した。諏訪優が最初の呼び掛け人だったらしいが、その後日本の現代詩の朗読をよりドラマチックで表現豊かに発展させたのは、白石かずこと吉増剛造だろう。[20] とくに、白石は長年ジャズと深い関係を持ちつづけてきた詩人である。

《日本語のビート——白石かずこ》

白石の自伝的エッセイ集『黒い羊の物語』の次の一節が六〇年代初期における日本のジャズ文化の一面を鮮やかに要約しているので、ちょっと長い文だが、引用したい。

アレン・ギンズバーグのダイナミックなリズムをもつ長篇詩は、あたかも疾風のジャズ演奏のような魅力があり、新宿の、今では伝説となったジャズ喫茶「きーよ」に通うようになる。

「きーよ」が全盛の六〇年代は、ジャズ喫茶が新宿を拠点に、あちこちにできた。諏訪優、佐藤文夫、赤木三郎、鎌田忠良、伊東まり子、園原淳(グラフィック・デザイナー)、沢渡朔(写真家)らで新宿、武蔵野館の傍にあったジャズ喫茶「汀」に集った折、ジャズの好きな、日本のビート詩人たちで雑誌を出していこうという話になった。この時、ホーレス・シルバーの名曲「Doin' the things」がかかっていたので、わたしが指さして「Doin'」これにしよう！　と言いだしたらしい。沢渡朔のはじ迫力ある黒人の若者の顔をクローズ・アップした写真の表紙で、この動きは、はじまった。これは一九六一年か六二年頃。わたしたちは鎌倉、安養院のお寺にのりだし、そこで、輪になり、次々と即興で詩をつくる、連詩もどきの遊戯もした。ここの住職、鳥居良禅は「VOU」のモダニズムの詩人だが、いつも若いワル仲間を受けいれ、一緒に遊ぶおおらかな人であった。「汀」では「Doin'」の集りを。だが「きーよ」こそは、日本じゅうのジャズの拠点であり、この頃、すでにニューヨークのミュージシャンたちは、日本にきたら、「きーよ」にいこう！ といっていた。

ここで「VOU」の詩人にして写真家梅村豊と詩写展をして、いろいろな面白い人物に逢った。はすかいの道路向う側は厚生年金ホールである。演奏の終ったアート・ブレイキー(ドラムス)、ホーレス・シルバー(ピアノ)、ジュニア・クック(サックス)、ジーン・テーラー(ベース)、マックス・ローチ(ドラムス)らが、ここに出入りした。三島由紀夫も藤木タカシも現れたし、新しい文化や芸術の発信点、パリの洗濯船のジャズ版といったところだった。(21)

白石の〈きーよ〉などの描写を読むと、ジャズ喫茶は、「沈黙は金なり」のような店内会話禁止法の店ばかりではないことが明らかであり、さまざまな文化人による活発な交流が行われていた店もあったことがわかる。また、〈きーよ〉のようなジャズ喫茶では、ライブ演奏とレコードは別世界を占めていたわけではなかった。少なくとも白石のような「文化人」は、ジャズとの取り組み方は、けっして消極的ではなかったことがこの記述から見受けられよう。むしろ、白石は（倉橋由美子や中上健次などと同様に）、ジャズに触発され、自分の文学との関わり合いを新たに探り出した。

この一節で、白石が仲間たちと一緒に即興というプロセスによる詩の「作成」を実験として挑んだと書いているが、その後彼女はジャズと詩の関係を問いつづけ、実験しつづけたことは注目に値する。つまり、白石は当時のファッションとしてだけジャズに接したのではなく、長年にわたり自分の詩に不可欠な一部分としてジャズが存在していた。もちろん、白石にはジャズを題材とする詩もいろいろある。たとえば、コルトレーンが死んだ一九六七年に、創刊まもない『ジャズ批評』は、「ジョン・コルトレーンの死と音楽」という特集を組み、白石そして木島始がそれぞれコルトレーンを追悼する詩を同号に発表した。（この特集号は『ジャズ批評』の第二号に当たり、全部で四十八頁しかない薄っぺらな雑誌だった頃の話である。）白石の「死んだジョン・コルトレーンに捧げる」は百五十行を上回る長篇詩なので、ここで冒頭だけを引用する。

非常に
天国に行ってしまった
ジョン・コルトレーン

非常に　たくさん　意味の上を
生きることに　激烈であったあなたの
意味を超えた美しさからは
雨がブルーに　ふりはじめ
人たちは
その無意味の豊饒の上に　あぐらをかき
乞食のように　音のコメを手づかみで
食べながら　さんざんと　みじめに
金色に
なくのであった[22]

私とのインタビューにおいても、白石はコルトレーンのことに数回触れたが、とくに印象的なのは、コルトレーンの死について、「とうとう私の人生の詩の先生がなくなったと思いました」と述べたことである。[23] ジャズを通して自分の文学との関わり合いを根本的に考えなおし、詩の題材は何であれ、常にジャズがその根源にある、という印象を受ける。やはり、激動期の日本の文学者たちのなかで、ジャズと文学の関わり合いに関していえば、ジャズを方法論として追求した中上健次にもっともよく似ているかもしれない。とにかく、両者は〈題材としてのジャズ〉の限界を超えて〈方法論としてのジャズ〉という新たな次元を模索し、みずからの文学を発展させたといえよう。

白石の場合、その方法論の原点は朗読であるように思う。六〇年代から白石は雑誌などに詩を発表しながら、朗読による詩の口頭発表をも試みはじめた。アメリカのビート族のごとく、ジャズ・ミュージシャンに「伴奏」してもらいながら朗読したりしていたが、日本の詩人たちがすぐにぶつかった問題は、日本語に内包されているリズムをどのようにジャズにうまく「乗せる」か、ということだった。白石はそのあたりの体験を次のように振り返っている。

一九六七年、アメリカのビートの教祖アレン・ギンズバーグたちを西海岸に招いた彼らの兄のような存在、今日のビートの水先案内人でもあったケネス・レックスロスが来日、今の「ピット・イン」で山下洋輔のピアノで詩の朗読をする。

この時の、名調子を忘れることができない。わたしたちは、それは英語だからリズムがつき、のりやすいのだと言い、わたしたち日本語は、そうは、いかない、ほとんど絶望的だと互いに顔をみあわせて思った。この時、諏訪優、八木忠栄たちが、その場にいあわせた。

予定調和のジャズではなく、ボキボキと不協和音をいれたコルトレーンのような、フリーのジャズなら接点があるのではないか、とほどなくしてわたしたちは考える。トランペットの沖至、まだ十九才か二十才の藤川義明(サックス)がつくった「ナウ・ミュージック・アンサンブル」のメンバーたちとまもなく、本格的に詩の朗読とジャズの即興演奏のセッションをはじめる。

この頃、吉増剛造も加わる。いちはやく、呪文のような激しくドラマチックな朗読方法で「古代天文台」をよんだ。諏訪優は、美声をいかし、リリカルにさわやかな風が吹きわたる詩をよんだ。

わたしはジャズのリズムや奏法のドッキングを考えた。ときにはドラムがビートを重ねるように、ときにはピアノソロのようにと。単語を、ドラムのリズムで、うち重ね。

朗読には不向きと、当時誰もが否定していたフォームの自由な現代詩は、フリー・ジャズに、けっこうむいているのだとわかった。

詩人たちのほとんどは、現代詩を朗読することに猛烈に反対していた。それだからジャズが好きでビートが好きな、アメリカのギンズバーグに憧れと好意をもっている詩人たちは明らかにアウトサイダーであった。これを認めるようになり、今日では、自分は好みでないといいながら、詩の朗読に加わるようになった大方は、ほとんど七〇年代後半から八〇年代にかけてであり、その主な理由は自分が日本のくにを出、諸外国の詩人たちとの国際詩祭あるいは友好の場でよまなくてはならないはめになり（そこでは、わたしはイヤだと、断る人たちはいなかったようだ）、詩をよんでからだ。戻ってくると、自分もまんざらではないといいだすのだから、いい気なものである。あの勢いよく毒づいた否定論者たちは、どこへ行ったのか。今では口をぬぐってそ知らぬ顔である。（『黒い羊の物語』七〇―七二頁）

実に興味深い一節ではないか。ここで白石は日本語の詩の朗読にまつわるさまざまな問題に触れている――日本語とジャズのリズム的関係、フリージャズによって開けた可能性、そしてかなり毒舌調で語られている当時の「詩壇」の保守的な態度。今日の「日本現代詩」の若いファンからすると、あれだけ冒険的な六〇年代においても、朗読に対する抵抗が強かったことは意外に思うだろう。だが、その後から現在に至り、白石は朗読をさまざまな場面で行いつづけてきた。ジャズ・ミュージシャンとの「共演」だけに関していっても、その幅広さと野心が見受けられよう。たとえば、サム・リバース（テナーサックス）のようなアメリカの一流のフリー系のミュージシャンと一緒にステージに立ち、ヨーロッパではまた地元のミュージシャンたち、あるいはパリ在住の日本人トランペッターの沖至と共演したり、日本では最近渋谷毅のピアノの「伴奏」で朗読することが多いようである。

やはり、人前で行われるパフォーマンスである朗読という行為は、一人で部屋に閉じこもって詩を書き、出版するという行為とは、根本的に違う。朗読はより音楽の演奏に近いといえるし、とくに白石のようにジャズを強く意識してきた詩人の場合、人前ですでに書きあがっている詩をよんだときでも、そのパフォーマンスには「ジャズ的な」要素を感じさせる。その要素を知るには、白石の朗読を生で聴くことが不可欠だが、同時にジャズ音楽と詩との性質的関連性についての考察も怠ってはいけないと思う。

ジャズと詩の問題についてもっとも詳しく考察してきた研究者の一人は、米国コネチカット大学教授兼詩人兼ジャズ・ギタリストのチャールズ・ハートマンだろう。ハートマンの名著『ジャズのテクスト：詩、ジャズとうたにおける声と即興』(未邦訳、*Jazz Text: Voice and Improvisation in Poetry, Jazz and Song*)は、ジャズにおける即興演奏に対する音楽的分析、そしてアメリカの現代詩に対する文学的分析を織り込みながら、それぞれの分野の性質における類似点と相違点を比較考察している研究書である。たとえば、よく「散文に比べて詩のほうが音楽に近い」といわれるし、ハートマンも同意しているのだが、次の忠告を付け加えている。「だが、詩というものは音楽の一種であるという宣言だけでは物足りない。詩とは耳の優位性を独特な方法によって保存する言語であり、聞かれない詩(少なくとも読者の頭の中で音として響かない詩)というのは、読まれない詩に等しい。」(24)

さらに、詩の創作とジャズ演奏における即興との類似性に言及しており、白石のジャズ的要素にも光を当てるところがあると思うので、以下に引用したい。

ある芸術において——たとえば、ダンスや音楽や一種の詩において——時間の重要性は、〈即興〉と〈事前に創られた〉という創造過程の区別を可能にする。しかし、この区別の線をあまりにもはっきり引くようにすると、逆に混乱が生じることがあり、結果として多くの作品のなかの豊饒さが見えなくなりかねない。（中略）ある詩を「即興的」と呼ぶと、多くの読者たちはなんとなく同意するかもしれないが、しかしなぜそう感じるかという根源的な問題にはあまり光を当てるとは言い難い。詩というのは「書かれた物」として思われがちだが、生きた声によって再構成されなければならないのである。（三八頁）

ハートマンの主張を発展させると、日本語で書かれた現代詩も（『万葉集』などの古代詩と同様に）耳で聞かれるべきものであり、音として存在しない詩は「詩《うた》」として完結されていないことになる。その〈音〉は必ずしも詩人自身による朗読という行為によって行われる必要はないが、事前に作成された詩をよむとき、詩人自身が自作を朗読することこそ、ことばを音の世界に捉え返し、同時に〈読者〉を〈聴衆〉に変身させる。つまり、詩という体験に音の優位性を取り戻すのである。「音の優位性」というと、ひとつひとつのことばに付随する音を読者・聴衆の耳に届けることを意味するだけでなく、真の〈体験としての詩〉を時空間的次元に戻すことも意味する。白石や吉増剛造のような朗読に卓越した詩人は、ミュージシャンと同様に各々の音(ことばや音符)の長さ、音程、音量、そしてそのつながり(フレーズや抑揚の作りかたなど)を巧みにそして新鮮に表現する。

さらに、朗読は、ある程度〈音〉に重点をおくパフォーマンスである以上、音楽の演奏に類似しているといえよう。ただし、類似しているとはいえ、独特のリズムの基盤をもつ、しかも即興に重点をおくジャズとはずいぶん違うのではないか、という疑問が生じるはずである。たしかに、あらかじめ創作された詩をよむのと、人前で部分的にでも即興によって創っていく行為とはだいぶ違う。だが、ハートマンが論じるように、即興と作曲(あるいは「作詩」)というプロセスは、必ずしもそうはっきり区別できるものではない。結局、即興と非即興の境界線を曖昧にしているのは、パフォーマー自身のステージ上での柔軟性および意気込み、という主観的な基準なのではないだろうか。同じ「事前に書かれた」作品をよむにしても、白石かずこのような詩人はあらかじめその詩の朗読の練習を重ねて一つの理想形を本番で目指す、という一種のクラシック音楽に通じる姿勢を拒否し、むしろその場でのいろいろな状況(そのときの気分、聴衆の反応など)によって、よみ方を大きく変える。それゆえに、本番となると新たな緊張感が生じるわけである。

白石の朗読に対する姿勢とジャズ演奏との類似性をもう少し掘り下げてみよう。本人の証言によると、白石は自分の詩の可能性を模索していた六〇年代に、フリージャズが大きな鍵となるように感じたという。また、実際にその後の共演したミュージシャンたちにも、フリー系の人が多いようである。ところが、白石の朗読のプロセスは、フリージャズのミュージシャンがめざしたがる「白紙からの出発」(あるいはそれに近い状態)には必ずしも似ておらず、むしろスタンダード曲を演奏するハードバップ時代のマイルスに類似している点が多いのではないかと思う。具体的にいえば、スタンダードのテーマを演奏する(あるいはスタジオで録音する)前に、そのテンポやメロディの吹き方やコード進行における代理コードの使用など――大まかにいえば「編曲」――をある程度決めておいて、練習して形を固めてから本番に挑む。しかし、そこまで予めに編曲しても、マイルスが同じメロディを十回吹いても毎回明らかに違ってくる。たとえば、アクセントのつけ方を変えたり、テンポを微妙に変えたりするのが当然であるように。

白石の朗読もほぼ同様のプロセスではないだろうか。つまり、すでに紙に書いてあることばをよむとしても、よみかたを一回一回その時の気分によって変えるのが当然という姿勢が伝わり、そのときに発される緊張感と同時にリラックスした柔軟な姿勢の共存こそに白石の「ジャズ的」性質が見出せるように思う。その意味では、白石かずこが日本の戦後詩人のなかで、一番「ジャズ的」といえるかもしれない。ほかにもジャズ好きの詩人もおり、ジャズ・ミュージシャンと組んで朗読を行う詩人もいるが、白石が自作の詩を音の世界に返すという朗読の行為に挑むとき、そのことばや「作品」に対する柔軟な姿勢そして聴衆とのいきいきした関係が、きわめて〈ジャズ的〉であるように思う。

風景の響き――アンダーグラウンド映画とフリージャズ

一九六〇年代から一九七〇年代前半まで、ジャズを使った日本映画はけっして少なくないが、ここではそのなかで激動期の「時代性」を強烈に体験している二人の監督、若松孝二と足立正生の映画に注目したい。この二人の作品はまさに「アンダーグラウンド映画」と呼ぶに値する。若松は同時代のいわゆる「新宿文化」の中心人物の一人でもあり、数々の独特のピンク映画を監督したほかに、「若松プロ」のもとで、足立正生などのような若手の脚本家や監督などもたくさん育てた。一方、足立は、脚本家や映画監督というより、「過激派」の活動家として知られているかもしれないが、一九九七年に中近東から「帰国」して以降、足立はふたたびメディアと研究者にクローズアップされ、足立の映画も再検討・再評価されてきた。たとえば、二〇〇〇年三月にシネマ下北沢で『足立正生全映画上映会』が開かれ、それに伴って『映画芸術』誌の『足立正生零年』

という特集号が出版された。また、二〇〇三年に刊行された五百頁を優に超えるインタビュー形式の「自叙伝」と呼べる『映画/革命』[25]が注目を集め、同書について『情況』誌で、『足立正生　映画/革命をめぐって』という別冊特集号(二〇〇三年六月)が組まれた。アンダーグラウンドの存在だったのに、あるいはアンダーグラウンドだったゆえに、若松と足立が見なおされてきている。

足立と若松の映画は近年研究者の注目を集めているとはいえ、彼らの映画におけるフリージャズの導入と使い方に関する検討はほとんどなされていないようである。したがって、以下フリージャズを扱った二人の作品を一本ずつ解釈しながらその問題を含めて考察したい。最初は足立の『略称・連続射殺魔』(一九六九年、音楽監修は相倉久人、演奏は富樫雅彦と高木元輝)を取り上げる。この作品は「連続射殺魔」と呼ばれていた永山則夫の足跡を追う〈風景論〉の実験として知られる映画である。永山は一九六八年以降タクシーの運転手を四人射殺し、翌年一九歳で逮捕され、九七年に死刑が執行された。

しかし、同時に『略称』は日本のジャズ史における意義も大きい。まず、副島輝人によると、「相倉久人は『連続射殺魔』の音楽コーディネイターの仕事を最後に、ジャズ界から離れていった」[26]。しかも、この映画の直後にドラマー富樫雅彦が下半身麻痺となったため、『略称』のための録音は富樫が最後に「足を使った録音」となった。しばらく経って富樫は、より音色と〈間〉を重視するパーカッショニストとして復活し、独特の美的感覚を持つ優れたミュージシャンとして日本のフリージャズ界を代表する奏者となる。しかし、足を使っているこの作品においても、後に発展される富樫のユニークなサウンド感覚および〈間〉が十分に確認できよう。

最後に取り上げる若松監督の『十三人連続暴行魔』(一九七八年、音楽は阿部薫)も、『略称・連続射殺魔』と同様に、日本のジャズ史で注目されるべき映画の一つである。なぜなら、奇才のフリージャズ奏者阿部薫が、音楽を一人で全部「演奏」しているからだけでなく、この映画には阿部が実際にサックスを吹いている、というめずらしい映像が映っているからである。そして、この映画が公開された一九七八年に阿部は二九歳で死んだ。

両作品を取り上げる前に、この時代のアンダーグラウンド映画とフリージャズとの関係全般について検討したい。「なぜフリージャズなのか」、「しかも、なぜ若松プロのピンク映画にフリージャズが比較的に多いか」という素朴な疑問から始めよう。この疑問に対し、一般論的な答えと、一本一本の作品にまつわる答えが思い浮かぶ。

一般論で答えると、さまざまな説明がある。まず、経済的側面。例外の作品を除けば、若松プロでは一本の映画で使える資金がごく限られていたし、制作時間も長くかけられなかったので、安くて早く仕事を済ませるミュージシャンが必要だった。フリージャズのミュージシャンは安い報酬に慣れており、音楽を即興で創るので、通常の作曲家よりはるかに早いはずである。

また、美学的感覚や芸術的姿勢において、実験的な作品に挑んでいた若松プロの監督たちとフリージャズのミュージシャンたちは共鳴するところが少なくなかったのだろう。制度や秩序を無視する、あるいは破る音楽が欲しいと思えば、当時日本の前衛芸術家などの間で話題を呼んでいたフリージャズに行き着くことはごく自然だったろう。もちろん、第四章で論じたように、フリージャズもそれなりの規制的枠内で行われるし、「破壊」や「解体」ばかりでなく、演奏自体が新たな表現構築であると見なさなければならないはずだが、フリージャズの溢れんばかりのエネルギーと破壊的な「美学」(あるいは「アンチ美学」)は、若松プロの監督たちにとって魅力的だったようである。

個人的な「付き合い」という理由も見逃せない。新宿をお互いに拠点としていた若松たちとジャズ・ミュージシャンたちが、ジャズ喫茶やゴールデン街のバーなどで自然に知り合ったりすることもあったという。さらに足立の場合、「批評戦線」という小さな批評運動の一員として相倉久人や平岡正明と一緒だったので、彼らを通してフリー系のジャズ・ミュージシャンを紹介してもらうこともあった。

しかし、以上のような一般論的な理由を挙げるだけでは、説明しきれないはずである。やはり、各作品自体に関連する理由もある。たとえば、『略称・連続射殺魔』の対象となる永山則夫自身が新宿のビレッジ・バンガードというジャズ喫茶で少し働いたことがあり、その店の外観も作品の〈風景〉として映っている。(足立自身も何度か行ったことがあると言っている。[27])つまり、ジャズは永山の生活の中でしばらく流れていた「音の風景」であり、したがって彼の個人的なストーリーの一部であった意味で、ジャズの使用がふさわしいという説が考えられそうだが、後で論じるように、この映画で足立は「ストーリー」たるものをできるかぎり避けようとしている。そして、ストーリーを避けるなら、聴きなれたメロディなどを拒絶しがちなフリージャズが格好の音楽となる場合が多く、この作品には、もし音楽を使うならば(作品中、一切の音を排除すべきだという主張も成り立つだろうが)、富樫雅彦の起用は納得のいく選択だといえよう。

若松孝二は、『十三人連続暴行魔』に阿部薫を使おうとしたのも、奇遇から始まったと記憶している。すなわち、若松が阿部に初めて「出会った」のは、やはり新宿ゴールデン街であった。ある雨の夜、若松がその路地を歩いていたら、二階のバーの窓から、フリージャズ風に「アカシアの雨」のメロディを解体する鮮烈なサクソフォンの音が聞こえてきて、その独特な音楽世界に心を打たれた。それがきっかけとなり阿部と知り合い、いつか自作の映画で使ってみたい、と思っていたという。若松は、『十三人連続暴行魔』の最後の場面に、主人公が雨の中で撃たれて死ぬようにしたかったそうだが、撮影に三、四日間しか割くことができず、その間に雨が降ってくれなかったので、結局夕日をバックに「夕焼け小焼け」に変わったらしい。[28]

要するに、当時のアンダーグラウンド映画の世界でフリージャズが使われる理由には、単なる偶然的要素もあった。とはいえ、ここで取り上げる二本の映画は、作品の内容および方法論、そしてミュージシャンの個人的な感性が、すばらしい組み合わせとなっており、その結果、作品中に印象的な〈音と映像の融合〉が味わえる場面が少なくない。

沈黙と音の対位法――足立正生の『略称・連続射殺魔』

『略称・連続射殺魔』は大胆な実験映画である。そして見方によっては、矛盾――少なくとも逆説――に富んだ作品でもある。一応、永山則夫の痕跡を追う一種のドキュメンタリー映画だといえるだろうが、本人の姿も声も、もちろんその代役も登場しない。また、作品中にまったくインタビューも会話もなく、一見、ドキュメンタリーを思わせる要素は、客観的な口調でたまに現れるナレーターの声だけである。しかも、その声はごくたまにしか出現しない。ナレーターが話すのは、永山がいつどこに住んだり、どこで働いたり、どこに行ったりしたなどのようなきわめて記述的な内容に限定され、喋る時間も最小限に抑えられているようである。この作品の他の〈音〉といえば、時に突出する富樫雅彦と高木元輝のフリージャズの音的破片しかない。つまり、この作品は通常の伝記ドキュメンタリー映画で用いられる多くの手法を拒否し、足立と共同制作者たちが(29)模索していた〈風景論〉という概念に基づいて作られたのである。

画面に映る各所の風景に伴うはずの音響——風や波などという自然の音から車や工場の機械などという都会の音まで——が一切排除されていることに注目すべきである。したがって、映る風景には〈沈黙〉という〈音の欠如〉がより目立つといえよう。作品中の音楽については後に考察したいが、先にこの映画の思想的背景にある〈風景論〉に言及しなければならない。

《思想としての風景論》

『映画/革命』の編集者、そして足立の聞き手を務める平沢剛は、雑誌『映画芸術』の足立に関する論文で、〈風景論〉の思想的背景を簡潔に要約しているので引用したい。まず、「風景」ということばと同時代の関連映画についての説明を引用しよう。

風景という言葉をめぐって、日本においては、映像で遺書を残した男の物語である大島渚の『東京戦争戦後秘話』(70)、日本中の風景を方法論的なフェティシズムで撮った原将人の『初国知所之天皇』(73)といった映画と呼応関係にあると言える。また、映画以外の分野においても、写真家の中平卓馬を中心に、デザイン、美術といった幅広い分野において、風景という言葉は、情況に変わる時代の鍵言葉として盛んに使われた。それは、高度経済成長によって、風景が文字通り可視的に書き換

えられていく様を目の当たりにしていく表現者の抵抗と同義だったと言えるのかもしれない。(30)

つまり、ここで大事なのは、〈風景論〉とは単に美学的な概念というより、同時代の日本の現状を把握するための思想的手がかりであり、映画によってその現状を表象するひとつの新鮮な方法論であり、発端的な思想運動でもある、ということだろう。だからこそ、足立たちは『略称・連続射殺魔』の撮影のために四カ月も日本列島を駆け回り、通常の何倍もの時間と制作費をこの作品に投入したのではないか。(31)

『映画／革命』に収録されたインタビューで、平沢が足立自身に〈風景論〉について尋ねたとき、足立は理論的な説明を共同制作者の一人だった松田政男の著作『風景の死滅』に委ねたいと答えているので、同書から二つの節を引用しよう。

私たちは、したがって、永山則夫のドキュメンタリーを撮影するにあたって、何よりもまず、風景としての日本列島をいかにとらえうるかという視点を繰返し深化させる以外にいかなる方法をももちえなかったのである。私たちの固有の時間を経めぐった私たちに固有の空間は、それがたとえ同じ場所、同じ旅程であったとしても、永山則夫の軌跡とは、当然のことながら、異なってしまっているはずだ、両者

の時空からひとつの函数を抽出するとするならば、それが、まさしく風景となる。（二六頁）

一言で言って、〈風景映画〉における風景とは、何処にでもある風景なのである。それは、まさに、何処にでもあるのだ。

何処にでもある風景——これは〈風景映画〉の秘密をさぐる上での、最初にして、そして最後のキイワードである。（一三〇頁）[32]

ここで「何処にでもある風景」とは、日本中のどこまで行っても、大都会であろうと辺鄙な田舎であろうと、同じ均質化された風景しかない、という意味である。松田が同書を通じて繰り返し使っているもうひとつのキーワードは、まさに「均質化」であり、均質化されてしまった日本の風景に対し、どのように抵抗すべきかという問題がこの風景映画の制作の根底にあるといえよう。だが、松田が提唱する「両者の時空からひとつの函数を抽出する」ということを具体的にどのように風景の撮影を通して行うのだろうか。つまり、〈思想としての風景論〉から〈方法としての風景論〉へ「変換する」という問題が依然として残るのである。

《方法としての風景論》

今度は足立自身の発言を引用しよう。『映画／革命』で〈方法としての風景論〉を模索する過程を、次の二つの節でかなり具体的に語っている。

まずやったのは、説明抜きに、日本の風景は全部同じものになっているのだということだった。その助走が最初に入れたものだ。もうちょっと、ぎくしゃくするものにしたかった。編集しながら、映像の限界と可能性について、溜息合戦をしていた。彼らは、やはり、ドラマにしないとダメじゃないかという迷いを聞いて、口を閉ざしたりして、逃げるなという意思表示をしていた。彼らも原点に帰ろうとして風景を撮り続け、一定の手応えを得ていた。その苦闘でカメラマンも力が入って、永山ならこう見ただろうか、俺たちは今永山じゃないんだからどう見るか、などとフレーム一つ決めるのに、私と論議を重ねた分、潔さを持っていた。（二九三頁）

余分なものを持ち込まないでやった方がいいという考えで、どんどん削ぎ落として風景だけ撮影して行く仕方を開始した。（引用者注：永山の）裁判も始まるので、弁護士さんとも協議しながらやるかどうかも検討したが、余分な感情を持ち込まないために、それらも省略したし、裁判資料に関わりそうな部分も、どんどん削り続けた。むしろ、生きた偶像である永山にこだわり続ける側で、風景との対比、対決とまで言わないけど、永山の側に私たちがもう一回同化を試みて、そこで見えるだろうことを撮ろうとした。(二九一頁)

この説明から察すると、足立は「おいしいストーリーテリング」、つまりドラマ仕立てのような〈物語性〉を避けようとしていたようである。そして、明らかに通常のドキュメンタリー手法を拒絶するように心がけていたといえよう。しかし、『略称』には、物語性も、伝統的なドキュメンタリー手法も、かなり残っていることも見逃せない。

たとえば、この作品はひたすら風景のショットによって構成されているように見えても、映っている場所/風景は、永山という登場しない「主人公」(亡霊)が通過した順序と全く同じ、となっている。永山が生まれた場所から転々と移住したり放浪したり、逮捕されるまでの主な拠所を、足立たちが順序通りに映していることを考えると、この作品は永山則夫というひとりの青年の「人生物語」の論理で構成されている、といえるではないか。

また、ナレーターの存在自体はドキュメンタリーを連想させるばかりでなく、その語りの内容——上述のような客観的な「史実」に限る内容——そしてナレーターの話し方や声の質までが、普通のドキュメンタリーと大差ないように思える。したがって、『略称』は、風景の視覚的世界を強調しながらも、一種の伝統的なドキュメンタリー(ストーリーテリング)手法も、ある程度見出せるといえるだろうが、足立はそれに関連する諸問題を次のように処理しようとした。

あるテーマなり人物像を描くのに、全体像から求めて行こうとすれば、そういう方法と技術を使うこともある。しかし、テーマと人物像は、それによって反転させられるし、反転させて説明することになる。だから、説明する仕方で作るか、私たちの選んだ直截な方法を選ぶのか、という違い。それらの方法をさらにもう一度反転させて、ストーリーテリングで一体化して提出してみせるという方法も考えていた。つまり、その反転方式でやるなら、最後までやる必要があり、ドラマ仕立てにしただろう。単に投げ出す仕方があってもいいじゃないか。でも、私たちが精魂つきて諦めた結果が、今の『略称』かといわれれば、違うと答える。そして、それを徹底するために上映も止めた。どう屁理屈をつけてもいいんですが、私たちは、上映を止め、弁解は一切しない、というのを申し合わせ事項にした。いずれ、もう一回見直したり、作りたくなったりしたら、その時はその時で、みんなで考えればいい、それは十年先かな、と言いながら、それぞれが、フィルムの一部ずつを持って解散した。十年後くらいに、アラブにいた私の所にも、「風景映画を上映している

よ」という声が届いた。へえーっと思った。（三〇〇頁）

創ってから上映しない映画というのは、商業主義の映画界の常識から考えられないはずである。いくら監督とその関係者たちが「金のために作った映画じゃない」と主張しても、映画というものを創るのに相当の出資が必要であり、せめて大赤字を避けたい気持ちは普通だろうし、そのために上映は絶対条件であるといえよう。ところが、以上述べたように、足立たちにとっては、この作品は単なる美学的および技術的実験だけではなく、しかもけっして商業的な仕事ではなく、むしろひとつの〈思想運動〉の一端であった。言い換えれば、『略称』を創るという過程によって、足立とその周辺の思想家・活動家たちが〈風景論〉という概念を深化し、そして具体的な映画の方法論に「変換する」ことに大きな一歩を踏み出したといえる。

《音の抹消、音楽の介在》

『略称』の実験的な側面を十分に把握するためには、音の使用法に注目する必要がある。確かに、この作品はきわめて視覚重視の印象を与える。その理由はいろいろ考えられる。まず、停滞した風景の連続ショットによって構成されているという理由が大きいのはいうまでもない。しかも、映っている風景には人間不在の場合が多く、カメラも不動のまま映しつづける、というわゆる「ロングテーク」の多用のおかげで、ときには写真のスライドショーを見ている錯覚に陥りかねない。だが、この視覚中心の世界に大きく貢献しているのは、作品中に響き渡る〈沈黙〉だといえよう。つまり、ambient sound（周辺音響――いわば、映っている風景に伴うはずのさまざまな音）が完全に抹消されているわけである。強いて言えば、ナレーターの声さえなかったら、『略称』は〈無声映画〉と呼べるかもしれない。実際に、この映画の大半には何の音も流れておらず、風景のみが映るようになっている。

映画理論では、周辺音響が画面に映っているイメージをさらに「立体化」（spatialize）する効果がある、という見方がある。では、逆に『略称』のようにその音を一切排除したら、イメージの空間が普通の現代映画より立体性に欠ける印象を与えるだろうか。もし、そうだとしたら、周辺音響を使わないことによって、画面に映るそれぞれの風景が均質化されているという印象をより強く受けることにもなりうるだろう。すなわち、〈方法としての風景論〉を追求する選択として、なるべく音を最小限に流し、イメージに伴う周辺音響を一切避ける、という発想が成り立つだろう。

また、この発想に従えば、音楽の使い方も浮き彫りとなろう。足立たちは「映画音楽」によくあるような映像や場面に合わせた「雰囲気作り」という手法や「登場人物の内面描写」などのような効果をあえて拒絶し、音楽によって映像に「意味を付与する」

ことを徹底的に避ける方法を選んだようである。通常の映画での非同時音的な音楽は、観客に流れている音楽をそれほど意識させないところに効果を求めるだろう。だが、フリージャズのような聴きなれない〈音〉(その〈音〉が〈音楽〉に聞こえるかどうかは観客による)が突然に映像の世界に飛び込んでしまうと、「観客」が止むを得ず「聴衆」にもさせられるといえよう。

『略称』で音楽を使う以上、フリージャズという選択しかないと私は言っているわけではないが、やはりこの映画の実験的な姿勢に合わせて〈音楽〉と〈音〉の境界線に迫るミュージシャンがほしくなることは納得する。そこで、監督に負けない冒険心に満ちたミュージシャンが不可欠となる。だが、『略称』のような静かな映画には、激烈な音を迸らせるようなフリージャズ・ミュージシャンは合わない、ともいえるのではないか。その意味では、もともと〈間〉を大事にする、繊細なパーカッショニストの富樫雅彦が最適の選択だったように思う。(高木元輝はこの点においてやや富樫に及ばないように思われる。)ところが、富樫たちがこの作品の音楽を担当するように頼まれたことに、ちょっとしたいきさつがある。足立が次のように説明する。

(引用者注:富樫に頼んだのは)批評戦線の関係です。相倉さんと平岡が、がんがん話し合って、山下洋輔さんに頼むことが第一感で浮かんでいたようです。でも、永山則夫のイメージを表現するだけだから、それなら誰に頼むのが最善かとまたどんどん論議して、平岡は、俺がやるなんて言い出した。楽器は何を使うのかと聞くと、楽器なんてスタジオにゴロゴロあるじゃないか、全部使ってやる、と主張する。最後に、お前やったことないだろう、どういう音が出るか分からんだろうと皮肉ったら、お前の話聞いたら、どんな音だっていいと思えるし、それなら俺がやるのがベストに決まっている、と自信たっぷりなんだ。私が、さらに難しい映画になりそうだから、要らない、と言うと、平岡は怒って姿を消した。録音も終わる頃に戻って来たけれど、彼は本気でやる気だったんだ。相倉さんは、最後まで、富樫さんが映画の音楽をやれるかどうか危ぶんでいた。映画音楽じゃなくてもいいことや音を主人公にするから、実は平岡でもやれるんだ、と説明したら納得した。（二九五頁）

足立の描写に現れる平岡正明の度胸というか、無謀さというか、とにかくも感心させられる。（ちなみに、平岡自身にも『略称・連続射殺魔』の制作過程や同作品における富樫の役割について詳しく述べている評論があるが、以上の足立が記憶しているいきさつにはまったく触れていない。[33]）思えば、平岡のこの「ツッパリ」は、彼の大胆かつ熱烈なジャズ論に通ずるものがあるのではないか。とはいえ、足立が相倉に「実は平岡でもやれるんだ」というとき、本当にそう思っていたのか、という疑問が残ることは確かだ。

ここで、足立の「映画音楽じゃない」という発言は重要である。なぜなら、おそらく足立が求めていたのは、〈音楽〉というよりも〈音〉だったと思われるからである。もちろん、第四章で論じたように、すべての音楽は所詮〈音〉によって成り立っており、同時にすべての音は〈音楽〉になりうる、という発想がある。日本のジャズ界のなかで、富樫自身はきわめて一つ一つの音色に敏感なミュージシャンであり、足立のこの実験作にとって最適の人物だったかもしれない。しかしどう考えても、富樫の「鳴らす」ドラムの音と、ミュージシャンでもない平岡正明が「発する」音とは、比べものにならないはずだし、足立は本当に「平岡でもできる」と内心思っていたことはふつう考えにくい。

引き続き引用しよう。

実際の録音中は、高木さんがサックスを高潮させると、富樫さんが「ストップ」をかけた。私には何がどう問題なのか分からなかったけれど、富樫さんは「時々説明的な音を吹いている」と言い、二人で話し合っては、全体像から細部の音調を固めて行った。盛り上がるのではなく、同調するのではなく、対立していくこと、などと言って、話し合っては画像の一部を流してみたりしながら、作り直していた。高木さんが盛り上がるだけ盛り上がった部分をフィルムとシンクロさせてみると、映像が雄弁になりすぎるというか、解説的にも聴こえた。音楽というのはそういうものだと思う。対立してほしいと思うこともあった。永山の主観に一体化する映画ということで、音の側から入って行けるように考えたりしていた。（二九五—二九六頁）

確かに、注意して聴くと、高木は「フリー」に〈自由に〉吹いているとはいえ、モダンジャズなどの即興のソロでよく目指すような〈必然性〉を追求しているように聴こえることもある。つまり、即興でありながら、事前に作曲されたほどに整ったフレーズを組み合わせて構築するようなソロを目指す傾向があり、フレーズのバリエーションをつないでいくことによって、新たな「歌」ができあがるように感じさせられる。だが、そのような「歌」は一種の〈音楽的物語〉に匹敵すると考えると、風景論を追求している監督たちの意図には合わないことも想像できる。富樫の場合、この問題をすぐに感知して、〈脱物語的奏法〉と、映像との対立で自分の音楽的感性を一貫して発揮していったのではないか。

足立自身の上記のコメントから察すると、『略称』の制作に取りかかったころ、彼はそれほど音楽や音にこだわっていなかったようである。むしろ、富樫の音による敏感な反応そして彼の高木に対する鋭い批判に触発され、自分が求めている音に対する自覚が一層高まったのではないだろうか。以上の記述の検討から明らかなように、『略称』におけるフリージャズ関係者の存在は小さくなかったといえよう。憤慨して帰った平岡正明にせよ、協議し続けた相倉にせよ、そしてときに対立するミュージシャンの富樫と高木にせよ、『略称・連続射殺魔』という実験的作品に貢献しただけでなく、足立自身の〈方法としての風景論〉という試みに新たな次元を持ち込んだ、ともいえる。

腹話術師としての阿部薫——若松孝二の『十三人連続暴行魔』

《若松孝二とその周辺》

ヤクザから出発し、異色のピンク映画監督として評判を得、ベルリン映画祭で自作品が「日本代表」として選抜されたために日本映画界のスキャンダルに巻き込まれ、「若松プロ」という小さな映画制作会社を興し、個性的な映画人を育てたり支えたりしてきたという若松孝二。通常の出世コースからはほど遠いのだが、若松自身と彼の同僚たちが創った数々の作品も並みではない。「前衛ピンク映画」と呼べる作品が多く、そのなかにはラディカルな批評精神に貫かれた作品も多数ある。

若松プロが世に出した多くの作品は当時、ごく限られた制作予算で作られたため、撮影期間もきわめて短かった(平均は三—五日間)。映画を作るのにけっして理想的といえない状況が常に若松プロにつきまとっていたにもかかわらず、脚本家や監督たちの独特の感覚がよく生かされている、印象的な実験作は驚くべき数に及ぶ。たとえば、足立のほかにも、日活の鈴木清順グループから移ってきた大和屋竺の諸作品も若松プロへの注目度を高めた。以下の若松の証言から明らかなように、大和屋は若松の下で働いていたとはいえ、若松自身にも大きな刺激を与えた。若松は、初めて大和屋の『裏切りの季節』(若松プロ、一九六六年)を観たときの驚きを次のように語っている。


　これを見たとき、俺はひっくり返った。すごいんだよね。今まで俺がやってきた映画作りと違って、映像から何から。映画文法みたいなのをみんなぶちこわしてるのね。つながりも〝ひっつき〟も考えないでさ。まいった。

　画面《え》の作り方がさ、同じカメラマンを使っても全然違うわけだよ。例えば、メシを食っているとさ、それと同じポジで……そのまんまの位置で次のシーンを撮ったりね。今、よく使う俺の手だけどさ、画がらが全然違うんだ。最後の傘がカサカサカサカサッと行くラストシーンね、これには、まいったなァ。今まで俺、ちょっと頭《ず》に乗りすぎたなァと思ったりしてさ。

　それで、よし、クソーッ負けたくねえと思った。その映画が、評論家などの間で話題になった時なんかにね。そういうの誰かが撮ると、俺、またダーッと燃えるんだよね。(34)

この『裏切りの季節』と、翌年の『荒野のダッチワイフ』という両作品は、シュールレアリスムを思わせる独特の大和屋の映画術を披露しながら、当時日本の最先端のフリージャズ・ミュージシャンたちが音楽を担当しているため、実験作品としての印象がさらに強化されている。『裏切りの季節』では、佐藤允彦がピアノを弾き音楽担当を務め、『荒野のダッチワイフ』では山下洋輔がその役を担う。

《『十三人連続暴行魔』》

一見、若松孝二の『十三人連続暴行魔』は足立正生の『略称・連続射殺魔』に類似している点が目立つ。両作品は一人の青年犯罪者を追っており、フリージャズを使って実験的な手法が目立ち、そしてカメラワーク(とくに印象的なロングテーク)によって「主人公」が直面した〈風景〉に焦点を当てる場面が多い。

しかし、数々の相違点も見逃せない。たとえば、『略称』の「主人公」永山則夫は、実在した人物であったと同時に、画面には彼の姿が一度も登場しない。対照的に、『十三人』の「暴行魔」と呼ばれる男は、無名の虚構人物であり、彼が終始登場しているだけでなく、彼のすべての犯罪行為も、いやになるほど生々しく映る。また、『略称』の場合、すでに逮捕されている永山の足跡を追う構成となっているのだが、『十三人』の場合、一件一件の強姦行為が映るだけでなく、展開上はそれが「現在進行」という形になっているのである。言い換えれば、『略称』でナレーターと映像が、永山と彼の犯罪を〈過去〉に位置づけているのに対し、『十三人』では犯罪が〈同時〉に展開される構成となっているわけである。

また、両作品は確かに〈風景〉に注目しているが、風景論映画『略称』では、均質化された日本列島のさまざまな風景が強調され、その風景が永山の内面にどのように迫ったのかについては、きわめて間接的かつ抽象的な暗示しかされていないといえる。松田政男が認めるように、映画の撮影を進めるうちに、自分たちが永山と「同じ場所、同じ旅程であったとしても、永山則夫の軌跡とは、当然のことながら、異なってしまっているはずだ」。ところが、以下論じるように、『十三人』では、均質化された日本全国の風景というより、暴行魔が住んでいる東京都大田区の荒涼とした風景に焦点を絞っており[35]、その風景自体が彼を犯罪に導く、という縮図がみられる。最後に見落とせない違いは、『十三人』が一応「ピンク映画」でもあるということである。したがって、この作品は一方ではフリージャズと冒険的なカメラワークと監督の批評精神が認められるが、他方では相次ぐレイプ・殺人のシーンが混在しているのである。

この作品のレイプ・シーン自体をエロチックに感じるか、おぞましく感じるかは観客によるが、そのようなシーンを期待して観に行った観客も少なくなかったはずである。

ただし、ここでは若松映画におけるエロスと暴力という大きな問題はさておき、これまでほとんど注目されてこなかった〈風景と音楽〉を中心に解釈したい。

この作品では、阿部薫が一人で主楽器のアルトサックスのほかに、ハーモニカとアコースティックギターを使って、映像に合わせる(対立する)ための〈非同時音〉を創っている。そして、上述したように、阿部が登場してサックスを吹く(「吹きまくる」というべきだろう)、というめずらしいシーンもひとつある。つまり、阿部が〈同時音〉も〈非同時音〉もすべて自ら提供している作品である。日本映画史におけるジャズ音楽の使用としては、この作品の音楽は最も表現豊かで余韻のあるものではないかと私は思うのだが、マイナーなピンク映画だと位置づけられがちな本作を、はたしてどのくらいのジャズファンが(フリージャズのファンも含めて)観ているのだろうか。二〇〇四年一〇月にDVDとして市場に出たことは歓迎すべきだが、残念ながら阿部が登場して吹いているシーンでは、音と手の動きの(つまり、サウンドトラックと映像の)タイミングがずれている。

『十三人連続暴行魔』の筋は単純そのものである。というより、ほとんど「筋」と呼べるほどのものはない。名のない「暴行魔」である主人公が、次々と女性を強姦し殺害する。殺す方法(射殺、絞殺)の変化は多少あり、また被害者のなかには、たまたま狙っている女と一緒にセックスしていた男も混じっているが、男は例外で、狙われるのはもっぱら女である。

「暴行魔」は、太った若い(せいぜい二〇歳代前半の)男であり、いつもデニムのオーバーオールを着て、住んでいる工場地帯を自転車で乗りまわしている。周りに知り合いはなさそうで、常に一人でいる。ほとんど喋らず(演技が下手だから観客にとってこれはありがたい)、したがってこの作品では、会話によって彼の精神状態に光が当てられるような場面は少ない。言い換えれば、彼が何に駆られて女を凌辱し殺すかは、明示されていない。だが、「暴行魔」が一人で自転車に乗りながら大声でわあーっと辛そうに叫び続ける場面があり、暴発しそうな感情を抱えていることが見受けられる。

ところが、「ストーリー性」に乏しいからといって、主人公の〈犯罪の動機〉、少なくとも彼の内面的葛藤の原因が一切追求されていないかというと、そうでもないのだ。すなわち、周りの〈風景〉こそ主人公の鬱積した怒りを「説明する」役割を負わされる部分が少なくないといえる。

設定は東京都大田区の多摩川沿いの工場地帯である。羽田空港の近くでもあり、多摩川の対岸にある川崎市の煙を吐く工場も映る。また、その付近の住宅で目立つのは、圧迫的に立ち並ぶ団地である(36)。

この作品の出だしのシーンはとくに印象的だから、詳細に記述したい。始めのシーンでは、暗い一室でオーバーオールを着た若い男がピストルを作っている。金属を削る機械の同時音が聞こえる。カメラがカットして、今度は外でぐるぐる回る自転車のスポークがクローズアップのショットで映り、自転車を漕ぐという同時音が聞こえる。上を見上げる男の顔のカット、また回るスポークのショット。そして、今度はジャンプカットで、上から撮った印象的なショットがある。カメラが不動のまま、はるか上から映し下ろす、誰もいない道路の一部がフレームとなっており、自転車に乗っている男が、ゆっくりとそのフレームに入り、通過して、そしていなくなってからもカメラがそのまま、がらんとした道路をしばらく映しつづける。男の姿はずっと遠くの高台から見下ろすショットなので、自転車を漕ぐ音は聞こえないが、たまに聞きなれぬ「ベン、ベン」という打楽器的な非同時音が突出する。これは阿部のギターの音だが、ギターにも聞こえないし、音楽にも聞こえない観客が多いはずである。阿部の放つ音は、この妙な空間と視点をさらに引き立てる効果があるのと同時に、だんだんその音と音の間隔が短くなることによって、ショットのリズムを強化し、緊張感も高める効果がある、といえる。(観客が思わず「一体何の音だろう？　どこからきているのか？」と内心問いたくなるような不思議な音である。)そして、また上を見上げる男の顔へカットするのだが、今度は初めて彼が見ているのは、立ち並ぶ壮大な、しかも同一の団地ビルであるということが分かる。大勢の人間が住んでいるはずの団地なのに、この男のほかに一人も映らない。

　オープニングからこのショットまでは約一分半しかないので、かなり綿密な編集とカメラワークだといえるし、とにかくこの作品は通常のピンク映画ではないということは始めから明らかとなる。まだセリフが出ていないが、同時音も非同時音も、予期できずに出現する。

作品全体は決してこれほど細かく作られていないが、たった三—五日間で撮影したことを考えると、感心せずにいられないだろう。（相次ぐレイプ・シーンは別問題である。）

この出だしのシーンが早くから暗示しているのは、主人公が周りの風景に圧迫されている、ということだといえる。団地の上からのショットで彼の小ささが強調され、彼が壮大なコンクリート・ビルを見上げると、本人自身もその小ささおよび無力さを痛感していることが推測できる。また、彼が自転車で通過する画面の不動のフレームという場面は、彼の孤独さを提示しているといえよう。大勢の人間が住んでいるはずの団地なのに、全く人気がなく、荒涼とした都市像が打ち出されている。

その後に続くシーンから徐々に明らかになるのだが、女を犯すことによって「暴行魔」が自分を圧迫している風景も犯している、という縮図がこの映画の根底にある。たとえば、男が団地を見上げてから中に入るという最初の強姦シーン。あるドアのまえに立ち、「警察のものです」と言って、押し込む。そして、部屋の中にいる女性を長々と強姦してから彼女の局部をピストルで撃って殺す。（これは二重のレイプと見なせる。）「暴行魔」のこの第一号の被害者は、団地の住民である。つまり、この行為で「暴行魔」

となった男は、団地の女性を凌辱し殺害することによって、その巨大な平然とした建物自体に対して激越な自己主張を行っている、と見なせるのではないか。

足立正生らは、日本全国の均質化された風景が永山則夫を圧迫していたことを想像していたようだが、永山自身と彼が見た風景との関係はごく暗示的にしか結びつけられていなかったといえる。対照的に若松のこの作品の場合、均質化された風景というより、大都会の汚染された自然および非人間的な生活風景が主人公を圧迫しているということが、もう少し分かりやすい方法で示唆されている。たとえば、『十三人連続暴行魔』では立ち並ぶ人間不在の団地や煙を吐く工場のほかに、通り過ぎていくゴミ収集トラックの行列や、錆びた貨物船や、騒音を放ちながら低空を飛びぬけていく飛行機などが、多摩川やその周りの野原や東京湾などを汚染している、という認識を伝えるショットが数々ある。そして、主人公自身がこの汚染された自然にも圧迫されていることは、とくに次のシーンで克明に表現される。

多摩川のほとりで一人の若い女性が絵を描いているところに、主人公が自転車を降りて話し掛ける。彼が「何を描いているんですか?」と無邪気そうに聞くと、彼女が対岸の工場の煙突を指さし、煙突からもくもくと空に上っていく色鮮やかな煙が「きれいでしょう」と答える。そして男が考え込み、工場をしばらく眺めてから、突然激怒し、「どこがきれいかよー!」と叫び、女が描いている絵を乱暴に奪い取って川に捨てる。

そして、女の首を締め「強姦」する。彼女を殺してからのことなので、厳密には「強姦」と呼べないかもしれないが、彼は終わってから立ち上がり、再び工場の風景を眺める。そこで風景に向かって、「お前も犯したぞ！」と主張しているようだ。ところが、工場は依然として煙を吐きつづけるだけである。

さて、風景と音楽との関係について触れよう。『略称』では、足立正生と富樫雅彦は「説明的な音楽」を意識して避けようとしたが、『十三人』の場合、音楽が、実際に出現する主人公の激しい行動と精神状態を大変よく表現しているように思う。〈映像〉と〈音〉が互いにうまく補完し合っているのである。

『十三人』における音楽の効果を考えるとき、阿部薫の音楽的特性は無視できない。まず、この作品では阿部がずっと独奏していること自体が、常に一人でいる主人公の孤独な存在を、より効果的に表していることに着眼すべきだろう。阿部は日本のフリー系のジャズ・ミュージシャンのなかでも、一匹狼のような存在として知られ、アルトサックス一本のソロで一晩中、唇から血が出るほど激烈に吹き通すことで注目を集めた[37]。したがって、『十三人連続暴行魔』の孤独な、圧迫されると暴発するような主人公の内的葛藤を表現するには、独奏を得意とする、激しい感情を表す阿部が最適だったと思われる。

また、阿部のアルトサックスの音色と吹き方(とくにイントネーション)は、彼がもっとも憧れていたジャズ・ミュージシャンだったエリック・ドルフィーと同じく、人間の声を連想させるという特色にも注目すべきだと思う。阿部のサックスのこの「話声／口唇性」は、『十三人連続暴行魔』でこそ、きわめて有効に発揮されているといえよう。なぜなら、口下手な主人公と流暢に「喋る」阿部のサックス音が対照的だからである。この対照がもっともはっきり展開される場面は、阿部自身が登場する唯一のシーンである。

阿部（ここではもちろん無名のミュージシャンとなっている）が川辺[38]でサックスを一人で吹いているところに、主人公が自転車を止め、乗ったまましばらくじっと聴く。阿部の一人姿を映すショット、主人公が静かに聴き入っているショット、そして風景のショットが挿入され、二人の姿が同時に映るロングショットによって構成されるというシーンである。口数も少なく、口下手な主人公は、そこでずっと黙って阿部の流暢かつ表現豊かなサックスを聴いていることを思えば、阿部はこの場面で自己の独特でまるで喋っている（あるいは泣いている）かのような音色をもって、暴力によってしか自己表現できない主人公の代弁者を務めている、といえるのではないか。また、興味深いことに、この場面における主人公の表情は、めずらしく穏やかに見え、阿部には何の暴力も加えずに、自転車に乗って静かに去っていく。結局、『十三人』での阿部薫の独特そして孤独な音が、主人公の疎外感と鬱積した感情に「ことば」を与える役割を果たしている。

若松自身が指摘するように、この映画のなかで「暴行魔」が出会うすべての人間のうち、殺さないのは二人だけ――阿部、そして橋の上ででくわす目の見えない、十代後半の女の子である。[39]「暴行魔」が狭い橋の真中で自転車を止め、女の子が近づいてくるのを待つ。そして、彼女がちょうど通り過ぎようとするところで、彼が前輪を動かし、遮断する。彼女が「通してください」というと、彼は突然盲人用の白い杖を取っ払い、川に捨ててしまう。そして女の子を自転車の後ろに乗せ、川辺の空き地に向かって行く。すでに数人の女を強姦して殺している「暴行魔」だが、ここまで卑劣な男だったか、と一瞬たじろがされる場面である。

ところが、彼の行動は今度はまったく違う。まず、彼女の手を取ってから唇を重ね、キスする。これは初めてである。そして、彼女とセックスするのだが、この場合は多少強制的ではあるものの、ほかの女性たちに対する憎しみに充ちた暴力の影がなく、一応優しく扱っているように見えるし、彼女もそれほど抵抗しているようではない。つまり、ピンク映画の世界では、これは「暴行」ではなく、「性交」と見なすべきだろう。性交が終わった後、彼女を殺すどころか、二人は草の上でリラックスした姿で仰向けにならび、静かに話し合っている。

この場面で女の子は、「血と火薬の匂い」に気づき、男がニュースに出ている「連続暴行魔」だということをすでに察していたことが明らかとなる。だが、彼女は怖がっている様子を見せず、落ち着いて素直に話しかける。まず、「人殺しが好きなの?」と聞く。彼が「分からない」と静かに答える。会話が少し続いてから彼は寝てしまう。ここで注目すべきことは、短い会話の内容というより、「暴行魔」が初めて落ちついて女性と言葉を交わすこと自体だと思う。今までは、関わり合った相手を全員殺してきたのに、この目の見えない女の子(言い換えれば、視覚的〈風景〉を有せない人物)と、それまでにほとんど〈言語〉を持たない主人公とが、ことばを交わし心を交わす。

ところが、彼は目を醒ますと、すでに夕日が照らし、周りに女の子の気配がないので、ふたたび自転車に乗っていく。そして、川辺に停まっている一台のジープの傍を通り過ぎるとき、中に座って待ち構えていた男によって機関銃で撃たれ、「暴行魔」は川に仰向けのまま落ちて、汚れた水の中でそのまま死んでしまう。(撃たれて川に落ちるショットはスローモーションとなっているので、この瞬間がゆっくり延びるのである。)

撃たれて、川に仰向けに浮いている主人公と、スモッグがかった夕日の〈風景〉とが、交互に映りながら阿部薫のアルトサックスによる童謡「夕焼け小焼け」の歪められたメロディーが、以前の音より大音量で流れ出す。阿部がここでメロディーをあまりにも変形したり解体したりしているため、多くの観客は何の曲かすぐには認知できないはずだが、挿入される夕日のショットに促され、やがて気づくだろう。また、阿部の吹き方は、メロディーの「解体」から徐々に「再構築」へと移ることも、この場面における〈風景〉

と〈音楽〉との意味的連結をさらに補強する。

映画の最後のショットはロングテークである。大きな霞んだ夕日に向かって、機関銃の男のジープが逃走し、どんどん小さくなり、同時に流れていた「夕焼け小焼け」の旋律が急に音量を増し、阿部が猛烈に叫んでいるような、心が張り裂けそうな独特の音色で、メロディーの最後の音を延ばしながら、「完」の字が画面に映る。

この作品の最後の場面では、流れる音楽が〈風景〉を〈言語〉の世界に持ち込む機能もはたしているといえよう。表面的なレベルでは、「夕焼け小焼け」の曲名自体がコトバ〈言語〉で成り立っており、観客がそのコトバを、画面に映っている夕日の風景に結びつけるように誘導される、という構成となっているのは上述のとおり。だが、ここで〈言語〉は「夕焼け小焼け」という曲名だけによって音楽にむすびつけられているのではなく、阿部のサックスの吹き方そのものが、作品中、「暴行魔」の内面的葛藤にことばを与えて代弁しているような縮図となっていることを思うと、最後の場面で阿部が一種の腹話術師の役割を背負わされている、といえるだろう。

あるいは、この最後のシーンをアイロニカルに解釈することもできる。すなわち、「暴行魔」だった男は、殺される直前に、目の見えない女の子に出会うことによって、自分の言語を初めて獲得し、もはや「暴行魔」でいる必要がなくなった時点で命を絶たれる、と。この可能性も暗示されているのではないだろうか。

結局、この作品で阿部が吹く音楽はさまざまな機能を負わされるのだが、最後に流れる「夕焼け小焼け」が「暴行魔」のための挽歌となっていることも見逃せない。そして、この映画が完成された数カ月後に、阿部自身が弔われる人となった。二九歳だった。ちなみに、阿部の葬式を挙げたのは、ほかならぬ若松孝二であった。

おわりに——〈同時代の音楽〉としてのジャズ

一九六〇年代から七〇年代まで、日本のもっとも冒険的な作家や映画監督のうち、ジャズ、ことにフリージャズに惹かれた者が多い。いうまでもなく、人によってジャズの「意味」や「意義」は異なったが、一貫しているのは、ジャズを〈同時代の音楽〉と見なしていたという視線ではないかと思う。つまり、当時の日本の「文化創造者たち」にとって、ジャズは単なる音楽だけでなく、さまざまな切実な美学的・政治的問題に密着しているように考えられていたといえる。だからこそ、ジャズに熱烈な期待を寄せたり、あるいは深く失望したりする姿勢が見受けられるのではないだろうか。

また、戦後初期のジャズは陽気な、主に「白いアメリカ」から入ってきた大衆音楽として受けとめられていたのに対し、安保闘争時代からベトナム戦争終結までの激動期においては、「ジャズの顔」が着実に「黒くなり」、一般大衆にアピールしやすい軽快なポピュラーミュージックから文化の地下室に潜り、知的素養のある聴衆や、危険な世界に接したい聴衆以外、「立ち入り禁止」の領域へと徐々に変貌していった。軽く聞き流す、アメリカ民主主義を代表する陽気な音楽から、アメリカ社会の不平等を体現する——と同時に〈自由の希求〉を象徴する——黒人たちの音楽へと、日本でジャズのイメージが大きく変わったのはこの時代である。

そして、「ジャズの顔」が「黒くなる」につれ、大江健三郎が早くから着眼した〈音楽に内包される政治性〉という問題は無視しにくくなったようである。とくに、当時の政治体制や社会的価値観や文化表現をすべて根本的に問いただそうとしていた文化創造者たちにとって、〈同時代の音楽〉としてジャズは新たな可能性を示唆する上で、大きな刺激を与えたのである。倉橋由美子にとって、ジャズ自体がすでに自らの可能性を封鎖しつつあったために、彼女はジャズから遠ざかっていったようだが、中上健次や白石かずこなどの文学者たちは、むしろジャズを作品の題材や文化的な象徴としてだけでなく、創造行為の方法論的な足がかりとして、ジャズと自分が〈日本語で書く文学〉との相互関係を模索しつづけ、ついに新たな表現領域に辿りつくことに成功した。

この時代の映画界においても、若松プロの監督たちがまさにアンダーグラウンド・カルチャーを代表する数々の作品でフリージャズを使ったが、彼らは白石と同じくレコードだけでなく、ミュージシャンと直接に交流して話し合いながら自分の表現媒体（彼女の場合はことばが優位、彼らの場合は映像が優位）とフリージャズとの協働の可能性をさぐり、印象的な実験作をつぎつぎと世に出したのである。

また、若松プロの監督たちが、ミュージシャンのほかにも相倉久人や平岡正明という当時のもっとも野心的なジャズ評論家たちと個人的な付き合いがあったことは作品に反映され、時代全般の自由自在な文化交流ぶりを物語っている。相倉と平岡のジャズ革命論には、「批評戦線」の同朋としての足立はとくに共感したと思われるが、若松の批評精神も、生々しいレイプ・シーンが相次ぐピンク映画のなかでさえ、確かに認められる。

この時代の日本のジャズ言説の三つのキーワードをあえて挙げるなら、〈自由〉・〈抵抗〉・〈破壊〉となろうが、見逃しやすいのは、これらがすべて〈想像〉と〈行動〉の合体に行き着かないかぎり、ジャズとの関係が単に〈消費〉の次元に止まってしまうということである。ここで〈想像〉とは、新たな可能性(芸術にせよ、政治にせよ)を指しており、〈行動〉とは、その可能性を実現するためのエネルギーと意欲を前提とする行為である。第四章と本章で取り上げたこの時代の文化人たちは、ジャズに刺激され、その刺激を自分なりの表現にしようと努力してきた者が多い。

結局、この時代の日本のジャズ受容を概観すると、ふたつの受容形式に大きく分けられると思う。ひとつは、一種のジャズ喫茶文化に代表される、音を無限に再生可能な(そして何もみずから主張しない)〈物〉として消費するという〈静の文化〉である。もうひとつは(これもジャズ喫茶という〈現場〉でみられる場合がある)、ジャズを何らかの〈行動〉に結びつけようとする〈動の文化〉だといえよう。いうまでもなく、これはあくまでも大雑把な縮図として提示しているに過ぎないが、少なくとも本章で取り扱った同時代の文化人たちは、一貫してジャズを自分の創造的作業という〈行動〉に結びつけようとしており、場合によってさらにその作業を政治的な次元にまでどうもっていくか、という探求も見受けられる。しかし、そもそも彼らが書いたり創ったりしている、それぞれの作品に内包されている辛辣な批評精神を思えば、やはり作品を発表すること自体がすでにそれなりの政治的な行為に至っているのだろう。あるいは、足立たちの『略称・連続射殺魔』のように、しばらく公開・発表しなくてもそうだといえるかもしれない。

ところが、一九八〇年代に入ると、もはやジャズは〈同時代の音楽〉として認識されなくなり、ジャズを〈消費する〉ことはきわめて容易となった反面、ジャズは文化的想像力の源泉という役割をほとんどなくし、〈抵抗〉や〈破壊〉などの美学も日本のジャズ言説のなかの死語と化していった。

第7章　過去の音楽へ

——近年のメディアとジャズ文化

終戦直後から少なくとも六〇年代までに、ジャズを捉えるうえで、〈クラシックvsジャズ〉という音楽的・文化的な対極図式が多用されてきた例をいくつか挙げた――黒澤明の『酔いどれ天使』、石原裕次郎主演の『嵐を呼ぶ男』、五木寛之の「さらばモスクワ愚連隊」、そして倉橋由美子の「黒い魔力」を希求するエッセイなどは、それぞれこの図式を作品の根底に敷いている。だが、スウィングだけでなく、モダンもフリージャズも全盛期を過ぎたと思われる八〇年代以降、この〈クラシックvsジャズ〉という縮図は、もはや成立しなくなった。その理由は少なくとも三つ考えられる。(一)ジャズの文化的位置の上昇、(二)それに関連してジャズの大衆的アピールの低落、そして(三)多くの日本人にとって、ジャズ自体が「クラシック」と同様に〈過去の音楽〉と化してしまったからである。

日本でジャズを〈過去〉に結びつける傾向は、八〇年代の半ばごろから顕著となった。これは、本章で確認するように、近年の映画や文学作品などにもはっきり反映されている。もちろん、作品によって〈過去〉の描き方や、時代設定や、ジャズに付与される「意味」などは異なるが、とにかくこの二十年来のジャズ像というのは、やたらに〈過去〉にこだわっており、しかもノスタルジーに満ちていることがまず目につく。

しかし、近年、ジャズがいくら〈過去〉に位置づけられているとはいえ、日本の音楽的地平からジャズが完全に消えたわけではけっしてない。最近、日本人のきわめて達者な若手ミュージシャンが続出しており、若い世代のクラブ・シーンなどでのジャズへの注目は、従来のファンとは違った角度から、ジャズの美学を顕彰あるいは検証しようとしているようにも見える。また、大学には「ジャズ研」が一応存続しており、大学の周りに密集していたジャズ喫茶はずいぶん減ったものの、ジャズのレコードやCDを中心にかける喫茶店も、ジャズ専門のライブハウスも、ジャズのCDに力を入れている「レコード屋」も、かなり残っている。最近のジャズCDの専門店に入ると、日米だけでなく、ヨーロッパからのCDが非常に充実していることも目立つ。

さらに、MP3プレイヤーやインターネットなどのようなニューメディアは、現在の再生音楽の消費者に新たな聴取体験の可能性をもたらしつつある。本章では、まず新しい音楽メディアのジャズ聴取体験に対する影響を多少考察してから、近年のジャズ文化を表象する文学作品と映画を取り上げたい。

変貌する音楽メディア

八〇年代から現在に至るまで、ジャズ全体が〈過去に停滞している〉という印象を抱くファンは多いだろう。その見解の真実性について議論する余地はあるとしても、同時期において音楽メディアがすさまじい変貌を遂げたということは、誰も否定しないだろう。また、インターネットや有線放送による、消費者にとっての大幅な〈音楽選択の拡大〉や新たな〈聴衆の共同体〉の出現（いわゆる「サイバー・コミュニティ」など）がよく指摘されるが、このような進展と同時に現れたのは、以前の「非デジタルメディア」に対する痛切かつ強烈なノスタルジーである。

音楽メディアが目まぐるしい変化を遂げるこの時代において、ジャズに対する懐かしさを帯びた描写が増えたことは、偶然ではないはずである。もちろん、この「ジャズ・ノスタルジー」の要因はいろいろ考えられる——たとえば、「全盛期」に比べてのジャズ状況自体の変貌ぶり、最先端の文化表現からのジャズの後退、そして老いていく表現者自身（作家や映画監督など）の青春回帰願望などがすべて関係していることは当然考えられよう。しかし、私がここで注目したいのは、近年の日本の文学作品や映画における「ジャズ・ノスタルジー」が、ＳＰ盤やＬＰ盤のレコードや昔のラジオなどのような旧メディアに対する視線としばしば強く結びつけられることである。

旧メディアが懐かしく描かれるとき、新メディアでは稀薄となっており、または喪失されつつある（と見られる）、以下の四要素に重点がおかれるようである。すなわち、

Tangibility〈具体性〉——ＣＤやＭＰ３などに比べ、旧ＳＰ盤やＬＰ盤のレコードな

どのほうが「存在感」に満ちていること

Fixity〈固定化〉――聴く場が一定しており、音楽メディアと密着していること

Rarity〈稀少価値〉――再生音源の価格が高く、容易に取り替えることができないので、SP盤やLP盤のレコードなどという物自体が大事にされること

Community〈共同体〉――音楽聴取は基本的に社交的な行為であり、人間が同じ場所で同じ時に(生演奏であろうと再生音源であろうと)音楽を聴くという共有体験のこと

いうまでもなく、以上の四要素は、音楽聴取だけでなく、現在の日常生活および文化に対するひとつの抵抗としての「価値体系」をなしているといえる。〈具体性〉〈固定化〉〈稀少価値〉〈共同体〉――言い換えれば、「存在感」「確実さ」「物の大切さ」そして「共有体験」――それぞれの喪失に対する懸念こそ、近年のさまざまな文化表現においてノスタルジーとして現れているのではないか。どの時代にせよ、その時に生じるノスタルジーは、同時代に対する批評ないしは批判が含まれているといえよう。したがって、二〇世紀前半に、レコードやラジオなどが普及しはじめたときも、その「新メディア」に対し、抵抗感およびノスタルジーも当然出現したわけである(1)。ただし、近年のノスタルジーの表現にはこれまでの新／旧の対比にのみ収まりきらない特質があると思われる。

そしてそれは、現在のデジタルメディアがもたらしつつある変化および反応を具体的に考察しないと、十分に理解できないだろう。以下、現在における新メディアと音楽聴取との関係を多少検討したい。

《CDからiPodへ——携帯化の極限》

音楽メディアの〈デジタル化〉によって生じた、もっとも目を引く変化は、再生メディアの〈携帯化〉かもしれない。ウォークマンの開発によって、〈良質音源の携帯化〉が大きく飛躍したが、最近のMP3プレイヤーやアップルのiPodなどの市場進出でその現象がさらに進んだ。しかも、これらの音源はウォークマンに比べ、単に小さく軽くなっただけでなく、膨大な音楽所蔵容量を有するので、それまでは思いもよらなかったほどの量の音楽コレクションを気軽に持ち歩くことが可能となった。

携帯化が進むにつれ、とくに若者の音楽聴取慣習も大きく変わってきたことは周知のとおりである。よく指摘されるように、これら個人専用の携帯音源の普及のおかげで、「公の場におけるプライベートの音楽聴取」という、一時矛盾に思われたような現象が急激に広がってきた(2)。また、そのことによって〈音楽を聴く〉という行為が、一定の場所から切り離されてしまう傾向が、一層勢いを増した。文化地理学者イーフー・トゥアン(Yi-Fu Tuan)の概念を借用して言えば、個人の音楽聴取という体験は、"place"(〈場所〉)から“space”(〈空間〉)へと移行していくのである。つまり、はっきりした地理的および文化的アイデンティティを有する〈場所〉から、アイデンティティの曖昧な、あるいは流動的な〈空間〉へと変わってきたわけである。(3)

携帯しやすい再生音源であるMP3やiPodは、ウォークマンと同じく、どこでも音楽を聴くことができるという意味で〈聴く場〉が固定されなくなるのだが、これらの新しい音源技術は、さらに膨大な曲数の収容が可能なので、使用法によっては元の音源であるレコードやCD自体を所蔵所有する必要もなくなるわけである。それ故に、音源の〈抽象化〉が極端に進んでいるように感じるだろう。

現時点で、今までのデジタル化論理を極端に具現する聴取媒体はiPodだろう。携帯化だけでなく、抽象化においても、CDよりもあまりにも進んでいるので、もはやCDは〈過去の技術〉となることは時間の問題のようにさえ思われる。

このような新音楽メディアの開発によって、〈場所の固定化〉と〈音源の具体性〉は、以前よりも稀薄化した、という印象を与えている。一方で、少なくとも現在は、CDの〈稀少価値〉化という現象もまだとくに現れていないようだ。さらに、ひとりでヘッドフォンやイヤホーンで音楽を聴くことが普及すればするほど、音楽聴取は〈共同体〉から切り離されるのである。むしろ、音源の携帯化のおかげで、昔のジャズ喫茶でさえ(どんなに硬派の「会話禁止厳守」の店であろうと)、人間味に溢れる濃厚な共同体に映るだろう。

もちろん、新しい音楽メディアがもたらしている諸変化は、以上のような点ばかりではない。便利さが増したのはいうまでもないが、ＭＰ３やｉＰｏｄの大きな魅力は、聴き手／消費者自身が好みによってかなり膨大な曲数を自由に選曲し、聴く順序を組替えたりできる、ということもよく指摘される。つまり、レコードやＣＤという事前にパッケージされた〈商品〉に束縛されずに、もっと自由に好きな曲だけを、借りたＣＤまたはインターネットからコンピューターにダウンロードし、ＭＰ３ファイルなどとして保存さえすれば、自分の好みに合わせてまとめることができるわけである。この点、カセットテープとの共通点はあるが、音質や収容量や使いやすさにおいて、やはり新メディアは次元が違うといわなければならない。

《インターネット音楽考――「サイバースペース」が生む「海賊天国」》

インターネットによる音楽聴取や「確保」もさまざまな利点が唱えられる。たとえば、現在の日本のジャズファンはインターネットを通して、国内のいろいろなラジオ番組だけでなく、アメリカなどのジャズ専門のラジオ放送局が流している音楽をリアルタイムで、しかも自宅で聴ける時代になってきた。本来、入手困難なはずの廃盤録音も、インターネットを通してずいぶん探しやすくなり、容易にダウンロードできる場合もある。

さらに、たとえば世界のどこかのジャズクラブやコンサートホールなどで昨夜「隠し録り」されたばかりの演奏を、インターネットで無料提供しているウェブサイトもあるらしい。技術音痴である私に、このような最近のインターネットで流通している「隠し録り」の存在を知らせてくれたのは、ひとりの学生だった。その学生がある日、たった数日前の有名なジャズ・ミュージシャンのコンサートが隠し録りされたのを知り、それをインターネットを通してダウンロードし、CDに焼くことができるのを私に教えてくれた。昔の「海賊盤」の隠し録りカセットテープなどと違って、音質はプロ並みに近いらしい。しかも、数日前に録音されたばかりのライブ演奏だから、そのミュージシャンの現在のバンドの「ライブ」を録りたてほやほやで聴いているという情報価値もあろう。

しかし、この現象にまつわる諸問題は複雑きわまりない。たとえば、当のミュージシャンたち自身は、自分の演奏が録音されていることが予め分かっていたら、演奏自体はどのように変わったのだろうか。その場にいる聴衆も、その時にしか聴けないと思い込んでいた演奏が、後でインターネットからダウンロードし何度も繰り返し聴けるということを最初から知っていたら、どう反応したのだろうか。やはり、ライブで聴くときの集中力や緊張感や興奮度は落ちるのではないか。それとも、再び同じ演奏が聴けるということで喜ぶだろうか。いうまでもなく、このような隠し録りおよび流通は、ミュージシャンや経営者／スポンサーなどへの経済的な影響も忘れてはいけないし、さまざまな倫理的な問題も生じる。

聴取体験へのインターネットの影響で、もうひとつ触れなければならない現象は、メッセージボードやブログ(web blog)である。趣味や趣向に応じ、さまざまな類のメッセージボードがあり、ジャズ愛好者専用のものも少なくない。メッセージボードに参加することによって、日本全国および(外国語の読み書きさえできれば)世界各国のジャズファンとの交流および連帯感を味わうことができ、ジャズ中心の「サイバー・コミュニティ」という新たな共同体が成立されつつあることは注目すべきだろう。

メッセージボードのみならず、インターネットを通して膨大な情報量にアクセスできるので、以前の日本のジャズファンにとって主な情報源だった、ジャズ喫茶やレコードのライナーノーツやジャズ雑誌や評論集などだけに頼る必要はなくなった。言い換えれば、ジャズ言説におけるプロの意見の比重が軽減され、ある程度の「民主化」が見られている。(とはいえ、日本の主要なジャズ雑誌である『スイングジャーナル』や『Jazz Life』や『ジャズ批評』はまだ残っている。)しかし、インターネット掲示板によって、一種のジャズ愛好者同士の「共同体」が成り立つとしても、これはあくまでも現実の〈場〉を持たない、面識のない者同士の〈サイバー共同体〉であることに変わりない。もちろん、上述のようなニューメディアが聴取体験に及ぼす影響は、何もジャズにかぎらず、あらゆる「サイバー・コミュニティ」に当てはまる。そして、インターネットで「知り合い」、後に実際に相手と面識をもつ場合もなくはないが、やはり例外といえる。

ところが、現在の日本では、ジャズを最も多くの市民の耳に届けているメディアというのは、おそらく個人が所有するＣＤやラジオやＭＰ３やｉＰｏｄなどのような音源でもなく、もちろん残り少ないジャズ喫茶でもなく、インターネットを通してでもないだろう。実は、町中の飲食店などで流れている有線放送のジャズ・チャンネルであるにちがいない。三、四十年前なら、公共の場で、録音されたジャズを聴くのは、ジャズ喫茶が主な場となっていたが、現在は有線放送を流している飲食店に替わった。ただし、有線の場合、「聴く」という表現よりも「耳に入る」と言った方が適切かもしれない。現在日本では、有線放送は意外なことにジャズととくに密接な関係があるので、以下、多少詳しく取り上げたい。

《アマノジャク有線放送論》

二一世紀初頭における日本のジャズ・メディアを考える上で、光ファイバーや衛星による有線放送の普及は絶対に見逃せない。そして、私は現在日本に住んでいる真のジャズ愛好者なら、むしろ有線放送の普及に感謝すべき、と提唱したい。何せ、有線のおかげで、ジャズの音は、郊外の、住宅街のラーメン屋から都心の洒落たバーまで、あちらこちらで響きわたっているではないか。その結果、より幅の広い社会層がジャズに晒されることになっており、とりわけ日本でのジャズの「まじめなファン」の人口変動とは別に、ジャズがいつのまにか日本社会にかなり浸透してきたとはいえるだろう。とにかく今日の日本では、ジャズはもはや特殊な場でしか聴けない、排他的な音楽でなくなっていることは確かである。街の中で、店の中で、ジャズが流れる頻度という点では、じつはジャズ喫茶全盛時代をしのいでいるのではないか。ジャズファンなら、これは歓迎すべき状況ではないか……。

もちろん、ジャズを有線放送で流す多くの飲食店の場合、音楽は主に「雰囲気作り」のためにあることは否定できないだろう。つまり、そのような店で〈ジャズ〉は、店のインテリアや照明などとほぼ同じ次元に位置づけられており、店の雰囲気を作り上げるための、ひとつの要素にすぎない。有線の音楽は、微妙に調整できる照明と同様に、音量を調整したりチャンネルを時間帯などで選んだりすることによって、店内の雰囲気に好ましい変化をもたらすことができる、というのが大きな利点となっている。〈CANシステム〉という有線放送会社のHPには、この利点を宣伝文句で唱えている。

ロック、ジャズ、民族音楽などなど、世界の音楽がある、充実の120チャンネル。CANシステムに加入すれば、世界のあらゆる音楽とさまざまな情報が24時間聴き放題。会社では、職場の雰囲気や1日の仕事のリズムに合わせて自由にBGM

を選ぶことができます。飲食店やショップなどでは、料理や商品、インテリア、客層に最も適したサウンドの選択が可能。CANは働く人を音楽と情報で応援する120チャンネルの有線放送です。[4]

この記述の「1日の仕事のリズムに合わせて」云々のくだりを読むと、有線で流される音楽というのは、まるで高度資本主義社会の「ワーク・ソング」ではないか、とさえ思える。いや、冗談はよそう。

有線放送の大きな特徴は、チャンネルの幅広い選択肢と各音楽ジャンルの細分化である。例として、大手の有線会社、ブロードネットワークス株式会社(通称「USEN GROUP」)のHPに掲載されるジャンル別番組一覧を見てみよう。次のように分類されている。[5]

「ヒットチャート」
「J-POP」
演歌／歌謡曲
ロック／ポップス
クラブ／ブラック

BGM
ジャズ／クラシック
ワールド／ヒーリング
トーク番組／語学
キッズ／ファミリー

ほかに、上述のCANシステム社は、次のようなジャンル分けをしている――「J-POP」「演歌／歌謡曲」「ロック／ポップス」「ダンス／ソウル」そして「JAZZ／クラシック」(6)。

ここで着眼したいのは、USEN社とCANシステム共通の〈ジャズ／クラシック〉というひとつのカテゴリーである。本章の始めに書いたとおり、戦後初期から多用されてきた〈ジャズ＝大衆音楽〉vs〈クラシック＝芸術音楽〉という対極図式は、遅くとも八〇年代以降成立しなくなったが、ここに挙げた有線放送会社のジャンル分類こそ、その認識の変化を明白に反映している。

さらに、CANシステムのカテゴリーで目を引くのは、〈JAZZ〉がローマ字になっているのに対し、〈クラシック〉はカタカナで記されていることである。この用字法的区別に対し、いろいろな理由や説明は推測できるが、とにかくも片方に仮名、片方にローマ字という用字法的区別を用いること自体は、ジャズとクラシックが同じカテゴリーを占めるとはいえ、何らかの差異をつけなければならない、という意識が残っていることを物語っているだろう。いわば、「ジャズは、もうロックやソウルなどと違って、〈大衆音楽〉とは見なせないが、やはり、まだクラシックには至っていない、ともかくクラシックと根本的に違うので、一緒にリストアップしても区別する必要がまだある」、という認識がここで読み取れるのではないか。

　また、用字法で目立つのは、ＵＳＥＮ社の“Song List”で見られる細かい客に対する気配りである。たとえば、「ジャズディキシー」そして「ジャズスウィング」という古いスタイルの専用チャンネルだけの場合、曲名やミュージシャンの名前がカタカナで記されており、ほかのジャズ専用のチャンネルでは、すべてが英語や元の言語のままになっており、しかも日本人の名前もローマ字となっている。これは、おそらく古いスタイルを聴くのは、おもに年輩の客と想定し、英語やローマ字よりもカタカナのほうがとっつきやすい、という会社側の配慮として理解すべきだろうが、その心配りの細かさに感心しながらも、想定される客層の相違に対する営業戦略の抜け目のなさも読み取れよう。

　ともあれ、有線における細分化は、ジャンル間の区別よりも、ジャンル内の更なる細かい分類によって最も明瞭に表れている。たとえば、ＵＳＥＮ社の場合、二十四時間の専用ジャズ・チャンネルだけでも「ジャズ・ステーション」「モダン」「ヴォーカル」

「フュージョン」「ジャズディキシー」「ジャズスウィング」「スロージャズ」「ピアノ・トリオ」などがあり、さらに「ボサノヴァ」や「サルサ」や「サンバ」など、それぞれのジャズ的ラテン音楽系の専用チャンネルもいくつもある。しかも、二十四時間放送ではないが、ジャズ関係のほかのチャンネルもさらに提供しているので、通常のジャズ喫茶では見られないほどの細分化選曲が目につく。(7) (しかし、さすがに「雰囲気作り」と営業拡大を重視する有線放送では、「フリージャズ」の専用チャンネルだけはないようである。)

一見、有線放送はジャズ喫茶との相違点ばかりが目立ちかねないが、共通点も少なくない。たしかに、店で有線を聞く際、情報提供の価値はほとんどないが、たとえば個人が契約した場合、流れている曲名とミュージシャンの名前はもちろん、他にもさまざまな音楽情報がHPからアクセスできるようになっているので、情報の場と言えなくても、情報源として機能しているとは言える。

また、名曲レコードをかける特別な時間を盛り込むチャンネルもあり、新盤・珍盤の紹介に力を入れるチャンネルもあり、リクエストを受けるシステムも整備されている。そしてHPにソニー・クラークの『クール・ストラッティン』のような名盤のジャケットさえ(デジタル写真として)「展示」されている。(8)

しかも、有線会社が直接にジャズ喫茶との提携関係を結ぶ例もある。たとえば、後藤雅洋は、ＵＳＥＮ社と提携し、〈いーぐる〉でかけているレコードの片面をそのまま同時に有線で流す企画も実行中。デジタル時代に発達した有線放送での通常の選曲感覚は、「レコード」ではないので、「片面」とは本来無縁なのに、この「ジャズ喫茶疑似体験」を提供することは、ジャズ喫茶に対する〈尊敬の表現〉と見なすべきか、単なる営利企業による〈接収作戦〉と見なすべきか、迷うところだが、いずれにせよ現在のジャズ喫茶と有線との関係は単純に相反するものだけではないということが窺える。そして、後藤氏はＵＳＥＮのＨＰで「後藤雅洋のジャズ喫茶うら話」というページも開いているので、有線が残り少ないジャズ喫茶の〈存続〉にさえ協力しているという見方もできないことはないだろう。

たしかに、従来なら、まじめな「ジャズ通」であればあるほど、有線をバカにしたくなるだろう。もちろん、その気持ちはよく分かる。単なるＢＧＭとして流される場合が多く、また流す店の店長や店員たちが、ジャズに対し何の知識もなく興味さえない例はざらにある。しかし、昔懐かしい頑固オヤジが自ら繰り回しているジャズ喫茶ではなく、大企業が経営する有線放送だからといって、流れている音楽を「単なるＢＧＭ」として見下すと、「ＢＧＭ」を定義する権限を店側に委ねることになるではないか。いや、我々ひとりひとりが、何をＢＧＭと見なすか決定する権限もあるはずである。つまり、ＢＧＭというのは、その音楽を流しているときの音量や店側の姿勢だけでなく、客の認識によっても定義される、と私はいいたい。何も昔の硬派のジャズ喫茶のように厳粛な沈黙を強要したり、腕を組み目をつぶったりして大まじめに聴く必要はない。逆に、有線を流している店で、周りの客がその音楽を気にとめていないからこそ、わざわざ耳を澄まして聴こうとする私のようなアマノジャクにとって、開放的な側面もある。たとえば、流れている音楽のリズムに乗り足を踏んでも、身体を多少揺さぶっても、つまり、〈音楽〉を、字の如く〈音を楽しむ〉ように聴いたり反応したりしても、周りの客にあまり白い目で見られないという利点も挙げられる。

結局、上述のさまざまな新音楽メディアの長短は、使い方そして見方によって大きく異なるのはいうまでもない。ただし、一昔前の音楽聴取体験を懐かしく振り返る人は、喪失されたと思われる側面――〈具体性〉、〈固定化〉、〈稀少価値〉、そして〈共同体〉――にどうしても比重をおきたがるらしい。そしてこの傾向は、次に取り上げるような近年のジャズを扱う映画と文学作品でより顕著に現れている。

映画と文学のジャズ・ノスタルジー時代

二〇〇五年現在、日本の「ジャズ映画」の最新作は、『スウィングガールズ』(監督/脚本・矢口史靖、二〇〇四年)と思われるが、八〇年代半ばには、一連のジャズ中心の日本映画が相次いで公開され、しかもどれもジャズをはっきりと〈過去〉に結びつける趣向が見られた。

幕末を時代設定とする筒井康隆原作・岡本喜八監督の『ジャズ大名』(一九八六年)は、ジャズを取り上げた日本映画の中で、ノスタルジーかどうかはさておくとして、最も極端な〈過去〉に位置づけていることは間違いない。[9] この作品は、筒井らしい奇想天外な喜劇でありながら、とっぴな「ジャズ起源論」の空想物語でもある。また、深作欣二監督の『上海バンスキング』(斎藤憐原作、一九八四年)は、戦争と植民地支配の暗部に軽く触れながら、主に一九三〇年代のジャズが氾濫する上海を、「古き良き時代」として描写している。一種の〈植民地ノスタルジー〉に浸る作品といえよう。(同じ斎藤憐の戯曲を基に、他にも一九八八年作の串田和美監督による同名の映画がある。)

時代設定が八〇年代でありながら、ジャズを通して戦後初期を回顧する作品として、一九八八年公開の『会社物語』(市川準監督)という映画も挙げられる。この作品では、スウィングジャズが主人公たちにとって大変懐かしく、その退職寸前の会社員たちがスウィングバンドを結成すると、それまでに失いかけていた自信を、ジャズとの再会によって取り戻すことに成功し、みるみる若返っていく。しかも、この映画のキャストは「クレージー・キャッツ」という懐かしい顔ぶれなので、作品全体に二重のノスタルジーが浸透しているといえる。この映画で流れているジャズソングは、ただスウィング時代の古い曲ばかりでなく、曲の題名や歌詞の意味においても、〈過去の記憶〉に焦点が当てられている。たとえば、映画の始めに流れる曲は、"Memories of You"で、これは終わりの方で再び流れる。("Memories of You"はこの映画の英語題名にもなっているらしい。)さらに、スウィング時代の人気曲"Stardust"も二度流れるが、"my stardust memories"というフレーズに重点をおくこの曲の歌詞も、〈過去の記憶〉を呼び起こすことも見逃せない。

九〇年代、そして二一世紀に入ってからも、ジャズを懐かしい〈過去〉に結びつける映画は少なくない。

若松孝二監督の鈴木いづみと阿部薫のすさまじい関係をめぐる『エンドレス・ワルツ』(稲葉真弓原作、一九九五年)では、一昔前まで最新で最先端のイメージを誇っていたフリージャズでさえ、阿部自身と共にかつてこういう時代があった、という〈過去〉に位置づけられているといえる。(ちなみに、「阿部」が演奏する場面で、本書の「はじめに」で言及した東京西荻窪にある〈アケタの店〉が登場する。)また、同じ若松監督の新宿を舞台とする九〇年作『われに撃つ用意あり』では、全共闘世代の主人公たちが六〇年代を振り返るシーンがあり、たまにジャズが同時音として流れることによって、ジャズは〈あの時代の音楽〉だったと連想させられる構成となっている。

阪本順治監督の『この世の外へ　クラブ進駐軍』(二〇〇三年)は戦後初期、進駐軍基地で演奏していた日本人ミュージシャンを取り上げており、『スウィングガールズ』は、今ではレトロとなっているスウィングジャズに注目する以上、ジャズを〈現在でも生きている〉〈過去の音楽〉として描写しているといえるし、そして本章の最後に解釈するアニメ映画『メトロポリス』では、さらにレトロの感がするディキシーランドジャズが流れている。

以上の映画作品のなかで、『メトロポリス』だけを取り上げるが、その前に、まず近年の小説を考えたい。日本映画と同様に、ジャズ関連の文学作品は減ったものの、かなりコンスタントに出現しつづけている。以下、日本の現代作家のなかで、最もジャズと深い関係を持つ二人、筒井康隆と村上春樹の作品を、一篇ずつ解釈したい。とくに各作品において、ジャズが〈過去〉に位置づけられるとき、レコード（SP盤やLP盤）という旧メディアがどのように機能しているか、という問題に重点をおきたい(10)。

《SP盤のアウラ――筒井康隆の「懐かしの歌声」》

筒井康隆はジャズ小説を数篇書いただけでなく、みずからクラリネットを趣味で吹くアマチュアのジャズ・ミュージシャンでもあることは既述のとおり。また、筒井はライブハウスに顔を出し、山下洋輔や平岡正明など日本のジャズ界の大物との付き合いも長年続いていることを思うと、筒井のジャズとの関係はかなり幅広く、多面的であるといえる。筒井のジャズに関するエッセイなどは、少なくとも一九六〇年代に遡るが、彼の多くのジャズ小説は八〇年代以降に書かれたようである。[11] ジャズに関連する数々の短編小説の中で、最も有名なのは、映画化された「ジャズ大名」だろうが、ここでは「懐かしの歌声」という短編に注目したい。「懐かしの歌声」は、筒井の『ジャズ小説』(文藝春秋、一九九六年)という短編集に収録されている、たった六頁にすぎない軽い作品なのに、筒井特有のとっぴな筋は記憶に残る。

『ジャズ小説』に収録されている短編には、ほとんど「ギャグ」と呼んでよい作品が少なくない。「懐かしの歌声」では、この傾向は見られるものの、ジャズの受容とメディアとの関係を考える上で重要な問題に触れていることも見過ごすことができない。その問題とは、すでに本書で何度も触れてきた「再生音源」と「生演奏」との関係である。しかも、この短い作品のなかで、SP盤対LP盤レコードの音質の相違などにも触れており、ジャズ・メディアの諸問題を考えるための材料をたくさん提起している。

題名の「懐かしの歌声」とは、早紀という主人公がジャズを歌うときの声質を指す表現である。子供の頃、早紀は父のSP盤のジャズレコードを愛聴し、とくにエラ・フィッツジェラルドの歌う「ハウ・ハイ・ザ・ムーン」が気に入った。SP時代が終わってからでも、父は古いSPレコードを聴きつづけたが、そのうちにSP盤専用の蓄音機が壊れ、そして早紀が小学校六年のときに父が死んだので、その後彼女はSP盤によるエラの歌声を聴く機会がなくなった。早紀は中学時代から声楽を習い、主にクラシックの唱法を学んだが、大学に入ってジャズを歌うきっかけにめぐりあい、彼女の歌を聴いた人は皆驚く。一人の友人は次のように反応する。

「驚いたわ。クラシックを歌っている時のあなたの声と、まったく違うんだもの。クラシックの時は可愛くて清純そのもの、ジャズを歌ってる時はすごくセクシーで奔放で野性的。あなた、声をふたつ持ってるのよ。歌いかたはエラだけど、エラそのものじゃないわ。なにか、とても懐かしい歌声を聴いている感じよ。あなた、天才かもしれないわ」（七四頁）

まずジャズに詳しい読者なら、筒井がなぜ若きエラを「すごくセクシーで奔放で野性的」な歌声のモデルに選んだか、首を傾げるだろう。というのは、エラの歌声のイメージは、セクシーでもなく、野性的でもけっしてないからである。むしろ、無邪気で可愛いというイメージの方が一般的だろう。そしてSP盤に録音された若い頃のエラならなおさらだろう。したがってジャズ通の読者なら、ここで筒井はエラの代わりにSP時代に歌っていたほかの、もっとブルージな歌手を選んだ方がよかったのではないかと考えるかもしれない。だが、この作品の最後の節でこのような疑問が解消される。

十五年ぶりに聴くそのSP盤。早紀は愕然とした。ひどい雑音だった。父が何度も聴いたために擦り切れているそのレコードの傷みは激しいものだったが、しかしその「ざあざあ」「ピチピチ」「しゃあしゃあ」という擦過音こそが、実は早紀があの歌声に感じる懐かしさそのものだったのである。父が雨の日にそれを聴くことを好んだのは、雨音によってそれらの雑音がかき消されてしまうのが嬉しかったからであったのだろう。

早紀の歌声が「懐かしい歌声」と評された理由は、早紀が知らずしらずのうちに、それら古いSP盤特有の雑音までも声の中に再生していたからであった。（七七頁）

これが「懐かしの歌声」という小説の最終行だから、やはり半分ギャグとして読まざるを得ないだろうか。しかし、いくらギャグといっても、筒井はこの作品をもって一連の肝心な問題に着眼していることに変わりない。まずジャズ奏者や歌手にとって、教材としてのレコードの価値が提示されている。その上、教材としてのレコードの落とし穴もこの作品で明白にされているといえる。

世界のジャズ史を調べると、意外に「懐かしの歌声」と似たようなギャグ的実話がある。たとえば、二〇世紀初期にアメリカのジャズ・ミュージシャンたちが初めてヨーロッパを演奏ツアーで廻ったとき、驚くべき事態に出くわしたと伝えられている。すなわち、本物の演奏を見たことのない地元のヨーロッパ人ミュージシャンたちが、この「外来音楽」を真似ようとした際、原始的な録音技術を使用した初期のジャズ盤に頼っていたために、ドラムの代わりに（録音と同様の）ウッドブロックを使い、それに合わせてオーケストラで使用されるような両手で操るシンバルでリズムを取ろうとしたのである。当時の録音技術では、ドラムセットの音量がうまく抑えられなかったので、アメリカの初期のジャズバンドは録音のときのみに止むを得ず、ドラムを外し、木のブロックなどを使用した。実際のジャズバンドをまだ見たことのないヨーロッパ人はこの事情を知らず、まるでおもちゃのようなウッドブロックを通常の演奏にパーカッション楽器として使っていたわけだから、それこそギャグに聞こえる(12)。

また、「懐かしの歌声」のなかで「本質論」(authenticity)の問題も浮上する。いわゆる「本物」の音とは何か、レコードと生演奏との因果関係は一体どうなっているのか、という一連の問題である。すなわち早紀にとって、そしてある世代の日本人にとっても、エラの〈生〉の声よりも、あるいは生をより忠実に保存したLPやCDよりも、傷だらけのSP盤で保存された雑音だらけの声の方が〈原点〉であった。

少なくとも「懐かしの歌声」では、ある世代の日本人の聴き手にとって、「生」(本物のエラの声など)に近いLP盤よりも、SP盤の雑音を無意識に再生する早紀特有の歌声のほうが「本物のエラ」を連想させる、という逆説が軽快に提示されている。また、興味深いことに、早紀が十五年ぶりに聴くそのSP盤をかけてくれたのは、都内にある「大正時代か昭和初期の古い造りを真似した小さな酒場だった」。言い換えれば、過去の雰囲気と過去の音(雑音を含めて)を保存し、再生を目指す店である。思えば、この酒場は現在の日本の若者にとって磨り減ったLP盤を主にかける古い「モダンジャズ喫茶」に匹敵する場所ではないか。つまり、両方は過去の雰囲気と過去の音を、それこそ過去の技術によって大事に保存している場である。

ワルター・ベンヤミンは、その有名なエッセイ「複製技術時代における芸術作品」において、写真という複製技術による「アウラ」の喪失について考察しているが、レコードという〈音による複製技術〉の場合はどうだろうか。新音楽メディア論の研究者ティモシー・テイラーは、〈視覚的芸術〉に注目したベンヤミンの論を安易に大衆音楽の領域に持ち込もうとする最近の論者たちを辛辣に批判している。[13] しかし、筒井の「懐かしの歌声」では、レコード(とくに持ちの悪いSP盤)に注目することによって、ベンヤミンのいう(写真などでの)「アウラの喪失」を新たな角度から考えさせてくれる。

写真と同様にレコードは、たしかに機械による複製の媒体である以上、一枚一枚の新品盤なら、同じ音質で同じ音が繰り返し聴けるはずである。しかも、複製品だからこそ、聴き手と音を空中に発したミュージシャンたちが、まったく別々の時空間を占めることが前提にあることは、本書のなかですでに論じたとおりである。しかし、「懐かしの歌声」が指摘するように、SPやLP盤の場合、繰り返し聴いているうちに「原型音」であるはずの「生の音」(つまり歌う本人の保存され再現された肉声)のクリアな音質が徐々に失われていき、それと共に雑音が増える。そして雑音が増えるにつれ、さまざまな雑音自体(筒井の記述する「ざあざあ」「ピチピチ」「しゃあしゃあ」など)が、ある聴き手にとって、一種の「本物」と化していき、結果として「本物」と「複製物」が逆転されるという現象もありうる、とこの短編小説で示されているのだ。

結局「懐かしの歌声」における懐かしさ(ノスタルジー)とは、われわれ現代人の日常生活で着実に進みつつある〈メディアの抽象化〉現象に対する拒否反応の一端として理解できよう。ベンヤミンそしてSPレコードの時代には、その文化メディアがまさに大量生産可能な芸術作品であったが、現在のデジタル技術の発展では、その抽象化がさらに進んでいることは既述のとおりである。

デジタル時代に書かれた「懐かしの歌声」におけるノスタルジーは、我々が自らの目と耳で確認できる痕跡(アウラ)の希求である、と理解しても差し支えないだろう。言い換えれば、〈具体性〉に満ちた古いメディアであればあるほど、我々の〈過去〉への回帰欲が満たされることを、この短編がさらに教示してくれているのである。だからこそ、CDよりもLP盤を好む聴き手がおり、また本作で見られるように、その音質にもかかわらず、あるいは音質の悪さが故に、LP盤よりもSP盤の方がアウラを保存する、したがって「本物」だと感じる聴き手が生じるわけである。SP盤のひどい雑音という痕跡自体は、消えつつある〈過去〉を具現し、そしてより抽象的なメディアに囲まれている我々現代人を、その懐かしの歌声が、懐かしい〈過去〉へと導いてくれる。

《過去の幻想を求めて――村上春樹の『国境の南、太陽の西』》

国際的な人気作家村上春樹は、すでに膨大な量に及ぶ研究の対象となっており、その中で〈村上文学と音楽〉や〈村上とジャズ〉のようなテーマをめぐる論文やエッセイなども少なくない。だがここでは、一九九二年発表の『国境の南、太陽の西』という長編小説における音楽、殊にジャズの扱い方に焦点を当てながら、作品中のレコードの象徴的機能を考えたい。

世界中の小説家のなかで、村上ほどのジャズレコードのコレクターはほとんどいないだろう。村上の英訳者のひとりジェイ・ルービンによると、そのコレクションは六千枚を上回るという。(14) 春樹はクラシックもロックもポップスも聴く大変な音楽好きとして知られているが、ジャズのレコードに関してはとくに詳しい。彼はいわゆる「西海岸白人クール派」を偏愛しているとよくいわれるが、『国境の南、太陽の西』では、ナット・キング・コールの歌う「国境の南」や「プリテンド」、そしてデューク・エリントン・ビッグバンドの「スタークロスト・ラヴァーズ」という曲が何度も登場し、この三曲は重要な意味を付与されていると同時に、春樹のジャズ知識の広さを誇示しているといえよう。これらの歌はさまざまな方法によって主人公の「始」(以下は「ハジメ」)と彼が長年想いを寄せてきた「島本さん」との関係を指す機能をはたしている。つまり、ナット・キング・コールとエリントンのこの一連の「古い曲」は、まずハジメにとって〈過去〉との媒体をなしているわけである。

ハジメと島本はお互いに一人っ子として小学六年生のときに親しくなり、一緒に音楽を聴いたり、話をしたりしてきた無邪気な仲だった。ところが、中学校に入ったらハジメの家族が引っ越してしまい、以後、島本と離ればなれになった。小説が始まる「現在」では、ハジメは三六歳だが、彼は六年前に結婚し、妻の父は建設会社で成功を遂げているので、ハジメはそれまで勤めていた会社を辞め、義父の所有している東京青山のビルの地下で商売に挑み、ジャズレコードをかけるバーを開いた。このバーは早くから軌道に乗るのでハジメはもう一軒、〈ロビンズ・ネスト〉というピアノ・トリオが毎晩出演する店を始め、これもなかなか繁盛している。ハジメは結婚生活もうまくいっており、二人の娘も生まれ、青山のマンションと箱根の別荘を持ち、BMWを乗り廻すという文句のない優雅な生活に恵まれているように見えるが、彼には島本の記憶がずっとつきまとっている。そしてある雨の夜、彼女が突然〈ロビンズ・ネスト〉に現れる。二十年ぶり以上の再会である。その後、彼女は姿を消し連絡が途切れるが、三カ月後、また静かに雨が降る夜に現れ、しばらくの間、週に一度顔を出すようになる。島本と再会したハジメは、彼女なしでは自分の中に空洞があることに気づき、次第にその空洞を痛感する。ハジメがジャズバーを開こうと考え出したのは、大学時代に似たような店で働いた経験があるからだというが、実は彼が最初にジャズと出合ったのは、島本の家だった。小学校六年生の頃、島本の家には十五枚のレコードしかなかったので、ハジメは彼女と二人で同じレコードを何度も何度も繰りかえし聴いた。その十五枚の内、「ジャズ」と呼べるのはナット・キング・コールの一枚だけだった。"South of the Border"（「国境の南」）という歌が入っているレコードである。

もちろんナット・キング・コールはメキシコについて歌っていたのだ。でもその当時、僕にはそんなことはわからなかった。国境の南という言葉には何か不思議な響きがあると感じていただけだった。その曲を聴くたびにいつも、国境の南にはいったい何があるんだろうと思った。(15)

この作品のなかで、「国境の南」はどういう意味を付与されているのかについていろいろな解釈があるが(16)、とにかく遠い世界を指していることは確かだろう。しかも同じレコードには「プリテンド」という曲が入っているそうであり、ハジメは昔、島本と二人でこの歌をよく一緒に歌ったことを記憶している。この歌の題名も歌詞も、ハジメと島本との関係を理解する上で重要だろう。というのは、島本が〈ロビンズ・ネスト〉に現れるのは、いつも静かな雨が降る夜であり、そのためにどことなくハジメとの再会は、夢のような雰囲気に包まれる。島本は一度ハジメと一緒に箱根に行って一晩を共にすることもあったが、ハジメが翌朝起きると彼女の姿や形跡はどこにもない。島本が〈ロビンズ・ネスト〉に実際に現れているのか、それとも彼女の再来がハジメの単なる幻想なのか、徐々に疑わしくなる。この「幻想説」を裏付けるいきさつはテクストの中にいろいろあるが、そのひとつとして「プリテンド」という曲名自体と歌詞の意味が大きなヒントを与える。そして、ほかのレコードが実在するのに、ナット・キング・コールは「国境の南」を実際に録音したことがないという〈虚構〉が微妙に筋に盛り込まれていることを考慮すると、「幻想説」がなおさら一段と濃くなる[17]。

エリントンの「スタークロスト・ラヴァーズ」(「不運の星のもとの恋人たち」という意味)の題名もハジメと島本の関係を指している、と考えることは当然だろう。次の一節は〈ロビンズ・ネスト〉に設定されており、ハジメが島本と一緒にバーに並んで座り、カクテルを飲んでいる場面である。

ピアノ・トリオがオリジナルのブルースの演奏を終えて、ピアノが『スタークロスト・ラヴァーズ』のイントロを弾き始めた。僕が店にいるとそのピアニストはよくそのバラードを弾いてくれた。僕がその曲を好きなことを知っていたからだ。エリントンの作った曲の中ではそれほど有名な方ではないし、その曲にまつわる個人的な思い出があったわけでもないのだが、何かのきっかけで耳にしてから、僕はその曲に長いあいだずっと心を引かれつづけていた。学生時代にも教科書出版社に勤めていた頃にも、夜になるとデューク・エリントンのLP『サッチ・スウィート・サンダー』に入っている『スタークロスト・ラヴァーズ』のトラックを何度も何度も繰り返して聴いたものだった。そこではジョニー・ホッジスがセンシティヴで品の良いソロを取っていた。その気だるく美しいメロディーを聴いていると、当時のことがいつもいつも僕の頭によみがえってきた。あまり幸せな時代とは言えなかったし、僕は満たされない思いを抱えて生きていた。僕はもっと若く、もっと飢えていて、もっと孤独だった。でも僕は本当に単純に、まるで研ぎ澄まされたように僕自身だった。その頃には、聴いている音楽の一音一音が、読んでいる本の一行一行が体にしみ込んでいくのが感じられたものだった。神経は楔のように鋭く尖り、僕の目は相手を刺すようなきつい光を含んでいた。そういう時代だったのだ。『スタークロスト・ラヴァーズ』を聴くと、僕はいつもその頃の日々と、鏡に映った自分の目を思い出した。（一三一―一三二頁）

ハジメは「その曲にまつわる個人的な思い出があったわけでもないのだが、何かのきっかけで耳にしてから、僕はその曲に長いあいだずっと心を引かれつづけていた」と語るが、この作品中繰り返し登場するナット・キング・コールとエリントンの曲名が島本と関係していることは明らかだろう。以上の一節の場面では、島本自身がハジメの隣に並んで座っているということを考えると、二人がなおさら密接に結び付けられていると分かる。また、ナット・キング・コールの歌と同様に『スタークロスト・ラヴァーズ』は、〈過去〉(ハジメのいう「その頃の日々」)を指していることも疑いようがないだろう。

村上春樹は「レコード・オタク」と思われがちで、よく指摘されるように彼の小説にはレコード名がたくさん登場する。しかし、以上の一節のような細かい曲の記述があっても、よっぽどのジャズ通でない限り、春樹の(主に若い)読者たちにその音が浮かぶはずはないだろう。ビートルズの「ノルウェイの森」ならともかく、ナット・キング・コールは実際に「国境の南」を録音したことがないということは、ほとんどの読者は、調べないと分かるはずはない。また、デューク・エリントンの「スタークロスト・ラヴァーズ」となると、一度も聴いたことのない読者が圧倒的に多いにちがいない。熱心な村上ファンなら、この小説を読んでからさっそくこれらのCDを捜し求める、あるいは残り少ないジャズ喫茶にわざわざ足を運びリクエストする、またはインターネットからダウンロードしようとするかもしれないが、そうしないかぎり、普通の村上読者にとってこれら曲名は具体的な〈音〉を呼び起こすにはいたらないだろう(18)。

では、作品のなかでのこれらの曲名の存在理由は、一体なんだろうか。たしかにナット・キング・コールが歌っていないとしても、「国境の南」という曲の軽快なリズムと明るい雰囲気は、ハジメと島本の子供の頃の無邪気な関係を表現する〈音〉として適合しているだろうし、また「スタークロスト・ラヴァーズ」の異様で感情豊かなメロディー（とくにホッジスのすらすらと歌い上げるアルトサックス）は大人としての二人の濃密でありながら、非現実的な愛情関係をより効果的に表現しているといえよう。だが、著者はほとんどの読者にはその音が容易に浮かんでこないことを当然知っているはずだから、この作品の「選曲」に関しては、音による効果を狙っているというよりも、題名および歌詞による効果に重点をおいたのではないかと推測せざるを得ない。

村上春樹の小説における音楽世界は主にレコード中心であるとしたら、『国境の南、太陽の西』は、一見、例外的な小説に思える(19)。というのは、以上のようなレコードに対する細かい記述のほかに、〈ロビンズ・ネスト〉でのピアノ・トリオの演奏や、次の一節にみられるようなコンサートを聴きに出かけることも描写されているからである。設定は、ハジメが島本と一緒に、来日中の南米人の有名なクラシックピアニストを聴きに上野のコンサートホールにでかけるが、演奏されたフランツ・リスト作曲のピアノ協奏曲に対する感想を、その後で島本と話し合うところである。

それはなかなか見事な演奏だった。テクニックは文句のつけようがなかったし、音楽自体も緻密で奥行が深く、演奏者の熱い感情も随所に感じられた。でもそれにもかかわらず、いくらじっと目を閉じて意識を集中しようとしても、僕はどうしてもその音楽の世界に没入することが出来なかった。その演奏と僕とのあいだには薄いカーテンのような仕切りが一枚介在していた。それはあるのかないのかわからないくらいのとても薄いカーテンだったが、どれだけ努力しても僕にはその向こう側に行くことができなかった。コンサートのあとで僕がそう言うと、島本さんもだいたい僕と同じ感想を抱いていたことがわかった。

「でも、あの演奏のどこに問題があるんだと思う？」と島本さんは訊いた。「とてもいい演奏だったと思うんだけれど」

「覚えているかな？　僕らの聴いていたあのレコードでは、第二楽章の最後の方で二度小さなスクラッチ・ノイズが入ってたんだ。プチップチッて」と僕は言った。「あれがないと、僕はどうしても落ちつかない」（二〇四―二〇五頁）

この一節を読むと、上記の筒井康隆の「懐かしの歌声」を連想せずにいられないはずである。両作品に共通するのは、聴き手にとって雑音は、録音された演奏を妨げるどころか、知らず知らずのうちに、雑音こそその演奏の欠かせざる一部となってしまう、いわば、雑音入りのレコードの方が生演奏よりリアリティがある、ということだろう。また、その雑音つきのレコードは、主人公にとって子供の頃という大変懐かしい〈過去〉に密着していることも重要である。『国境の南、太陽の西』で島本が実際に〈ロビンズ・ネスト〉に出現する人間であったにせよ、ハジメが幻想する単なる「亡霊」であったにせよ、彼女はハジメが希求する〈過去への回帰〉を体現している。そう思うと、彼の目の前に披露されるどんなにすばらしい演奏よりも、昔、島本と一緒に何度も聴き返した傷だらけのレコードの方がはるかに貴重であり、しかもリアリティに富んでいるということに、読者も納得できよう。思えば、現実と非現実が交差したり、入れ替わったりすることによって、〈リアル〉なものとは何だろうか、と何気なく問い直すところに、村上文学の本領が見出せるのではないだろうか。

《過去と未来をまたぐアニメ『メトロポリス』》

最後に、ジャズを使用する二一世紀のアニメ映画『メトロポリス』を取り上げたい。戦後初期の日本では、ジャズこそが〈アメリカ〉を象徴する重要な文化形態だったが、一九九〇年代以降のアメリカでは——少なくともアメリカの若者の間では——『アキラ』や『もののけ姫』など日本産の〈SF系〉アニメが現代日本文化の〈顔〉となっている。ジャズと近年のアニメとの関係はけっして密接だとはいえないが、その点において『メトロポリス』は例外といえる。このアニメはフリッツ・ラング監督の一九二七年の同名の無声映画を踏まえ、原作は手塚治虫の一九四九年の漫画、脚本は『アキラ』の監督だった大友克洋、監督はりんたろう、そして音楽担当は本多俊之である。（本多は主楽器のアルトサックスのほかにバスクラリネットも吹き、脚本家のりんたろうもバスクラリネットを吹いているそうである。）

このアニメで冒頭から目立つのは、〈過去〉と〈未来〉の奇妙な混合および拮抗した関係である。SF物である以上、〈未来〉の世界が主として描かれることは当然といえるが、この作品は視覚の面においても、音楽の面においても、大変レトロな雰囲気が濃く染み出ているところが印象的である。戦後初期の手塚治虫の漫画から見た近未来像を意識して反映させようと創ったにちがいないが、作品のレトロな雰囲気に大きく貢献しているのは、流れている古いジャズである。たとえば、出だしの場面では、アール・デコ風の建物とその時代特有の照明が画面に映りながら、ディキシーランドジャズが流れる。建築物も、音楽も、そして人間の服装や車などのスタイルも、すべてアメリカのジャズ・エイジを連想させるものだが、一方ではロボットもたくさん動き回っている。ロボットは明らかに〈未来〉を象徴しているのだが、そのデザインをよく見ると、どことなく「過去から見た未来像」のようなロボットだということに気づく。つまり、〈未来〉を具現するはずのロボットでさえ、レトロな気配がするわけである。(20)

この視覚的・音的混合は製作者たちの狙いによるものにちがいないだろう。というのは、このアニメ作品の背景にあるふたつの同名の「原作」は、ラングと手塚のそれぞれの時代の風景および認識として組み込まれ、したがってアニメ『メトロポリス』における〈過去〉と〈未来〉の描写に大きな影を落としているからである。SF系のアニメとして、これは『メトロポリス』の特徴のひとつといえる。いわば、〈未来〉におけるふたつの〈過去〉という重層的な時空間である。

ラング監督の一九二七年の無声映画で大都市の未来像は、二つの上下に分離された世界として描写されている。上部の世界は支配者階級が独占し、搾取されている労働階級はその地下にある世界を占める縮図となっている。(21)対照的に、アニメ『メトロポリス』で描かれる世界は、縦に三つの「Zone」(作品では英字を使っている)に分かれており、最上層は「Zone 1」で、多くの人間が生活している世界、「Zone 2」はエネルギー・プラント区域、「Zone 3」は廃水処理区域とされている。さらに、「Zone 1」のなかもラングの映画でみられるように、実際には上層と下層に分かれている。

「Zone 1」のなかの上層から「地下の世界」に潜ると、周辺が急に汚く怪しく危うくなる。壊れかけている古いネオン看板が点滅しており、ネズミや野良猫が走りすぎていく。そしてこの地下の世界に潜ると、ジャズが流れ出す。古いディキシーランド・スタイルである。ビバップでもなく、スウィングでもなく、ディキシーを使用しているのは、ラング監督の作品が上映された一九二〇年代を呼び起こす狙いではないかと推測できる。二〇〇一年のアニメが上映された「現在」から考えれば、どのジャズ・スタイルも〈過去の音楽〉として聴こえるかもしれないが、ディキシーは手塚治虫が活躍していた戦後初期当時まで遡っても〈過去の音楽〉だったと思うと、このアニメ作品にはディキシーがよりふさわしいジャズ・スタイルということになる。

『メトロポリス』では〈未来〉と〈過去〉、そしてふたつの〈過去〉が混合されている一方、この虚構の世界において、現実世界の伝統的なアイデンティティ形成が意外なほど存続していることも見逃せない。たとえば、描かれている〈未来〉では、〈日本〉や〈日本人〉という「国家」にまつわる主体性が揺るがずに、解消されずに根強く残っていることに着眼したい。まず、英雄視される若い主人公「ケン一」と連れの探偵のおじさんは二人とも歴然とした日本人として描かれている。ケン一の場合、名前だけで彼が日本人だということは明白だろう。探偵のおじさんの場合、「わしは日本から(悪役の科学者)ロートンを逮捕にきたバン・シュウサクと(申します)」という台詞を吐き、違う場面ではバーに入り、バーテンと次のような会話を交わす。

「酒！　熱燗でな。」

「ホット・ウイスキーかジンならありますよ。日本の探偵さん。」

「ホット・ウィスキーを。二合どっくりでな。」

さらに違う場面で、おじさんはひらがなの「ゆ」の字の入った浴衣を着ている。日本酒と浴衣とは、日本の文化的象徴として機能していることはいうまでもないが、ここで強調したいのは、アニメ『メトロポリス』で描写される〈未来〉の世界においても〈国家〉とそれに付随する〈文化〉の位相は、依然としてほとんど変わらずに存続しているという点である。

しかも〈国家〉と〈国籍〉だけの位相ではない。きわめて保守的な〈ジェンダー〉認識もこの作品で目につく。近年の日本のSF漫画やアニメの描写としてよく指摘されるのは、男と女、日本人と西洋人、人間と機械などとの区別をぼかす傾向である。たしかに『メトロポリス』では、「ティマ」というまるで人間にみえる超人少女ロボットがいるという意味で、人間と機械の混合はみられ、その点において近年の日本のSFアニメの主流に属しているといえる。（ただし、この作品ではティマはいわゆるサイボーグというよりも外見が人間そっくりのロボットである。）

対照的に、国籍や文化やジェンダーに関していえば、アイデンティティの境界線をぼかすというより、むしろ『メトロポリス』は補強し、固定しているようにさえ思える。たとえば、ティマは中性的な要素をまったく有していないといってよいし、金髪であることを除けば「彼女」のしぐさ、表情、声などどれをとっても、いかにも善良な可愛くて優しい日本の少女のステレオタイプそのままである。アニメ『メトロポリス』に欠如しているのは、ティマ以外の女性である。大人の女性、ことに母親がこの世界には不在であることは注目すべきだろう。また、ティマを作らせた悪人のレッド公は唯一の娘を亡くしており、ティマが彼にとってその娘の代理物でもあることも重要だろう。さらに、レッド公に子供として拾われた「ロック」は、手塚が原作を書いた終戦後によく見かけられた戦争孤児を連想させる。父親の協力者としてロックは悪役に描写されているのだが、彼の多くの行為は、「養子にしてくれた」父親に対する愛情および恩義に基づいているとみられる。ロックがティマを殺そうとする動機も、彼女に父の愛情がすべて奪われることを恐れているから、と理解してもよいだろう。主役のケン一も日本の「おじさん」と一緒に行動しており、ケン一には両親がいるかいないか不明である。要するに、この作品で描かれる世界には、普通の親子関係が存在せず、主役たちが全員何らかの形で〈家族〉を求めているといえる。手塚の原作が書かれた時代には、戦争で家族を無くした多くの日本人も同様に家族をめぐる喪失感に苦しみ、アニメ『メトロポリス』も原作のこの側面をよく反映させているといえよう。

しかし、ティマはレッド公にとっての単なる可愛い娘役だけでなく、世界を支配するように事前にプログラムされている超人ロボットでもある。彼女が完成される前に、ロックが破壊しようとするが、失敗し、ケン一がティマを救済する。まだ喋れないティマに対しケン一が忍耐強く話しかけ、彼女は見る見る話せるようになる。（ケン一は彼女を普通の女の子だと思い込み、怪我のために記憶喪失に陥ったと誤解して、話せるときは「思い出している」と勘違いする。）その後ロックが執拗にケン一とティマを追いかけ、ティマを「殺そう」とする。それがようやく分かってきたレッド公は、ロックと縁を切り追い出す。物語の終わりの方で、ティマは自分専用の「王座」に着席し、配線が背中に接続され、プログラムが自動的に起動し、人間の世界を滅亡させるように動き出すのである。その場に忍び込んだロックは父親の就くべき権力の座をティマに奪われることに我慢できなく、ボタンを押し、町じゅうが爆発に見舞われる。

大都市の破滅はスローモーションで映し出される。建物が次々と破裂し崩壊する。この時点でティマの外見も急変を遂げている。人間らしい表情やしぐさなどは消え、顔の右半分と肩の皮膚が裂け、その下に隠されていた金属の骨格と配線がさらけだされる。目は無表情となり、ことばを発しなくなる。挙句の果てに、それまで彼女を優しく見守っていたケン一を無情にも攻撃する。片手で彼の喉を鷲づかみにし、軽々と投げる。さすがにティマがロボットであるということにようやく気づいたケン一は、ティマの心の底にはまだ人間的な感情と記憶が残っていると信じ込み、自分に対して振るわれる恐ろしい暴力にもめげず、ティマの無表情の目を一心に見つめ、必死に声をかけつづける。崩れ落ちる高層ビルの一角から、ケン一が落下しそうなティマの皮膚と肉がはげおちた金属の手をつかみ、救おうとする。「彼女」が落下する直前に、もう一度ティマが初めてケン一に会ったときの可愛い少女らしい声で、彼女の頭脳の中で二人の、その時の会話が再生される。その瞬間、ケン一に対する「記憶」が呼び起こされたようである。「ケン一！」と一言発してから「わたしはだれ？」と問いかけた瞬間、手が滑り、はるか下の地面に向かって落ちていく。

以上のティマを救おうとする場面、そして次々と破裂して崩壊する都市の高層ビルの場面が交互に映し出されながら、バックでレイ・チャールズが歌うカントリーのヒット曲“I Can't Stop Loving You”が流れる。この歌はティマに攻撃されながらも、最後の最後までに彼女を愛しつづけ、救おうとするケン一の捨てきれない感情を代弁している。歌の最後の歌詞は次のとおりである。

I've made up my mind
To live in memory

Of the lonesome times.
So I'll just live my life
Of dreams of yesterday.

この一節はおおよそ次の意味である。「これからいつまでも、あの悲しい日、そしてきのうの夢のために、生きることに決めた」と。ケン一の気持ちを代弁するほかに、この歌詞はアニメ『メトロポリス』全体の〈過去への視線〉にことばを与えている。

だが、dreams of yesterday とは、ここで必ずしも甘い夢ではない。すなわち、都会が破壊される風景のなかには、ドーム付きの建築物が破裂し、いっせいに光が静かに横に広がる場面が映るが、これは明らかに被爆した広島のシンボルとして残された「原爆ドーム」を連想させる狙いだろう。したがって、『メトロポリス』における未来像は、一九四五年八月六日、広島という具体的な時空間を原点として表現されている場面が重要となる。また、手塚治虫の原作での最後の台詞は核戦争の恐ろしさを示唆している。（漫画の原作では、「原子力時代」ということばが何度か出てくる。）漫画『メトロポリス』の最後の頁のことばは次のとおりである。

おそらく

いつかは　人間も
発達しすぎた
科学のために
かえって
自分を滅ぼして
しまうのでは
ないでしょうか？[22]

アニメ『メトロポリス』は手塚の漫画ほど教訓的ではないが、手塚の問いも含めて、全体の雰囲気を十分に伝えているだろう。

そして、アニメの最後の場面も、戦争と終戦直後（つまり、手塚の原作と同時代）の雰囲気を確かに醸し出しており、それに大きな役割を果たしているのは、非同時音として流れているジャズである。まず、その場面を簡潔に記述しよう。都会の風景が壊滅してから新しいシーンに入る。高層ビルはほとんど破壊されているが、ケン一とバン・シュウサクが生き残っており、日が射し、ようやく晴れた空を平和の鳩の群れが飛ぶ。終戦直後の新しい時代の幕開けだということがこの一連のイメージで伝えられている。そしてこのアニメの出だしから断続的に鳴っていたディキシーランドジャズによるメロディーが再び鳴り出す。最初はピアノが旋律を弾くが、すぐにバンジョーとテューバによる編曲に移り変わる。この楽器の組み合わせによっていかにも古い(言い換えれば、ラング監督の無声映画時代の)雰囲気がよく染み出ている。ところが、いつのまにかその同じメロディーがスウィングジャズ時代のビッグバンド編成およびサウンドに変わってしまう。スウィングこそ手塚治虫の原作が書かれた時代の(日本での)代表的なジャズ・スタイルであるが、注目すべきことに、スウィング・スタイルの演奏がこの作品で出現するのは、この最後の場面のみである。そして、最後の画面に映るイメージは、古い、壊れかけた赤いラジオである。それはケン一とティマが以前ロックから逃亡潜伏していたときに見つけたラジオである。そのラジオにクローズアップしながら「わたしはだれ?」というティマの声が発されて映画は終わる。

結局、〈未来〉に視線を向けながら、アニメ『メトロポリス』はつねに〈過去〉を振り返り、最後に終戦直後という時代に辿りつく構成となっている。最後の場面で流れている音楽はスウィングジャズであり、それに伴なうイメージは古いラジオである。言い換えれば、未来に〈希望の光〉を照らしながら、どうしても敗戦および戦後初期にこだわっている作品だといえるのではないか。もちろん、これは手塚の原作とその時代を意識した、監督の姿勢として理解すべき部分もあるが、それだけでは説明し切れないだろう。やはり、このアニメ作品の方は、さらなる重層的な時間軸および歴史観を打ち出そうとしているように思う。作品全体で重複される三つの時代——すなわち、アニメ版が上映される二一世紀初期という〈現在〉、ラングの名画が創られた戦前、そして手塚自身が原作の漫画で凝視する日本の敗戦および終戦直後が、この最後の場面にきれいに凝縮されている。

そして、この三つの時代背景のなかで、やはり終戦直後に重点がおかれているといえる。その時代を代表する音楽と、その音楽を多くの日本人に知らしめたラジオという「旧メディア」とが、〈音〉と〈イメージ〉の合体をなし、〈戦後〉という歴史的標識に帰結することで、作品自体も完結となる。

ここでとうとう、〈戦後〉という大きな問題に直面しなければならない。

まとめに代えて——ジャズ表象の戦後史

日本のジャズ受容および表象の歴史は、戦後史そのものときわめて密着していることをこれまでに論じてきた。また、ジャズに触れずには、日本の戦後文化史や日本人の戦後体験が十分に語れない、とも主張してきた。ところが、〈戦後〉とは、一体いつの時代を指すのか、という根源的な問題を、本章だけでなく、ここまで本書全体において避けてきたことに対し、疑問を抱いた読者もいらっしゃるにちがいない。ここで、その理由を説明したい。

まず、戦後文学やアメリカ占領期を主な研究課題として携わってきた一人として、私自身も、おそらく多くの日本人の研究者も、いまだに〈戦後〉という時期区分に対し、具体的な結論に至っていないことを正直に認めなければならない。しかも、問題は「戦後はいつ終わったのか」という問いに限定されないのである。〈戦後〉の始まりも意外に曖昧だといえる。[23] すなわち、同じ日本国民のなかでも、〈戦後〉の始まりは必ずしも一九四五年八月一五日ではなかったと認識する人は少なくないだろう。すさまじい地上戦を体験した沖縄の住民たちや、広島・長崎の被爆者たちや、五木寛之や秋吉敏子やジョージ川口などのように戦時中を植民地で過ごし数カ月後(または数年後)に「引揚げ者」として帰国した数々の日本人にとって、さまざまな〈戦後の始まり〉があった。そして、同じ日本人のなかに、自分が生きている限り、〈戦後〉は決して終わらない、と強く感じている者もめずらしくないはずである。

私は、〈戦後〉などのような歴史区分を、単なる学問的便宜で駆使されるべき問題として考えない。ましてや、本書のように著者自身が他国民の歴史体験に触れる際はとくにその認識が肝心となる。やはり、その時代を生きた人間、そして生き残れなかった多くの人間の存在を、できるかぎり意識しながら自分なりの見解を論じるべきだと思う。これは、単に方法論上の問題ではなく、根本的な倫理観に関わる問題である、と私は見なしている。したがって、本書では(時にアクの強い毒舌調の文章に陥りながら)、できるだけ日本人の重層的な戦後史観、そして多面的なジャズ受容史を描こうとしながら、あえて〈ひとつの戦後〉に回収しないように意図的に書いたつもりである。

たとえば、戦後初期のジャズ受容に触れるとき、ジャズを「低劣な」大衆音楽として描写する黒澤明だけでなく、ジャズを「デモクラシーのすばらしさ」などと連想し賞賛する若き渡辺貞夫の発言も紹介した。重層的なジャズ受容史を提示したいからこそ、日本のジャズ受容において映画がきわめて大切な媒体であったという指摘に止まらず、大ヒットだった裕次郎主演の『嵐を呼ぶ男』と、日本の文化人層にモダンジャズの魅力を知らしめたフランスからのヌーヴェルヴァーグ映画という、まったく対照的な異国の作品群を、同時期の日本のジャズ言説の一環として位置づけ、焦点を当てたわけである。そして、六〇年代の日本のジャズ言説を考えるとき、相倉久人や平岡正明のようなジャズ革命論者の鮮烈な文章も、自作の初期小説でジャズをもっとプライベートでロマンチックな芸術行動として描く五木寛之も、さらにラディカルな美学の可能性を模索する白石かずこや倉橋由美子などの文学者たちも視野に入れた。

また、本書ではさまざまなジャズ・メディアに言及してきた。ラジオやレコードやジュークボックスをはじめ、現在の日本では甘い懐古趣味的な思い出に包まれるジャズ喫茶も詳しく取り上げた。ジャズ喫茶の特異な文化空間としての歴史や多面性や客層の多様性などに着眼しながら、私なりの〈アンビバレントなジャズ喫茶ファンのひとりとしての）批評も投げかけてみた。そして本章では、現在のジャズ聴取体験に影響を及ぼし始めようとしているＭＰ３やｉＰｏｄやインターネットや有線放送などのニューメディアに対しても、それぞれの〈可能性と限界〉を共に検討するように努めた。

要するに、本書で〈戦後〉をひとつのはっきりした時期区分に回収しなかった理由はふたつある。まず、さまざまなジャズ表象から抽出される重層的な〈ジャズ受容史〉を提示するためであり、そして〈戦後〉という〈指標〉は、二〇〇五年現在をも含む可能性を残すためである。

「もはや、戦後は終わった」、あるいは「ジャズは死んだ」などのような死亡宣告は、この半世紀余、何度宣言されてきたのだろうか。私はそのような発言を耳にする度に、必ず同郷のミズーリ州出身の作家マーク・トウェインの名言を連想する。すなわち、「わしが死んだという噂は、たいそう誇張されておるらしい」というウィットに富んだ当意即妙な回答である。結局、〈戦後〉も〈ジャズ〉も、トウェインと同様に、簡単に消えさらないようである。

たしかに、ジャズの文化的価値が上がれば上がるほど、ポピュラー音楽と区別すべきだ、というような認識が広がり、結果としてもっとも冒険的な若い文化創造者たちがジャズから遠ざかってしまうおそれがある。実際に、今日の日本では、ジャズを聴くことは大学生などにとっての通過儀礼でなくなり、最先端の文化表現をめざす若き文学者や芸術家や思想家は、ジャズ・ミュージシャンとの交流をそれほどもたなくなったことは既述のとおりである。そして、本章で論じたように、ジャズが近年の映画や文学作品に出現するとしても、それは主に懐かしい青春時代を振り返る一環としてである――つまり、〈ジャズ〉は現代の文化人たちにとって、明らかに〈過去〉に結びつけられているのである。言い換えれば、現在日本でジャズは、「全盛期」や「黄金時代」をとっくに過ぎてしまっているわけである。

しかし、「全盛期」という概念も意外に主観的というか、身勝手というか、とにかく使う人によって大きく異なるようである。たとえば、日本のジャズ受容史を見渡すと、今まで「全盛期」や「黄金期」と呼ばれる時期は、戦前を含め、少なくとも三つあったといえる――(一)昭和初期のダンスホール時代(上海での日本のジャズシーンも重なる)、(二)戦後初期にジャズが大衆向きのダンスミュージックとして幅広く受け入れられた時代、そして(三)六〇―七〇年代前半という大学生中心の「モダンジャズ全盛期」である。しかも、おそらく多くのジャズファンは、自分がジャズにのめりこんだ時代こそ、唯一の黄金期だと見なしているのではないか。そう思うと、更なる「ジャズ黄金時代」が到来しないことを断言するには、時期尚早だろう。いわゆる「ジャズ黄金期」をひとつに絞ることは、〈戦後〉の時期区分を明白にすることに等しいほど難題である。どちらの場合にも、世代と個人の体験の差によって、その歴史認識が大きく左右されるからである。

結局、〈戦後〉も〈ジャズ〉も一体何なのかという問題は、ひとりひとりが決めなければならないと思う。これは、著者としての責任回避で弁解しているのではなく、むしろ歴史表象という権力の発揮される行為に対する私なりの視座であり、強いて言えばイデオロギーでもある。つまり、歴史の専門家たちの労力と研究に一目おきながら、学者だけに歴史を語らせるべきでないと思う。とくに近・現代史の場合、その時代を生きてきた一般人にも大きく声を上げる権利があり、責任もあると思う。国家の、ある時代の歴史にせよ、ジャズなど、音楽や芸術の受容史にせよ、当の関係者と研究者、そしてファンたちも、それぞれの見解をぶつけ合うことによって、より豊かな——つまり、良い意味で秩序を乱した——物語(narrative)ができあがると確信するからである。あるいは、中上健次が書いたように、「反物語の方法論」に基づく新たな物語が浮上する、と理解すべきかもしれない。

思えば、プロの表現者同士(この場合、ジャズ史の専門家たち)がぶつかり合い、自分の見解を主張し、そして読者／聴衆のアマチュアやファンたちも勝手に入り込んで、さらなる活発な議論に盛り上げるというプロセス自体は、まさに「ライブハウス」での〈生〉のジャズ演奏に類似しているではないか。秩序と無秩序との危ういバランス、ヒエラルキーに対する不信の姿勢、周りの人間の主張を自己の表現に取り入れながら〈自分〉を恐れずに表出し、そしてこのすべての行為は、一回のみの取り返しがつかない、恥をかく可能性が大いにある覚悟で、全身全霊を投入しながら実践に挑む。これこそ「ジャズ精神」の真髄であり、キザな言いかたをすれば「ジャズ的に生きる」とは、このことだと言ってよいだろう。

「リスクを恐れない」というジャズの〈一回性の原理〉に徹する大胆さと潔さ、また各分野における権力に抵抗する姿勢、そして既存の境界線および限界をつねに超えようという意欲、このような価値観に共鳴する人間ならば、何もミュージシャンでなくても自分なりにジャズに倣うことができよう。まさしくこの可能性を直感したからこそ、日本のさまざまな文化創造者たちがジャズに惹かれたのではないだろうか。もちろん、彼らがジャズの〈音〉に惹かれなければなにも始まらなかっただろうが、〈音〉だけではジャズの魅力は説明しきれないということは本書で確認ずみだろう。

日本のジャズ受容史を概観すると、ジャズがもっとも注目を浴びた時代というのは、やはり、新たな生き方が求められるときや、人間と社会のあり方が根本的に問いなおされるときであったことが浮き彫りになる。すなわち、モダニズムとともに新たな価値体系が波紋を起こしたダンスホール時代、世の中のすべてが崩壊したと感じられた戦後初期、そして社会のあらゆる側面が問いなおされるという激動期の六〇―七〇年代初期――それぞれの時代に、それぞれのジャズが注目を集めたのであり、それぞれが「日本のジャズ全盛期」と見なされてきたのである。やはり、各時代にジャズが注目を集めた理由はいろいろあるが、単に「アメリカ権力の影響」や、「メディアの発達および急変」などというだけでは説明できないだろう。また、ジャズの〈音〉だけに惹かれたファンがいることを認めるとしても、ジャズが「具現する」または「象徴する」と思われる〈世界観〉や〈生き方〉に魅了された日本人も多かったことは否定できないだろう。

そのような日本人のなかに、本書で取り上げたような小説家や詩人や映画監督や評論家などがたくさん含まれており、彼らは〈戦後〉という長い時代のなかで、意外に数多くの、しかも多種多様なジャズにまつわる作品を世に送り出してきたのである。そして現在、その作品群は、〈ジャズ〉という音楽と同様に、戦後日本文化のなかで反響しつづけているのである。

注

第1章

（1） 以上の戦前のジャズに関する概観は、E. Taylor Atkins, *Blue Nippon: Authenticating Jazz in Japan* (Duke University Press, 2001)を主に参考に書いたものである。私が知っている限り、現時点では日本語においても英語においても、同書は本格的な学術研究による唯一の日本のジャズ通史の書籍である。同書は労作の上、刺激的な問題意識を含んでいるので、いつか和訳されることを切望する。著者のアトキンズは、アメリカ人の日本史の研究者であり、同書は博士論文に基づくものである。この本は日本のジャズ史全体を細かく調査しながら、著者のいう“authenticity”(本質論主義)の問題に注目する。アトキンズのいう“authenticity”とは、つまり日本のジャズ・ミュージシャンとファンたちが長年悩んできた「日本人ははたして「本物」のジャズが演奏できるか」に関連する問題である。

（2） Kenneth J. Bindas, *Swing, That Modern Sound* (University Press of Mississippi, 2001), p. 5. この本のほかにも、最近英語ではスウィングジャズ中心の研究書が何冊か出版されており、ジャズ史およびアメリカ文化史全般に対して新たな光を当てている。たとえば、Lewis A. Erenberg, *Swingin' the Dream: Big Band Jazz and the Rebirth of American Culture* (University of Chicago Press, 1998); Paul Lopes, *The Rise of a Jazz Art World* (Cambridge University Press, 2002). 音楽学中心のスウィング研究としてはGunther Schuller, *The Swing Era: The Development of Jazz, 1930–1945* (Oxford University Press, 1985)は見逃せない。そしてこれらの研究書のようにスウィング中心ではないのだが、以下の本もスウィングに対する鋭い指摘が含まれており、推薦したい。Scott DeVeaux, *The Birth of Bebop: A Social and Musical History* (University of California Press, 1997); Ted Gioia, *The History of Jazz* (Oxford University Press, 1997); Peter Townsend, *Jazz in American Culture* (University Press of Mississippi, 2000); Alyn Shipton, *A New History of Jazz* (Continuum, 2001); Gary Giddens, *Visions of Jazz: The First Century* (Oxford University Press, 1998). 最後に挙げた*Visions of Jazz*の著者ゲイリー・ギデンズ氏は実に感銘を与える、きわめて博識のある鋭いジャズ評論家であり、その文章も卓越している。*Visions of Jazz*は一九九八年の全米のNational Book Critics Circle Awardを受賞しており、同年にアメリカで出版されたすべてのノンフィクション書のなかから選抜されたほどの力作である。日本のジャズファンのために同書もいつか和訳されることを希望する。

(3) この傾向の意味に関して、いろいろな解釈が成り立つだろう。たとえば、Erenbergが主張するようにスウィングは主に「労働者階級の音楽だった」ことが考えられるが、同時に比較的裕福な家庭のほうがレコードが買えたので、ラジオに頼る必要はなかったという可能性も思い浮かぶ。私が今まで読んだスウィングについての研究では、この因果関係がいささかあやふやになっているように感じる。以上のラジオとジュークボックスなどの統計については、Erenberg, *Swingin' the Dream*, pp. 44–45とBindas, *Swing, That Modern Sound*, pp. 23–29を参考。

（4）スコット・デヴォーが指摘するように、ダンスホールなどにおいてもバンドの「乗り」ぐあいによって、あるいは曲やソロをとっているミュージシャンによって、ダンスを休み聴き入る客も少なくなかった。Scott DeVeaux, "The Emergence of the Jazz Concert 1935-1945," *American Music* (Vol. 7, No. 1) Special Jazz Issue (Spring 1989). とくに九一一〇頁を参照。

（5）スウィングと民主主義に関して Erenberg, *Swingin' the Dream*（特に第五章）と Bindas, *Swing, That Modern Sound* を参照。前者はスウィングの理想的な要素に対してかなり同情的であり、後者のほうが懐疑的だといえよう。ほかに Lopes, *The Rise of a Jazz Art World*, pp. 122-134 がこの問題を考察している。

（6）Erenberg, *Swingin' the Dream*, p. 128.

（7）Erenberg, *Swingin' the Dream*, pp. xiv-xv.

（8）ヘンダーソンは著名なバンドリーダーだけでなく、長年グッドマンのビッグバンドの編曲にも携わっていた。そしてスウィング界にはめずらしく、ニューヨークの名門大コロンビア大学に進学し、科学を専攻していたが、ジャズ界に入ったために科学者となる夢を断念した。

（9）Paul Lopes, *The Rise of a Jazz Art World*, p. 98.

（10）ここでの「ミュージシャン」とは、歌手以外の女性を指している。スウィング界の女性バンドについては Sherrie Tucker, *Swing Shift: "All-Girl" Bands of the 1940s* (Duke University Press, 2000) を参照。ジャズ史全体の女性ミュージシャンと歌手に関しては、Linda Dahl, *Stormy Weather: The Music and Lives of a Century of Jazzwomen* (Limelight Editions, 1984)

と Sally Placksin, *Jazzwomen: 1900 to the Present*(Pluto Press, 1982)が詳しい。

(11) Gary Giddens, *Visions of Jazz*, pp. 156-157.

(12) 高橋一郎・佐々木守(編)『ジャズ旋風』(三一書房、一九九七年)、一七頁。

(13) 高橋・佐々木(編)『ジャズ旋風』、六二頁。ちなみに、宮沢も渡辺も伝説的なモカンボ・セッションに参加しており、その一晩のプレーはアマチュア録音によって『幻のモカンボセッション』というCDとして残されている。モカンボのいきさつと守安祥太郎の生涯について植田紗加栄『そして、風が走りぬけて行った』(講談社、一九九七年)が詳しい。

(14) 紙恭輔「ジャズ放談」『音楽の友』(一九四七年九月号)、二八頁。

(15) ビバップの歴史と音楽的内容について上述の DeVeaux, *The Birth of Bebop* が大変詳しく、刺激的な洞察も多い。

(16) 日本のビバップ形成期に関して、上述の高橋・佐々木(編)『ジャズ旋風』、内田修『ジャズが若かったころ』(晶文社、一九八四年)、植田紗加栄『そして、風が走りぬけて行った』と E. Taylor Atkins, *Blue Nippon: Authenticating Jazz in Japan* などが詳しい。ジャズ雑誌の「日本のジャズ」に関する特集も数々ある。また、演奏を聴くには『キングレコード創業六〇周年企画日本ジャズ大系』やビクターの『ジャズ・イン・ジャパン――モダン・ジャズの夜明け一九四七―一九六三』などが聴き逃せないし、付随の解説も情報が多い。

上述した書籍の中で、植田の『そして、風が走りぬけて行った』は労作だが、伝記物によくある弱点と共通しているのは、中心人物の守安祥太郎に対する描写がだんだん高揚し、一種の「英雄物語」で終わってしまう点である。一方著者の植田氏が(守安の肩を持つあまりのせいか）秋吉敏子に対して妙な敵対意識を抱いているのではないかと思われるところがある。残念ながら同書では、守安の生のピアノ演奏を聴いたことのある、当時日本に駐留していたビバップに詳しい元米軍のミュージシャンやファンたちとのインタビューを怠っているようである。守安が当時、日本のジャズ界のなかで一番ビバップに詳しく、演奏がもっとも卓越していたことは疑いないとしても、やはり高度のビバップを生で聴きなれていた「証人」にインタビューしてほしかったように思う。ちなみに、当時日本に駐留していた著名なビバップ・ピアニストのハンプトン・ホーズの、日本の音楽雑誌に掲載された守安について語った感嘆のことばが引用されているが、ホーズの自伝を読むと秋吉敏子には触れているものの守安について一言も触れていない。

(17)　いうまでもなく、舞台でふざけたがるディジー・ガレスピーは例外であり、これはあくまで大雑把なビバップ像であることを付け加えなければならない。

(18)　女性のビッグバンドについては注(10)を参照。

(19)　一九五〇年代に「ジャズ喫茶」と呼ばれた店では、ライブ中心のジャズクラブやキャバレーなどに匹敵するようなところも少なくなかった。六〇年代以降、「ジャズ喫茶」は主にレコード中心の場としてのイメージがさらに強くなったといえる。

(20)　David Ake, *Jazz Cultures* (University of California Press, 2002)、とくに第一章を参照。

(21)　高橋・佐々木(編)『ジャズ旋風』、九二頁。

第2章

(1) 渡辺貞夫、高橋一郎・佐々木守(編)『ジャズ旋風』(三一書房、一九九七年)、八頁。

(2) 獅騎一郎『裕次郎がいた！』(宝文館出版、二〇〇〇年)、八五―八六頁。

(3) 「ジャズと日本映画の歴史」というテーマについて、もっとも詳しいものは、刊行された研究ではなく、おそらく『にっぽんＪＡＺＺ物語』というテレビ(ＣＳ放送)で放映されたドキュメンタリーだろう。同番組の案内役は、若手のジャズ評論家の定成寛である。ジャズが登場する日本映画の作品リストを時代別に提供しながら、各時代の代表作をクローズアップしているドキュメンタリーである。この作品のビデオを提供してくださった若松孝二氏に感謝の意を表したい。(ちなみに、『嵐を呼ぶ男』の井上梅次監督とのインタビューも、若松監督とのインタビューも収録されている。)

(4) 植草甚一『ジャズ・エッセイ大全(一)』(晶文社、一九九八年)を参照。

(5) 映画理論における「映画と音」(音楽を含めて)の問題をめぐる貴重な論文集としては、Elisabeth Weis and John Belton, eds., *Film Sound: Theory and Practice* (Columbia University Press, 1985)が参考になる。もっと最近の研究でポピュラー音楽に注目した論文集では、Pamela Robertson Wojcik and Arthur Knight, eds., *Soundtrack Available: Essays on Film and Popular Music* (Duke University Press, 2001)が役に立つ。また、映画における観客の同一視問題と音楽の役割に関して Anahid Kassabian, *Hearing Film: Tracking Identifications in Contemporary Hollywood Film Music* (Routledge, 2001)は刺激的。ほかに、James Buhler, Caryl

Flinn, and David Neumeyer, eds., *Music and Cinema* (Wesleyan University Press, 2000) という論文集も参考になろう。

（6）ジャズとアメリカ映画について一番詳しい本は、Krin Gabbard, *Jammin' at the Margins: Jazz and the American Cinema* (University of Chicago Press, 1996)。副題が示すように、この本はアメリカ映画が中心であり、上述したフランスのヌーヴェルヴァーグなどにはほとんど触れていない。ガバードの解釈は、一貫して精神分析の色が非常に濃く出ており、それが刺激的に出る場合もあれば、同書の視野を少し制限する弱点にもつながっていると思う。とはいえ、ジャズと映画を考える以上、欠かせない一冊であることには変わりない。ほかに、Peter Townsend, *Jazz in American Culture* (University Press of Mississippi, 2000) もジャズを扱う映画や文学作品をとり上げる個所が少なくない。カタログ的な書籍として、Scott Yanow, *Jazz on Film: The Complete Story of the Musicians & Music Onscreen* (Backbeat Books, 2004) などが役立つだろうし、日本語では本文中に上述した『スイングジャーナル』誌の特集号も参考になろう。

（7）日本語で書かれた本では、油井正一（増訂）『ジャズの歴史』（東京創元社、一九七二年）が、ブギウギについて一章を割いており、かなり詳しい。

（8）『嵐を呼ぶ男』は一九五七年の一二月末に初めて上映されたが、八カ月前の四月には、裕次郎が江利チエミ主演の『ジャズ娘誕生』というミュージカルにも出演していることも指摘しておきたい。ちなみに、『ジャズ娘誕生』の脚本を書いたのは、『裕次郎がいた！』の著者、獅騎一郎である。

(9) 獅騎『裕次郎がいた!』、七九—八〇頁。

(10) 獅騎『裕次郎がいた!』、八四頁。

(11) この解釈はアメリカ映画とジャズをめぐる上述の Krin Gabbard 著の *Jammin' at the Margins* に触発された。とくにスパイク・リー監督の『モー・ベター・ブルース』に対する刺激的な解釈方法が『嵐を呼ぶ男』にも通用するだろうと思った。

(12) フランスのヌーヴェルヴァーグ映画が日本の文化人に大きな影響を及ぼし、モダンジャズの魅力に目覚めさせたことについて、ジャズ評論家である相倉久人と副島輝人の両氏が、二〇〇二年一〇月に私と別々にインタビューに応じ、証言した。フランスのヌーヴェルヴァーグの影響については、第四章でまた触れる。

第3章

(1) Richard N. Albert, *From Blues to Bop: A Collection of Jazz Fiction* (Louisiana State University Press, 1990).

(2) 高橋一郎・佐々木守(編)『ジャズ旋風』(三一書房、一九九七年)、一二五頁。

(3) ジャズを扱っている小説家のリストで見落としている作家もさらにいるに違いないが、網羅的なリスト作りをもっと根気のある研究者に期待したい。

(4) 本章で取り上げる五木作品については以下の版を使用している。「さらばモスクワ愚連隊」と「GIブルース」は『さらばモスクワ愚連隊』(新潮文庫、第二刷、一九八二年)、『青年は荒野をめざす』は文春文庫版(第二五刷、一九九九年)、「海を見ていたジョニー」は同名の新潮文庫版(第七刷、一九八一年)、そして「夜明けのラグタイム」は『鳩を撃つ』(新潮文庫、第一〇刷、一九七六年)に収録されている。以下本文で引用する場合、頁番号のみを記す。

(5)　本章で「ジャズ小説」と呼ぶものを整理しよう。ジャズ・ミュージシャンが主人公であり、ジャズの演奏に対する描写も、ジャズの「真髄」などをめぐる議論も含む作品である。五木寛之の作品をはじめ、日本人の主人公をめぐる、日本語で書かれたジャズ小説は、冒頭に引用されているリチャード・アルバートの主張――誇張というべきかも知れないが――つまり、「ジャズ小説というのは、アメリカ独特の分野である」を、各作品が自らの存在によって否定している。確かにジャズ音楽と同様に、ジャズ小説という文学のジャンルは、アメリカから発生したことに間違いはない。だが本章で論じるように、五木寛之のジャズ小説の場合、主人公が日本人であり、作品が日本人から見たジャズの諸問題に注目しているため、アメリカの白人作家と黒人作家がそれぞれ書いたジャズ小説とは明らかに異なる。

(6)　五木は一九七六年から阿部薫のフリージャズも聴くようになったそうだが、初期作品では、その認識はほとんど反映されていないといえよう。一九七八年一〇月六日号の『週刊朝日』で、五木は「阿部薫の死」という文章を発表しており、一九九一年一二月一八日テレビ朝日放送の番組「PreStage・異彩の天才シリーズ一――阿部薫とその時代」で、阿部薫についての座談会の司会者を務めた。同座談会は森田裕子(編)『阿部薫　一九四九―一九七八』(文遊社、一九九四年、二四〇―二五五頁)に掲載されている。

(7)　五木の「ジャズ的」な文体については次の文献を参照。神谷忠孝「さらばモスクワ愚連隊」、大久保典夫・笠原伸夫(編)『現代小説事典』(至文堂、一九七四年)、二八―二九頁、虫明亜呂無「狂気を誘う、白夜の季節」文藝春秋(編)『五木寛之の世界』(文藝春秋、一九七六年)、二一―三七頁、齋藤愼爾「解説」、五木寛之『さらばモスクワ愚連隊』(新潮文庫、一九八二年)、二五八―二六五頁、植草甚一「よくスイングするなあ、これは」『五木寛之の世界』、三八―四〇頁。これらの主張に対して、私は一人の読者として「本当にそうだろうか」と問い返したい気持ちもなくはない。たとえば、五木が書く文章は具体的にどのように「ジャズ的」といえるのか、その文体のリズムがなぜ「スイングしている」と感じるのか、また、その主張を裏づける具体的な分析が行われない限り、それは単なる印象的かつ主観的な主張にすぎないのではないかなど。ただし、根拠があるかないかとは別に、何人かの評論家が五木の文体を「ジャズ的」などとみなしていること自体、五木とジャズは密接な関係にある、というイメージを強化することだけは間違いないだろう。

(8) 以上の五木の諸発言は『デビューのころ』(集英社、一九九五年)、一三頁、一六〇―一六一頁にある。

(9) この体験については、二〇〇二年の『運命の足跡』(幻冬舎)という自伝的エッセイ集で五木が初めて詳しく触れた、ということで同書は話題を呼んだ。同年の秋、五木とのテレビ・インタビューで、黒柳徹子が、五木の母親をめぐる悲劇的ないきさつを聞き、感動のあまり涙を流したということが、さらに同書に注目を集めたようである。

(10) 五木『デビューのころ』を参照。同書は、一種の自伝でありながら、主に五木が通過したそれぞれの職業に話題を絞っている。対象の時期は、一九五〇年代の大学時代のタクシー業界新聞のアルバイト時代から一九六〇年代半ばの文壇登場あたりまでが中心となっている。

(11) 渡辺裕『聴衆の誕生』(春秋社、一九八九年)、八―一一、二四―二五頁。

(12) Lawrence W. Levine, *Highbrow Lowbrow: The Emergence of Cultural Hierarchy in America* (Harvard University Press, 1988).

(13) レヴィンが原文で使っている表現は"taming of the audience"であり、シェイクスピアの *The Taming of the Shrew* に引っ掛けているところにユーモアがある。一九八頁参照。

(14) フランスに関してはピエール・ブルデューの *La Distinction: Critique sociale du jugement* がこの課題に関連する極めて重要な研究とされている。『ディスタンクシオン：社会的判断力批判』(石井洋二郎訳、藤原書房、一九九〇年)を参照。日本を対象とした研究では渡辺裕の新著『日本文化モダン・ラプソディ』(春秋社、二〇〇二年)が刺激的で参考になろう。

(15) Paul Lopes, *The Rise of a Jazz Art World* (Cambridge University Press, 2002), pp. 69–72.

(16) スウィング全盛期におけるジャズ・コンサートの歴史については、Scott DeVeaux, "The Emergence of the Jazz Concert, 1935–1945," *American Music* (Vol. 7, No. 1) Special Jazz Issue (Spring 1989), pp. 6–29 を参照。そして、一九三八年のカーネギー・ホールでのコンサートに伴うジョン・ハモンドとジェイムズ・ドゥーガンのオリジナルの「プログラム・ガイド」(かなり長い解説文だが)は、以下の米国研究誌に転載されている。James Dugan and John Hammond, "An Early Black-Music Concert from Spirituals to Swing," *The Black Perspective in Music* (Vol. 2, No. 2; Autumn 1974), pp. 191–207.

(17) 一九三八年のグッドマンたちのカーネギー・ホールでの伝説的なコンサートにおける聴衆

の反応については、Erenberg, *Swingin' the Dream : Big Band Jazz and the Rebirth of American Culture* (University of Chicago Press, 1998), pp. 66-68 が参考となろう。米国の同時代の音楽雑誌などの記事がいろいろ紹介されており、同時代の関連のほかのコンサートにも言及している。

(18) ソ連をヨーロッパの一部とみなしてよいかどうか疑問があるかもしれないが、ロシアが「クラシック音楽」の伝統に大きく貢献したことを考えると、少なくともこの場合にはヨーロッパ文化圏内に入るといえよう。

(19) 「ストレインジ・フルーツ」を「黒人のブルース」と呼べるかどうか、疑問に思う読者はいるだろう。確かに音楽として考えると、曲の構造(コード進行など)は「ブルース」と呼びがたいように思う。一方、ビリー・ホリデイが何を歌ってもブルースの感情が染み出ており、したがってブルースと呼べる、という反論もあろう。とにかくこの小説の中で、北見はビリー・ホリデイの歌とその歌詞が描く風景を頭に浮かべながらピアノを弾いているので、曲は厳密に「ブルース」と呼べなくてもブルースの精神に富んでいる、ということを著者がここで強調しようとしていると推測できる。

(20) 以上のジャズ演奏の諸要素に対する記述は、主にフリージャズ以外のモダンジャズを念頭に入れたものである。次章で述べるように、フリージャズの場合、意識的に伝統的なスウィング感を拒否し、また一人の即興に残りの楽器がバックをつとめるような構造も拒否して、グループによる対等な同時即興をめざす場合は少なくない。ある意味で、演奏の概念としてはディキシーランドに共通点があるといえよう。また、ジャズ史における即興重視の主張に挑戦する新研究もあることを付け加えなくてはならない。たとえば、Mark Katz, *Capturing Sound: How Technology has Changed Music*(University of California Press, 2004) の第3章を参照されたい。見方によって、〈生演奏 vs レコード〉という対比自体が不毛の議論であるともいえるが、この問題については第五章でもっと詳しく考察したい。

(21)　"When you hear music, after it's over, it's gone in the air. You can never recapture it again."

(22)　ジャズの歴史とレコードとの関係がきわめて複雑な問題を数多く提起することは言うまでもない。これらの問題については第五章で触れるが、刺激的な新研究として前注で触れた Mark Katz, *Capturing Sound* を勧めたい。ほかに、William Howland Kenney, *Recorded Music in American Life: The Phonograph and Popular Memory, 1890-1945*(Oxford University Press, 1999)、そして David Morton, *Off the Record: The Technology and Culture of Sound Recording in America*(Rutgers University Press, 2000) も参考になろう。どの書籍もジャズに限定されていないものの、媒体としての録音技術が(主にアメリカで)、さまざまな音楽に対しどのように関わってきたか、という問題について示唆的なところが少なくない。

(23)　『ふり向けばタンゴ』は一九九二年に文春文庫から出版されたが、エッセイのほかに音楽についての対談や講演も収録されており、主なエッセイは一九七〇年代後半のものである。

(24)　Jon Panish, *The Color of Jazz: Race and Representation in Postwar American Culture* (University of Mississippi Press, 1997), p. xix.

(25)　中田耕治も五木の作品での「自己確認」の重要さを強調する。中田耕治『五木寛之論——

時の過ぎ行くままに』(響文社、二〇〇四年)、三〇頁を参考。

(26) 英語の原著は、Michael S. Molasky, *The American Occupation of Japan and Okinawa: Literature and Memory* (Routledge, 1999; paperback edition 2001)。

(27) 江藤淳は『成熟と喪失』で小島信夫の『抱擁家族』に対する解釈において、占領下の社会と性との関係に着眼している。ただし江藤の場合には、どうしても占領されている男性主人公に同一化したがるために、貴重な理論的な問題を見逃し、その結果解釈全体が国粋主義的なレトリックに染まる傾向があるように思える。江藤に対する批評として加藤典洋の『アメリカの影』(講談社、一九八五年)を参照。また、軽く、短いエッセイではあるが、拙論「アメリカと寝る、とは」(『図書』一九九七年一二月号、二八—三二頁)で江藤に多少言及している。

(28) ここで〈占領文学〉と呼んでいるのは、主にアメリカ占領期が終わってから書かれた日本の被占領体験をめぐる作品である。したがって、中村光夫や本多秋五などのような日本文学研究者が使う「占領下の文学」とは趣旨が違う。

(29) 確かに『青年は荒野をめざす』と「海を見ていたジョニー」では、日本人の主人公は年上の外国人にジャズを学ぶ立場となるが、それにもかかわらずどちらとも若い主人公は、かなり対等の友人関係で接しているし、とくに年上の黒人の友を「助ける」立場にもなっていることを見逃せないだろう。「海を見ていたジョニー」では、主要な西洋人は黒人であるために、これまでに解釈した作品とは異なる新たな問題が出現するので、この作品については別の機会で詳しく取り上げたい。

第4章

（1）　石原慎太郎「ジャズと現代芸術」読売新聞、一九六一年一月一三日付。
（2）　中上健次「破壊せよ、とアイラーは言った」『中上健次全集』一五巻（集英社、一九九六年）、一二三―一二四頁。
（3）　確かに、一九六〇年代のアメリカの新聞でも同じような見出しが見られたが、「黒人」をわざわざ明記することは問題だという認識が、同時代の公民権運動のおかげで、白人の間で徐々に根をおろしたようである。やはり、メディアを牛耳っているマジョリティ民族が、マイノリティ民族による犯罪などを扱うとき、犯人がマイノリティ民族であることに焦点を当てることによって、すでに差別の対象となっている少数民族がさらにイメージ低下を被り、結果としてメディア自体が差別体制に直接に加担していないとしても、差別の源泉となるステレオタイプを補強することにはなっているだろう。だからといって、犯人のアイデンティティを隠蔽すべきだと主張しているわけではないが、犯人の人種や国籍などを明記する限り、それをマジョリティ民族の犯人に対しても同様に明記すべきではないだろうか。とはいえ、日本の新聞が「また日本人逮捕」のような見出しを書くことはまずもって考えられないだろう。
ところが、日米両国において、これはけっして過去の問題だけではない。たとえば、現在の日本の新聞や雑誌は、外国人による犯罪を報道するとき、〈外国人〉（とくに中国人など）であることに焦点を当てる傾向が目立つ。一方、国内テロルを懸念しているアメリカの場合、多くのメディアがアラブ系やイスラム教徒の容疑者に注目しすぎている傾向があきらかに二〇〇一年九月以降より顕著となった。

（4） 平岡正明『戦後日本ジャズ史』（アディン書房、一九七七年）、一六頁。

（5） もちろん、〈日本人〉というのは「人種」のカテゴリーに当てはまらないが、そのように使われることがしばしばあったので、ここではそのままの対比概念として記しておく。厳密に言えば、〈白人〉も、〈黒人〉も、〈人種〉という概念も、生物学的な根拠がほとんどなく、大雑把な社会的分類法にすぎないといわれるが、日米両国のジャズ言説において重視されてきた概念であるだけに、本書ではあえてそのまま導入することにしている。

（6） 植草甚一『モダン・ジャズの勉強をしよう――植草甚一ジャズ・エッセイ大全1』（晶文社、一九九八年）、四三二頁。おそらく、植草が主張しているほど、この一連の映画の影響期間は短くなかったという印象を受けるが、五〇年代末期当時における影響は疑いようがないだろう。

（7） 相倉久人『現代ジャズの視点』（角川文庫版、一九八二年）、八頁。（同書の初版は東亜音楽社刊、一九六七年である。）相倉氏と副島輝人氏は私との個々のインタビューで、多くの日本のインテリがヌーヴェルヴァーグ映画の影響でジャズに目覚めたことを確認した。（相倉とのインタビューは二〇〇二年一〇月一七日、副島は同月二七日で、いずれも新宿にて行われた。）ちなみに、アメリカ人の中にもヨーロッパ崇拝・アメリカ蔑視のインテリは依然としてたくさんいるので、他の分野において似たような現象はアメリカ国内でも見られる。

（8） 小野好恵（著）、川本三郎（編）『ジャズ最終章』（深夜叢書社、一九九八年）、八七頁、初出は『音楽の友』誌、一九九〇年一二月号。

（9） 寺山修司『遊撃とその誇り――寺山修司評論集』（三一書房、一九九一年）に収録、二二二頁。

(10) 英語でのフリージャズに関する音楽的な分析として最も充実しているのは、ドイツのEkkehard Jost, *Free Jazz*(DaCapo Press, 1994)である。これは一九七四年のオーストリアで発行された書籍の復刻版となっているので、七〇年初期までのフリージャズしか対象となっていないが、それでもこれはフリージャズに関して、いまだに欠かせない書籍といえる。簡潔ながらフリージャズの音楽的特徴を上手く収めているのは、Jeff Pressing, "Free jazz and the avant-garde," Mervyn Cooke and David Horn, eds., *The Cambridge Companion to Jazz* (Cambridge University Press, 2002), pp. 202-216. また、入手しづらいが、Michael J. Budds, *Jazz in the Sixties: The Expansion of Musical Resources and Techniques* (University of Iowa Press, 1990)は、著者の博士論文に基づく研究書で、フリージャズに限定されないものの、具体的な音楽学的分析をかなり分かりやすく書いてあるので、参考になろう。各章は"Color and Instrumentation," "Texture and Volume," "Melody and Harmony," "Meter and Rhythm" などのように、六〇年代の新しい音楽的要素を別々に考察しているところがとくに役立つだろう。もちろん、ほかにもコールマンやコルトレーンやサン・ラなどのミュージシャンの伝記も多数あるが、以上の論文は具体的な音楽的な分析が注目に値する。

近年、日本語でのフリージャズに関する書籍や雑誌特集が増えてきた。たとえば、『ジャズ批評』など雑誌の特集号は数々あり、またフリージャズのミュージシャンに関する伝記や雑誌記事もあるが、欧米のフリージャズ界の概観には清水俊彦の『ジャズ・オルタナティヴ』(青土社、一九九六年)と『ジャズ・アヴァンギャルド』(青土社、一九九〇年／九七年)が詳しい。前者では日本のフリージャズ・ミュージシャンにも多少触れているが、日本のフリージャズに関して一番詳しいのは、副島輝人の『日本フリージャズ史』(青土社、二〇〇二年)である。副島は音楽史だけでなく、日本のフリージャズ・ミュージシャンが関わったほかの芸術活動(いわゆる「ハプニング」など)にもかなり触れているので、本章の執筆のためにだいぶ参考にした。また、イギリス人のギター奏者デレク・ベイリーの一九八〇年出版の書籍 *Improvisation: Its Nature and Practice in Music* が和訳されているが、本書も見逃せない。竹田賢一・木幡和枝・斎藤栄一(共訳)『インプロヴィゼーション』(工作舎、一九八一年／九三年)。

(11) コルトレーンに関する本は英語でも日本語でも多数あるが、英語では最もバランスが取れており、しっかりした研究に基づいているのは、Lewis Porter, *John Coltrane: His Life and Music* (University of Michigan Press, 1998) だろう。また、コルトレーンの名盤レコード"A Love Supreme"(邦題『至上の愛』)の作製背景および当時の受容について、Ashley Kahn, *A Love Supreme: The Story of John Coltrane's Signature Album* (Penguin, 2002) がきわめて詳しく、よく研究されているようである。

(12) 中上健次「破壊せよ、とアイラーは言った」『中上健次全集』一五巻、三〇—三一頁。

(13) 『ジャズ批評』の第二号(一九六七年一一月)は、「ジョン・コルトレーンの死と音楽」と題した特集号となっており、一般のファンからの投稿も載せているので、同時代の反応としてはある程度参考になろう。

(14) 後藤雅洋『ジャズ喫茶のオヤジはなぜ威張っているのか』(河出書房新社、二〇〇三年)、六四頁。

(15) いうまでもなく、政治意識あるいは革命論をコルトレーンに付与しようとする評論家はアメリカにもおり、フランク・コフスキーとリロイ・ジョーンズ（アミリ・バラカ）が代表的だろう。コルトレーンの曲名に見られる、“Alabama”や“Liberia”などの語句が暗示するように、本人はけっして黒人に対する差別やアフリカの歴史に無関心ではなかった。（「アラバマ」という曲は一九六三年の米国南部アラバマ州での白人優越主義者による黒人教会爆破事件（教会にいた四人の女の子が死亡した）という有名な事件を、「リベリア」という曲はアフリカ奴隷と解放の歴史を連想させる題名となっている。）ただし、彼自身は自分の音楽を社会思想や状況などの表現として見なしておらず、むしろ個人的な宗教的探索としてみていたようである。

(16) Kahn, *A Love Supreme*. Foreward, p. x. ジョーンズ自身が同書の前書きを書いている。

(17) なぜ日本人のフリージャズ・ミュージシャンが北米よりもヨーロッパ、とくにドイツで人気があるか、という問題について別の機会をもって調査・考察したいが、ここではその現象を指摘するに留める。

(18) 副島輝人『日本フリージャズ史』、七六頁。

(19) Bernard Wolfe and Mezz Mezzrow, *Really the Blues* (Carol Publishing, Reissue edition, 1991), p. 125.

(20) 『音楽の手帖　ジャズ』（青土社、一九八一年）、二九頁。

(21) 原文は次のとおり。“Taylor shows that the freedom of free jazz does not mean the complete abstention from every kind of musical organization. Freedom lies, first and foremost, in the opportunity to make a conscious choice from boundless material.” Ekkehard Jost, *Free*

Jazz, p. 83.

(22) ジャズにおける即興というプロセスに関しては、最も徹底的に調べ、鋭く考察してきたPaul Berliner の名著、*Thinking in Jazz: The Infinite Art of Improvisation* (University of Chicago Press, 1994) を推薦したい。また、上述のデレク・ベイリーの『インプロヴィゼーション』も鋭い指摘が多く、見逃せない。

(23) 中上健次とのインタビュー「ジャズから文学へ、文学からジャズへ」『音楽の手帖　ジャズ』、五五頁。

(24) 「インタビュー　S・ロリンズ、一つの総括」『音楽の手帖　ジャズ』、四六―四七頁。

(25) 相倉久人「ジャズの表現構造あるいは活性化理論」『ジャズからの挨拶』を参照。

(26) 一九七七年のインタビューでは、バラカは自著『ブルース・ピープル』の「基本的な誤りは文化的ナショナリズムに関連する誤りである」と述べた。Charlie Reilly, ed. *Conversations with Amiri Baraka* (University Press of Mississippi, 1994), p. 115 を参照。同書には、約二十五人の聴き手によるバラカとのインタビューが収録されており、参考になる。相倉のバラカ批評については、『ジャズからの挨拶』、九―二四頁を参照。

(27) 相倉とのインタビューは、二〇〇二年一〇月一七日、新宿にて行われた。

(28) 二〇〇五年二月二六日に米国コネチカット州ウエスレアン大学で、山下のコンサートが行われ、その後ゆっくり話す機会をもち、相倉などについて質問した際である。

(29) 『ジャズ宣言』はエッセイ集であり、同名のエッセイは、雑誌『ジャズ批評』の第一号に初めて掲載された(一九六七年六月発行)。

(30)　上述の「平岡正明との出会い」のなかで、相倉自身は平岡の写真を見るまでに、次のような印象をもっていた、と述べている。「彼の書くものからなんとなく、やくざっぽくて、喧嘩に強く、バクチ好きで、大酒飲みのタイプを想像していたのである。もっともあとで聞いたところによると、彼もまた、同じころわたしの最初の本にのっている写真をみて、同じようなことを考えていたそうだから、この勝負は一応あいこである。」一頁を参照。

(31)　日本のジャズ評論界での注目すべき例外は、上述の平岡の引用された節に登場する、『ジャズ批評』の松坂妃呂子である。二〇〇三年五月二九日のインタビューで私は松坂氏に男性中心のジャズ評論界での女性としての感想を尋ねたら、確かに男性中心的な世界ではあるが、たまたま自分は男兄弟に囲まれて育ったので慣れている、という意味の冗談まじりの答えが返ってきた。

第5章

(1)　季刊ジャズ批評別冊『ジャズ日本列島』(一九七六年、第三号)。

(2)　寺島靖国「ジャズ喫茶店混とん物語」『ジャズ批評』三七号(一九八一年)、一八七頁。

(3)　〈いーぐる〉の後藤雅洋によると、おおまかにこのような二種類の店があり、硬派の代表は新宿の〈DIG〉であり、軟派の店としては新宿の〈ベビー・グランド〉などが挙げられる。二〇〇五年一月一二日、〈いーぐる〉でのインタビュー。

(4)　http://www.jazzsoda.com/manner.htm

（5）　戦前のジャズ喫茶史については、細川周平『日本音楽の百年 第四巻――ジャズの近代』(岩波書店、二〇二〇年)を主に参考にした。英語の小論文、Shuhei Hosokawa and Hideaki Matsuoka, "Vinyl Record Collecting as Material Practice: The Japanese Case," William W. Kelly, ed., *Fanning the Flames: Fans and Consumer Culture in Contemporary Japan* (State University of New York Press, 2004) も音楽喫茶およびジャズレコードのコレクターについての洞察が多い。細川氏に、以上の未発表の論文を読ませていただいたこと、ほかにもいろいろなご教示をいただいたことに対し、感謝の意を表したい。初期のジャズ喫茶については、『ジャズ批評』一二号「日本にジャズが入ってきた頃」(一九七二年)、六四―六九頁も参考になろう。

（6）　以上は私が日本語でまとめた Eckhart Derschmidt, The Disappearance of the 'Jazu-Kissa,'" Sepp Linhart and Sabine Früstük, eds., *The Culture of Japan as Seen Through its Leisure* (State University of New York Press, 1998), pp. 303-315 の概要である。

（7）　〈コンボ〉についてのミュージシャンたちによる回顧文は高橋一郎・佐々木守(編)の『ジャズ旋風』(三一書房、一九九七年)にも収録されている。ほかに、相倉久人の「ジャズ喫茶原体験」というエッセイ(『遊歩人』〔二〇〇二年一二月、第一巻第八号〕一〇―一二頁)も〈コンボ〉に注目しているし、植田紗加栄の守安祥太郎の伝記『そして、風が走りぬけて行った』(講談社、一九九七年)にもよく登場する。

（8）　林順信、喬木省三、字原紀之(編)『東京下町JAZZ通り』(一季出版、一九九二年)、二頁。

（9）　油井のこの発言は、氏が編集した『モダン・ジャズ入門』(一九六一年初版)の後書きにあるそうだが、私は相倉久人『現代ジャズの視点』(角川文庫版、一九八二年)所収の、作家河野典生による後書きに引用された文をさらに引用している。同書、二五二頁参照。

(10) この情報は、〈メグ〉の店員からメールで知らせていただいた。同店での夜のライブ演奏は約二年前から定期的に行われているので、いわゆる純ジャズ喫茶的な側面を徐々に脱皮しつづけてきたといえよう。

(11) 小野好恵(著)、川本三郎(編)『ジャズ最終章』(深夜叢書社、一九九八年)、一一一頁。

(12) 清水氏と後藤氏の発言は私とのインタビューのなかで行われた。清水氏とのインタビューは二〇〇二年一〇月一四日、吉祥寺で行われ、後藤氏とは二〇〇二年一〇月二四日、四谷で行われた。大木氏の証言は村井康司『ジャズ喫茶に花束を』(河出書房新社、二〇〇二年)、四九頁に再録されている。

(13) 「セブンティーン」は『文学界』一五号一―二巻(一九六一年)に掲載されている。

(14) 一九六〇年代から七〇年代初期のジャズ雑誌上のジャズ喫茶広告をみると、ライブ演奏を定期的に行っているジャズ喫茶もあったことは確認できる。たとえば、七〇年一一―一二月号の『ＪＡＺＺ』という隔月刊の短命のジャズ雑誌の広告によると、渋谷の〈Ｏｓｃａｒ〉、御茶ノ水の〈ＮＡＲＵ〉、そして自由ヶ丘の〈５　Ｓｐｏｔ〉は、昼間レコードをかけ、毎晩ライブ演奏を行っていたことがわかる。(学生街に位置していた〈ＮＡＲＵ〉の場合、ライブ演奏は午後の三時からと六時から、毎日二回も行われていた。)ほかにも、吉祥寺の〈メグ〉などは、月に二回ライブ演奏を行っていた。〈メグ〉は、その後レコード専門のジャズ喫茶となったが、二〇〇二年ごろからまた定期的にライブ演奏を行うようになった。だが、以上の店は例外であり、多くのジャズ喫茶は、依然としてレコード専門の場であった。

(15) 渡辺裕『聴衆の誕生』(春秋社、一九八九年)、四―五頁。

(16) ウェブサイトのアドレスは変わったり、サイトがなくなったりすることがあるが、例としてジャズ喫茶マッチ箱のコレクションのサイトをいくつか挙げてみよう。

http://adobensya.jp/jazzmach/jazzmachi.html

http://jazz-kissa.jp/category/features-jazz-cafe-bar/jazz-kissa-match-collection

http://www.neko-net.com/jazz/

などがある。

(17) John Corbett, *Extended Play: Sounding Off from John Cage to Dr. Funkenstein* (Duke University Press, 1994), pp. 37–38.

(18) ブルーノート・レーベルの表紙写真は、とくに印象的な表紙が多く、多数のジャズ・ポスターに転用されただけでなく、最近ブルーノートの表紙集成に関する本も出版されている。たとえば、Francis Wolff(et. al.), eds. *The Blue Note Jazz Photography of Francis Wolff*(Universe Books, 2000); Graham Marsh, ed., *Blue Note+ Album Cover Art*(Chronicle Books, 2002)(『ブルーノートアルバム・カヴァー・アート 新版』行方均訳、美術出版社、二〇〇五年)などがある。

(19) 同じことが「レフト・アローン」の作曲家兼ピアニストのマル・ウォルドロンについてもいえるだろう。アメリカでは、きわめてマイナーで、ジャズファンの間でも、とくに愛聴する人は少ないように思う。David Ake は *Jazz Cultures* という研究書で、『クール・ストラッティン』の表紙写真を転載し、オーネット・コールマンの"The Shape of Jazz to Come"のレコード表紙に対する解釈のなかで『クール・ストラッティン』についても短く言及している。七四—七五頁を参照。

(20) 加藤総夫の「ジャケットという仮想現実《ヴァーチアル・リアリティ》」では、本項と同じくジャズレコードのジャケット写真などに注目しているが、視点も結論も異なるので参照されたい。たとえば、ジャケットを分類するときに、加藤は「一番多いのは、誰かよく知らない女の写真というパターンだ」と主張し、その例のひとつとして、マイルスの『いつか王子様が』を挙げるが、同ジャケットに写っている顔とは、マイルスの当時の妻フランシスであることに言及していない。また、この女性は黒人であるという意義についても触れていない。キーワード事典編集部編『ジャズを見る』(洋泉社、一九九二年)、四〇—四五頁を参照。

(21) 村井康司『ジャズ喫茶に花束を』、二〇頁。

(22) Christopher Small, *Musicking: The Meanings of Performing and Listening* (Wesleyan University Press, 1998), p. 2.

(23) 音楽を〈物〉として捉える理論的考察には、細川周平『ウォークマンの修辞学』(朝日出版社、一九八一年)、とくに第五章を参照されたい。同書における細川の見解は本論を全面的に支持するわけではないが、(同書出版当時までの時点で)この一連の理論的な問題に言及した重要な研究を踏まえながら刺激的な考察を提供している。

第6章

(1) 当時の演劇情況については、津野海太郎氏にご教示をいただいた。写真家の石黒氏は、筆者とのインタビューでブレイキーのコンサートが、自分にとってジャズを初めて聴く主なきっかけとなった、と述べた。(二〇〇二年一〇月二六日、石黒宅にて。)
(2) 大江健三郎「モダン・ジャズとぼく自身」『厳粛な綱渡り』(文藝春秋、一九六五年/七四年)、三九九頁。
(3) Francis Newton, *The Jazz Scene* (Penguin Books, 1959 and 1961), p. 256.
(4) 倉橋由美子『暗い旅』(新潮文庫、一九七一年)、四〇頁(初出は、一九六一年、都東書房)。
(5) 有吉佐和子は一九六二年三月四日付の朝日新聞(夕刊)の「東京たより」欄で「ジャズ喫茶」という記事を書いているが、特にジャズに深入りした印象は受けない。ちなみに有吉が取り上げるジャズ喫茶は、前章で触れたレコード中心の店ではなく、現在で言う「ライブハウス」に当たるところだったようである。
(6) 倉橋由美子『わたしのなかのかれへ』(講談社、一九七〇年)、一五五―一五七頁。
(7) 中上健次インタビュー(聞き手:高野晋太郎)「ジャズから文学へ、文学からジャズへ」『音楽の手帖 ジャズ』(青土社、一九八一年)、五四―五五頁。
(8) 柄谷行人・絓秀実(編)『中上健次発言集成4』(第三文明社、一九九七年)、三二八頁。
(9) 守安敏司『中上健次論――熊野・路地・幻想』(解放出版社、二〇〇三年)、三頁。守安は、一九七七年の『朝日ジャーナル』に掲載された野間宏と安岡章太郎との座談会での中上の「部落問題」に触れる発言や、後の柄谷行人との対談も紹介している。守安著第一章を参照。

(10) 柄谷行人・絓秀実（編）『中上健次発言集成4』、三三二頁。

(11) 守安敏司『中上健次論——熊野・路地・幻想』一〇頁。

(12) 小野好恵（著）、川本三郎（編）「二つのＪＡＺＺ・二つのアメリカ——中上健次と村上春樹」『ジャズ最終章』（深夜叢書社、一九九八年）、一五頁。

(13) 筆者とのインタビュー、二〇〇三年五月三一日、奥泉宅にて。

(14) 「破壊せよ、とアイラーは言った」『中上健次全集』一五巻（集英社、一九九六年）、二九頁。

(15) 「破壊せよ、とアイラーは言った」『中上健次全集』一五巻、三五頁。

(16) 中上健次 vs 村上龍『ジャズと爆弾』（角川文庫、一九八二年）、一九頁。

(17) 本項を書き終わってから、（故）青海健《せいかいけん》の「中上健次とジャズ」という小論文を知らされたが、青海も私と同様に、文学を専門としながらもジャズも自ら演奏するという共通点を持っていたせいか、拙論の視点はかなり青海の中上論に近いようであるが、考慮すべき相違点もある。たとえば、青海は後期の中上のコルトレーン・アイラー離脱、マイルス接近を、「コードへの回帰」と呼び、中上のフーテン時代から結婚したことにも関連すると見なす。

青海の論は拙論より中上文学に深入りしており、鋭い指摘が多い。青海は一九九七年に四四歳で亡くなったそうだが、私は彼の存在をこの中上論を読んで初めて知り、早世されたことを誠に残念に思う。勝手な思い込みではあるが、一度お目にかかり、ジャズと文学について語り合いたかった人物だった。上記の小論文は、青海健『三島由紀夫の帰還』（小沢書店、二〇〇〇年）に収録されている。

(18) 上述の清水俊彦の著書は、『ジャズ・オルタナティヴ』(青土社、一九九六年)、『ジャズ・アヴァンギャルド』(青土社、一九九〇／九七年)、そして『直立猿人』(書肆季節社、一九八八年)。

(19) 木島始『詩　黒人　ジャズ』(晶文社、一九六五年)。

(20) 日本の詩人の中で白石と吉増がとくに朗読に長けているという評判は、同じく現代詩の才人として知られる清水昶が筆者とのインタビューでも述べ、ほかにもこの意見に同調するものが多いようである。初期の朗読実験について、白石かずこ『黒い羊の物語』(人文書院、一九九六年)、四四—四五頁を参照。

(21) 白石かずこ『黒い羊の物語』、四七—四八頁。

(22) 『ジャズ批評』第二号(一九六七年)、二一—三頁。

(23) 二〇〇二年一〇月二六日、西荻窪にて。

(24) 原文は次のとおり。"Yet we need more than a declaration that poetry is a species of music. Poetry is... language working in ways that uniquely preserve the priority of the ear, and in general a poem not heard(at least by the mind's ear)is a poem unread." *Jazz Text: Voice and Improvisation in Poetry, Jazz, and Song*(Princeton University Press, 1991), p.7. ちなみに、ハートマンが教えている「コネチカット大学」というのは、州立のUniversity of Connecticutではなく、小さな私立のConnecticut Collegeのほうである。偶然ながら、私も同大学で八年間教えていたので、ハートマンは以前の同僚だったし、ジャズのジャムセッションも一緒にしたことがある。ギターはローカルのレベルでプロとして弾くことがあり、自作の詩

集も数冊出版されている、という多才の人である。

(25) 足立正生『映画/革命』、聞き手・編集は平沢剛（河出書房新社、二〇〇三年）。

(26) 副島輝人『日本フリージャズ史』（青土社、二〇〇二年）、九四頁。

(27) 平沢剛とのインタビューで、足立は新宿のビレッジ・バンガードに行ったことがあるかという質問に対して、次のように答えている。

「永山が働く前は、よく行っていた。しばらくしてから、店が大衆化して行き、永山が働き出すのはその頃ですね。ピットイン、クレイジー・ホース、ニュージャズ・ホールにも行っていたので、そんな中の一つでした。若い人たちは、睡眠薬でべろべろになっているのが大半だったけど、ちゃんとジャズを楽しんでいた。」足立正生『映画/革命』、二八九頁。

(28) 筆者とのインタビュー（二〇〇三年八月一一日。若松プロ事務所にて）。ほかに、若松の阿部についての思い出は、森田裕子（編）『阿部薫　一九四九―一九七八』（文遊社、一九九四年）を参照。

(29) 厳密にいえば『略称・連続射殺魔』は、足立と次のメンバーによる共同制作となっている――岩淵進、中村光三郎、野々村政行、山崎豊、佐々木守、松田政男。

(30) 平沢剛「世界映画のなかの足立正生」『映画芸術』（二〇〇〇年三月号の足立正生特集号）、九頁。

(31) 平沢が『略称』のカメラワークなどに触れながら、その思想的運動性について次のように分析している。

「主人公である永山が、登場しないことはおろか、風景の断片は、永山の道程を辿ってはいるものの、それぞれに優位性や従属性を持たず、どこにでも遍在する風景の一つ一つのショットが、連続して提示されるだけである。四つの殺人現場のシークエンスにおいては、ズームや音によるスペクタクルがないわけでないが、あまりに急激なズームと、その対象が映像として殺人事件を何も表象しえない殺人現場の石畳や広場ではスペクタクルになろうはずもなく、広場を囲う塀や石畳のマテリアリティのみが強調されることになる。「風景こそが、まずもって私たちに敵対してくる〈権力〉そのものとして意識されたからなのである。おそらく、永山則夫は、風景を切り裂くために、弾丸を発射したに違いないのである」(「薔薇と無名者」)。これは、共同制作者である松田政男による製作意図の一部であると同時に、なにげない風景であっても国家の介入は避けられ得ず、すべての風景は権力によって作られたものに他ならないとする風景=権力論のマニフェストと言える一文である。とはいえ、権力に書き換えられた風景に対する怒りや憎悪をショットから感じることは難しく、もちろん、消えていく風景へのノスタルジアも皆無である。つまり、風景=権力というマニフェストを掲げながらも、その政治性を押し出すというのではなく、その認識の上で、ただ永山が見たであろう風景を、特異性や因果律などない余白の映像として、観客に投げかけていると言える。であるから、これらの風景は、三十年を経た現在においても、色あせないアクチュアリティを持ち得ていると言える。」平沢剛「世界映画のなかの足立正生」、八—九頁。

(32) 松田政男『風景の死滅』(田畑書店、一九七一年)。二つ目の引用文は足立の『映画/革命』、二八九頁に再録されている。

(33) 平岡正明『戦後日本ジャズ史』(アディン書房、一九七七年)、六—一二頁を参照。

（34）若松孝二『俺は手を汚す』（ダゲレオ出版、一九八二年）、九三頁。
（35）唯一の例外と思えるシーンは、主人公が原宿に出かけ、女の子に話かけて、ビルの屋上に連れて行き、強姦してから射殺する場面である。その屋上の場面でピアノ・トリオによるジャズ演奏がかすかにバックで流れているのだが、若松氏の記憶によると、このシーンは当時の若松プロの事務所のビルの屋上で撮影し、一階にあるカフェでのピアノ・トリオの演奏がそのまま映画のバックグラウンドに入った、という（筆者とのインタビュー。二〇〇三年八月一一日。若松プロ事務所にて）。
（36）筆者とのインタビューで若松氏が、この作品で映っている団地は、作品上の設定である大田区の蒲田周辺のものではなく、高島平団地だった、と語った。当時、蒲田には広大な団地はなかったから、という理由だった（上述のインタビュー）。
（37）阿部の音楽については副島輝人『日本フリージャズ史』、九九—一一五頁を参照。また、森田裕子（編）『阿部薫　一九四九—一九七八』には若松孝二を含めて、さまざまな関係者による、阿部に対する印象や思い出が収録されている。
（38）若松によると、撮影場所は多摩川の下流川崎側であり、阿部が常時に練習に使っていた場所である（上述のインタビュー）。
（39）同インタビュー。

第7章

（1）レコードの（アメリカでの）歴史および受容については、William Howland Kenney, *Recorded Music in American Life: The Phonograph and Popular Memory* (Oxford University Press, 1999)は欠かせない。ほかに、以下の書もＭＰ３など近年の音楽メディアにも言及しながら旧メディアを考察するうえで、本章でとくに参考にした。Timothy D. Taylor, *Strange Sounds: Music, Technology & Culture* (Routledge, 2001); Mark Coleman, *Playback: From the Victrola to MP3, 100 Years of Music, Machines, and Money* (DaCapo Press, 2003); Mark Katz, *Capturing Sound: How Technology has Changed Music* (University of California Press, 2004). また、Susan J. Douglas, *Listening In: Radio and the American Imagination* (University of Minnesota Press 2004; first edition by Times Books, 1999)は、ラジオの受容史とジェンダーに注目する新鮮な視点が特徴といえる。

（2）細川周平は自著『ウォークマンの修辞学』（朝日出版社、一九八一年）で、早くからこの一連の問題を取り上げている。

（3）Yi-fu Tuan, *Space and Place: The Perspective of Experience* (University of Minnesota Press, 1977) イーフー・トゥアン『空間の経験：身体から都市へ』（山本浩訳、筑摩書房、一九八八年／ちくま学芸文庫、一九九三年）。

（4）http://www.cansystem.co.jp/service/audio/index.html（二〇〇五年当時）

（5）http://www.usen-cs.com/songlist/weekly.html（二〇〇五年当時）

（６）　このカテゴリーはCan Magazine Online〈www.cansystem.info/genre/jazz.html〉というサイトから引用したものである。

（７）　たとえば、ＵＳＥＮの最も一般的なジャズ・チャンネルである「ジャズ・ステーション」の選曲を次のように宣伝している。

「朝の時間帯は〝耳心地のいい〟小編成のジャズを集めた〝soft jazz〟、昼間は〝軽快な〟ウエストコースト・ジャズを集めた〝sunny side jazz〟、夜は〝酒場〟で流れるジャズをテーマにした〝jazz bar style〟、深夜は〝サロン〟をイメージした品のあるヨーロッパ・ジャズを集めた〝salon jazz〟、真夜中〜夜明けの時間帯はひたすら〝心地良さ〟を追求したピアノ・サウンドを集めた〝comfortable jazz〟まで、１日の流れの中でのさまざまなジャズの選曲を、ＢＧＭとして楽しめる究極のジャズ・ステーションです」（〈http://www.usen440.com/genre/06.html#a1〉を参照）。

（８）　二〇〇五年五月現在、『クール・ストラッティン』は、ＵＳＥＮの「ＢＦ‐３１」というモダンジャズチャンネルのウェブページに唯一の（つまり、代表的な）ジャケットとして掲載されている。〈http://www.usen440.com/ch/BF/BF31/index.html〉を参照。

（９）　「ジャズ大名」は最初は短編小説として発表され、初出は『小説新潮』（一九八一年一月号）である。新潮文庫版の筒井著『エロチック街道』などにも収録されている。映画のテーマソングであるジャズの原型とされているごく単純なメロディーを、筒井が「作曲」し、小説では五線譜で記されている。映画の音楽は、筒井と山下洋輔ふたりの作曲となっている。

（10）　奥泉光の作品もいつか取り上げたいが、ここでは筒井と春樹に留める。

(11) 筒井の六〇年代のエッセイでは、「ジャズ」(初出『ジャズ・ジャーナル』誌、一九六六年一〇月号)などが筒井康隆全集に収録されている。ちなみに、相倉久人と平岡正明について、筒井は「酒嫌いの新人類」というエッセイで触れている。『やつあたり文化論』(新潮文庫、一九七九年)を参照。山下洋輔に触れるエッセイも多いが、『やつあたり文化論』に「山下洋輔小論」と「山下洋輔の周辺」が収録されているほか、ジャズ小説家でもある河野典生についてのエッセイが二篇収録されている。平岡と山下にも筒井の文学作品についてのエッセイが数篇ある。

(12) 以上のようないきさつのほかにも、ジャズにおける録音の歴史と意義については、Alyn Shipton, *A New History of Jazz* (Continuum, 2001)が詳しい。上述のヨーロッパの話は、五五三頁にある。また、Bill Kirchner, ed., *The Oxford Companion to Jazz* (Oxford University Press, 2000)のなかの、ジャズ・プロデューサーおよび評論家であるDan Morgensternの"Recorded Jazz"という章も参考になろう(同書、七六六—七八七頁)。

(13) Taylor, *Strange Sounds*, pp. 159-161.

(14) Jay Rubin, *Haruki Murakami and the Music of Words* (Harvill Press, 2002), p. 2.

(15) 『国境の南、太陽の西』(講談社文庫、一九九五年)、二二頁。

(16) 例をひとつだけ挙げれば、勝原晴希は「考えるまでもない、国境の南とは幻想の完遂あるいは輝かしい死の方位」であると見なす。勝原晴希「〈近代〉という円環——村上春樹『国境の南、太陽の西』を読む」、木股知史(編)『日本文学研究論文集成46——村上春樹』(若草書房、一九九八年)、一九七頁。

(17) 春樹はこの虚構のレコードをわざと使ったことはほぼ間違いない。同書を英訳したフィリップ・ゲブリエル氏が「そのようなレコードはないようだが」と直接、著者に確認したら、「フィクションの作品だから虚構の要素もある」と春樹自身が答えたそうである。

(18) 北中正和も村上文学一般に対してこの問題に触れているが、同エッセイは『国境の南、太陽の西』発表以前に書かれた。北中正和「この曲を聴くとすごく哀しくなる……」『ユリイカ』（「村上春樹の世界」、一九八九年六月臨時増刊号に収録）。

(19) 『国境の南、太陽の西』の後に発表された短編「トニー・滝谷」においても、ジャズの生演奏に関わる人物が登場する。この作品では、トニーという主人公の父はそれこそ上述した〈上海バンスキング〉の一人のようなトロンボーン奏者である。「トニー・滝谷」は一九九〇年一〇月号の『群像』で初めて発表されたが、文春文庫版の短編集『レキシントンの幽霊』（一九九九年）には、もっと長いバージョンが入っている。ちなみに、英訳は名雑誌 *The New Yorker* に掲載された。

(20) 過去の雰囲気やスタイルを反映しながら未来と思われるテクノロジーを描写する点において、アニメ『メトロポリス』は一九八九年発表のティム・バートン監督、マイケル・キートンとジャック・ニコルソン主演のハリウッド映画『バットマン』に類似しており、ほかにも昔のアメリカ漫画の映画化でも、似たようなセットデザインなどが見られる。

(21) ラングの原作『メトロポリス』について、十数人の研究者による英文での以下の論文集は参考になろう。Michael Minden and Holger Bachmann, eds., *Fritz Lang's Metropolis: Cinematic Visions of Technology and Fear* (Camden House, 2000). 同書は、映画の公開当時のドイ

ツ、イギリス、スペインそしてアメリカの映画評も転載されているので、資料集としても役立つ(ドイツ語とスペイン語の評論文は英訳されている)。

(22) 手塚治虫『メトロポリス』(角川文庫、一九九二年)、一六〇頁。

(23) 〈戦後〉の始まりが曖昧であるということは、沖縄戦後史の研究者や竹前栄治などの日本本土の占領研究者に数十年前から指摘されてきたので、これは何も私独自の洞察ではないことを認めたい。

あとがき

最後に、私なりの〈ジャズ観〉そして日本でのジャズ聴取の現状に対する私見を若干述べよう。すでに、これまでに本書の行間からかなり読み取っていただいたと思うが、ここで整理し、簡潔ながらより明瞭に表現してみたい。

私にとって、〈ジャズ〉は、まず〈音〉である。馬鹿に単純な言い方だが、やはり〈音〉が私の出発点であり、いまだにジャズと関わる原点である。その意味で、私のジャズとの出会い方は、「ジャズを全身から浴びた」という中上健次のものに似ているのだろう。ただし、中上がジャズ喫茶で集中的に「音のシャワー」を浴びたのに対し、私の場合、日本のジャズ喫茶でもずいぶん時間を過ごしたが、ジャズの原点はあくまでも、ライブ演奏という再生不可能な〈生きた音〉であった。しかも、ジャズを聴きだしたときから自分でジャズを演奏しようとしていた点では、さらに中上とジャズとの関係とは異なるだろう。結局、私はどんなにすばらしいレコードを揃えていても、折にふれ生演奏を聴かないと、物足りなく感じるところは、むしろ中上と同年にデビューした五木寛之のジャズ観に近いかもしれない。

しかし、〈音が原点〉だとはいえ、『戦後日本のジャズ文化』という本を書こうとする者として、ジャズに付与されるさまざまな抽象的な側面――石原慎太郎がいうような「意義とか意味など」――も考えることは当然である。そして、私にとっての〈ジャズの意義とか意味〉を大まかに二通りに集約することができる。ひとつは、〈異質の世界との出会い〉であり、もうひとつは、〈一瞬に凝縮される驚きと喜び〉という体験である。このふたつは、表裏一体の関係にある。

〈異質の世界〉とは、まずジャズの〈音〉を指し、そしてその音に触発され自分の想像力が運んでくれる遠く離れた空想の〈場〉をも指すのである。音楽を愛聴するだれもが体験したことがあると思うが、ときには音によって別世界に運ばれることがある。私の場合、これは自分でピアノを弾くときや、熱烈なライブ演奏のときにもっとも容易に味わうのだが、おそらくそれは、既述した「一回性の論理」に基づく緊張感およびそれを意識したゆえの集中力から生じるものだろう。ジャズ喫茶などでレコードを聴いても、同じような体験を味わうこともありうるとは思うのだが、緊張感の面において相当異なるところもあると思う。

〈異質の世界〉のもうひとつの側面とは、ジャズを通して異文化の人間との出会いに恵まれたことを意味するのである。まず、学生の頃に故郷セントルイス市のゲットーにあった黒人ばかり(しかも、主に中高年者)のクラブやバーに、ひとりでジャズをよく聴きにでかけたが、郊外育ちの中産階級の白人青年にとって、そこで発される強烈な音自体が別世界であるのみならず、ミュージシャンや客たちの音楽に対する接し方や反応のし方は、やはり異文化のものだと痛感し、私のその後のジャズに対する聴きかたや考え方に大きな影響を及ぼした。さらに、日本に留学したときから、ジャズ演奏と聴取それぞれの体験を通して、多くの日本人と知り合うことができ、その体験のおかげで日本社会の主流から外れたところで同時代に挑んでいる「日本のなかの異文化」に肌で接することができた。そのおかげで、日本のジャズ界を、ある程度「裏」から覗き込むこともできたと思う。

〈一瞬に凝縮される驚きと喜び〉とは、ジャズの聴取体験特有とまでいわないが、即興音楽にはより顕著な側面だと思う。事前に綿密に構成を練った作曲済みの演奏に比べ、ジャズの場合、ミュージシャンの瞬間的な閃きによる全く予想外の音や旋律が展開されるときがある。あるいは、特別に創造的な演奏ではなくても、単に猛烈にスウィングしている瞬間を体験するだけでも、その音が体内の隅々まで染み通り、深い喜びが当分消えないことがある。いずれもライブの聴取体験は、たまらないほど鮮烈である。即興演奏では、ミュージシャンの集中力と想像力とエネルギーが同時に高潮し、最高のレベルで継続させることは困難なので、このような鮮烈な聴取体験はたった一曲の間でさえ、実はまれだと思うのだが、そのような瞬間を一晩に一度だけでも味わわせてもらえると、私は当分その興奮が収まらない。いまだに、約三十年前のライブ演奏のそのような瞬間を記憶しているのだが、そう思えば、その〈一瞬〉の聴取体験は〈一生〉の精神的栄養剤となるといえる。

第七章で論じたように、現在の日本ではジャズを楽しむさまざまな〈場〉と〈媒体〉がある。たとえば、自分の家や部屋のステレオで聴いたり、インターネットをとおして珍盤や海外のラジオ放送などを聴いたり、電車の中や町を歩きながらウォークマンやMP3などを聴いたり、また飲食店などで流れている有線放送に耳を傾けたりすることができる。しかし、やはり五木寛之が数々のジャズ小説やエッセイで鮮やかに描いてくれたように、ジャズクラブならではの自発性と相互コミュニケーションに重点をおくライブ演奏の興奮と緊張感と喜びも味わいたい。もちろん、ジャズのライブ演奏は「相互コミュニケーション」を重視するからといって、大江健三郎が記述したようなコンサート客の「悪乗り」を真似する必要はないが、無理に冷静を保って聴く必要もないと思う。国籍を問わず、多くのジャズ・ミュージシャンは、客の反応に刺激を感じ取り、自然にエネルギーと集中力と感情の入れ方が高まるおかげで、演奏全体の質が上がることがしばしばある。これはライブ演奏でしか味わえない魅力であり、とくに即興を重んじるジャズという音楽の聴取体験として欠かせない要素だといえる。

しかも、ライブ演奏の場合、かならずしも一流のミュージシャンばかりを聴く必要はないと思う。むしろ、ローカルシーンの音楽をたまに聴きにいくと、違う感動を味わうことが意外に多い。また、そのような身近な場でこそ、単なる〈聴衆〉という受動的な聴き方のクセを脱皮し、一人前の〈参加者〉へと変身しやすいこともある。

私のジャズ聴取歴は三十年を超えたが、いまだにローカルのミュージシャンのライブ演奏を聴いて興奮することがある。また、同じレコードを何度聴いても仕方ないほど嬉しくなる瞬間がある。それだけでなく、周りの客が誰一人聴いていなそうな、BGMで流れている有線放送のジャズに対しても、耳を澄ますと愉快な気分になることさえある。いや、逆に周りの客が聴いていないからこそ、余計に愉快に感じるのかもしれない。

現在の日本では、さまざまなジャズ・スタイルを聴くこともでき、ジャズの音を我々の耳に届けてくれる多種多様のメディアもある。演奏場も、立派なコンサートホールから薄暗い地下の狭いクラブまである。やはり、本書のはじめに述べたように、音楽について〈ことば〉をもって表現することに限界があり、ここまで付き合ってくださった読者も、著者の私と同様に、その限界を今ごろ痛感しているにちがいない。だから、寺山修司が提唱したように、そろそろ(この)書を捨てて町に出ようではないか。そして、倉橋由美子のごとく、「耳の集音器」を思い切って開き、ジャズの〈生きた音〉を深く体内に吸収しよう。

二〇〇五年五月

マイク・モラスキー

謝辞

本書執筆の研究のため、私はこの数年間、何度も日米を往復し、そのつど日本にしばらく滞在することになった。それが可能となったのは、以下の財団や大学からの研究助成金のおかげである。日本の国際交流基金(日本研究フェローシップと短期フェローシップ)、米国のNational Endowment for the Humanities (Research Fellowship for College Teachers and Independent Scholars)、ミネソタ大学(Grant-in-Aid for Research とNational Research Fellowship Supplement)。また、二〇〇四年には立教大学に招聘研究員として招いていただいたおかげで一カ月間滞在することができ、また成蹊大学の国際交流センターとアジア太平洋研究センターにも何度も招聘研究員としてのご招待をいただいた。成蹊大学研究助成および(同大学の)アジア太平洋研究センターの研究プロジェクトの一員として短期滞在のための助成金もいただいた。以上の財団や大学などにお礼を申し上げたい。とくに、この数年間成蹊大学の宮脇俊文教授と立教大学の五十嵐暁郎教授のお二人にお世話になったことに対し感謝の意を表したい。

また、多くの方々がインタビューに応じてくださった。本文中では直接言及しなかった場合もあるが、どのインタビューも大いに参考となったので、ここでお名前をあげてお礼を申し上げたい——相倉久人、明田川荘之、石黒健治、奥泉光、後藤雅洋、清水昶、白石かずこ、髙橋知己、津野海太郎、戸村浩、副島輝人、中平穂積、平岡正明、松坂妃呂子、山下洋輔、若松孝二の各氏。

ジャズ関連の小説や映画、そして研究資料をご教示ご紹介してくださった方々も少なくない。アーロン・ジェロー、飯村宙、岡島豊樹、藤井崇文、そして森田義信の各氏にも感謝を捧げる。

初期の草稿に対し、日本語の文章や構成について金山隆、島原裕司と鈴木淑美の各氏がさまざまなアドバイスをくださった。後に、E・テイラー・アトキンズ、後藤雅洋、平沢剛、藤井仁子そして細川周平の各氏がそれぞれ原稿の一部を読んでくださり、貴重なご教示をくださった。映画に関しては平沢氏、日本のジャズ状況および評論に関しては細川氏と後藤氏にとくにお世話になった。

本書では、文学や映画や評論などの「テクスト」を主な対象にしてきたが、私自身が日本の「ジャズ現場」で、長い時間を過ごしてこなかったら、このような本を書こうとは思い浮かばなかったにちがいない。本書では、ジャズ喫茶に対しかなり厳しい批評を提示したが、依然として私はジャズ喫茶の一ファンであり、現在でも根気強くジャズ喫茶を経営したり、常連客として支えている方々に敬意を表したい。同時に、地元のジャズ・ミュージシャンを長年支持してきた「ライブハウス」の関係者たちへの感謝も付け加えたい。私事にわたるがそのなかでも、けっしてジャズ演奏が上手くない私にさえ、人前で恥をかくチャンスを与え続けてくださる吉祥寺の〈SOMETIME〉、御茶ノ水の〈ナル〉、そして長年の付き合いである西荻窪の〈アケタの店〉とその周辺のミュージシャンおよびファンたちにとりわけ感謝を。

最後に、本書の担当編集者である青土社の水木康文氏に対し、心からのお礼を申し上げたい。通常の編集作業のほかに、水木氏は文法の間違いを始め、私の下手な日本語の文章を、一応「読める」程度まで引き上げるのに大変苦労したにちがいない。しかし、文章や構成だけでなく、常に内容をもっと掘り下げ、さらに充実した論にするように後押ししてくださったおかげで、最初の草稿に比べ、だいぶ密度が増したようである。とはいえ、依然として本書の欠点はすべて私一人の責任に帰することはいうまでもない。

現代文庫版あとがき

『戦後日本のジャズ文化』が刊行されてから、はや十二年が経つ。この度、岩波現代文庫の一冊として再び世に出ることになり、うれしい限りである。まず、岩波書店編集部の清水御狩氏と入江仰氏に対し御礼を申し上げたい。

この本は私にとって初めての日本語著書だっただけに、いろいろな想いがある。しかし、執筆中の想いよりも、出版後の読者および評者からの反応の方が記憶に残っている。なかでも、私自身にとって一番おもしろく感じたのは次のような感想だった——「悔しい！　俺がいつかああいう本を書きたかったんだ。しかも、ガイジンに先を越されるとは……」、「この本は我々が生きてきた時代とその文化をよく捉えているが、なぜ日本人がもっと早く書かなかったのだろうか」など、と。もちろん、この類の感想はありがたく受けとめてはいるものの、そう言われるとどうしても複雑な心境になる。

というのは、〈回想録〉ではなくれっきとした〈文化論〉を書くには、取り上げる文化およびその歴史に対し、ある程度の知識を要するほかにも、精神的な距離感も必要だと思うからだ。ただし、その距離感は何も出身地によって決まるものではないだろう。つまり、〈国籍〉よりも〈経験〉が重要だというわけである。たとえば、私と同様に日米両国の在住歴が長く、文化研究を専門としつつ、ジャズを演奏する経験をもつ日本人研究者がいたとしたら、おおよそ本書と似たような内容の本が書けたのではないかと思う。逆に、日本での「モダンジャズ全盛期」があまりにも熱い時代だったため、リアルタイムで体験した人にとって十分な距離感を保つことがかえって難しいような気がする。同じ日本人の書き手であれば、その時代にどっぷり浸かっていなかった世代の研究者のほうが、懐古趣味に陥らずに書けたのではないかと思う。

しかし、「悔しがってくれた」読者よりも、本書のジャズ喫茶論に対し反応した読者が圧倒的に多かった。たとえば何人かの読者は、書名が思い出せないときに「あのジャズ喫茶の本」というふうに言ったことがあるが、きっと彼らにとって文学や映画作品に関する解釈よりも、ジャズ喫茶を取り上げた第五章のほうが印象に残ったのだろう。それは無理もない。何せ、それまでに刊行されたジャズ喫茶関連のほとんどの本は、店主またはファンによって書かれており、どうしても手前味噌や懐古趣味の色が濃かったからこそ、あえて私は読者を挑発しながら新視点を提示したかったわけである。

案の定、わがジャズ喫茶論は読者の注目を集めたようである。おもしろがってくれた人もいれば、反発した人もいた。私自身は、同章で提示したジャズ喫茶の店内構造や社会的機能などに対する分析はおおよそ的を射ていると思いながらも、刊行直後から自分どの論に対し不満が湧き始めた。すなわち、一九六〇年代―七〇年代初期の東京や京都などの一部の硬派ジャズ喫茶に対し、新たな光を当てることができたとしても、日本のジャズ喫茶文化全般をバランスよく捉えたとはとても言えないことが気にかかったからだ。そのため、次に東京周辺のジャズ喫茶に留まらず、地方の店も視野に入れながらいっそう多面的なジャズ喫茶像を描くことに取り組むことにした。

幸い、二〇〇七年にその研究を実行できるよう、京都にある国際日本文化研究センターに招聘され、丸々一年間ジャズ喫茶研究に専念することができた。関西のジャズ喫茶を詳しく調べるほかに、北海道から沖縄まで多種多様なジャズ喫茶を訪れ、店主や店長に対しインタビューを行い、加えて常連客からも話を伺った。しかし、その時点ではすでに多くのジャズ喫茶が閉店していたので、なくなった店の店主、店長、そして常連客にも話を聞くようにした。あまりにも楽しい作業だったので、「現地調査」と呼ぶのは気が引けるが、全国のジャズ喫茶の歴史と現状について開眼させられた点が多々あったことは確かである。その「調査結果」をまとめ、二〇一〇年に『ジャズ喫茶論』(筑摩書房)として発表した。これを以って、ようやく本書の第五章に対し「ケリがついた」と感じた。

それからしばらくの間、ジャズとは関係のない本を(日本語で)書くことにした――紀行文のようなエッセイ集や居酒屋文化についての本を出すほか、ちょっと異色の戦後短編小説集成も編集した。だが、この一連の執筆・編集作業に取りかかることができたのは、『戦後日本のジャズ文化』の読者からの熱い反応のおかげだったと確信している。

元々、私には日本語で本を書く力なんぞないと思い込んでいたので、初めは本書を英語で書く予定だった。ところが、そうするとごく少数の欧米人の日本研究の専門家向けに書くか、または日本についてほとんど知識のないジャズファン相手に書くかという二者択一を迫られてしまう。前者だと読者数が数百人に留まってしまう恐れがあり、後者だと石原裕次郎は誰それ、五木寛之は誰それなどと、つまり日本人読者になら不要な説明をいちいち付け加えなければならないので、どちらも気が進まなかった。それなら(不安を抱えながらも)日本語で書いてみようではないか、と思い直した次第である。

とはいえ、私は日本語の「ネイティヴライター」に間違えられるような文章は書けず、これからどんなに進歩し続けてもその状況はさほど変わらないだろう。それでも、著者の語学力の限界にもかかわらず、けっきょく(編集者にずいぶん助けてもらったおかげで)本書は読者および評者から予想以上の熱い反響を呼んだ。おもしろがってくれた読者も反発した読者もいたが、いずれも積極的な反応を示してくれたという意味では、本書から何らかの刺激を受けたことに変わりないだろう。そう思うと勇気づけられ、その後は日本語を中心に執筆することを決心した。

さらに熟慮の末、長年勤めていたアメリカの大学に辞表を出し、永住するつもりで日本に移住してしまった。要するに、本書が読者たちに対しどの程度の影響を及ぼしたかとは別に、とりわけ著者自身にとっては人生そのものを大きく左右することになったと言っても過言ではない。

ところで、この「あとがき」は主に、セントルイスの実家から日本へ帰国する旅中に書いた。しかも、たまたま三月一一日だった。東日本大震災は本書の刊行のおよそ六年後に起きたが、周知の通り東北地方のジャズ文化にも大きな打撃を与えた。被災した老舗のジャズ喫茶のうち、復興した店もあれば、移転し再開した店もある。しかし、再開しなかった店もあることを忘れてはいけない。岩手県大槌町の「クイーン」が一例である。東北のなかでもとりわけ交通の便がよくない町に立地しながらも、一九六〇年代からジャズ喫茶として地道に営業し続けてきたのに、店全体が津波に流されてしまった。幸い、店主の佐々木賢一氏は後ろから襲ってくる津波をギリギリで逃げ切ったが、長年集めた店内のレコードや写真やミュージシャンからの手紙などが一切合財なくなってしまった。約半世紀以上の過去の記録が、一気に消えてしまったわけだ。

本書では触れられなかったが、「クイーン」のような地方の老舗ジャズ喫茶も、戦後日本のジャズ文化を支えた大事な柱だった。想像を絶する被害を受けた「クイーン」の佐々木賢一氏をはじめ、全国各地の日本のジャズ文化を支え続けてきた皆様に対し、心から敬意と感謝を表したい。

二〇一七年三月一一日　太平洋の上を飛びながら……

マイク・モラスキー

本書は二〇〇五年八月、青土社から刊行された。

戦後日本のジャズ文化—映画・文学・アングラ

2017年5月16日　第1刷発行
2024年5月24日　第2刷発行

著　者　マイク・モラスキー

発行者　坂本政謙

発行所　株式会社 岩波書店
〒101-8002 東京都千代田区一ツ橋 2-5-5

案内 03-5210-4000　営業部 03-5210-4111
https://www.iwanami.co.jp/

印刷・精興社　製本・中永製本

ISBN 978-4-00-603305-7　　Printed in Japan

岩波現代文庫創刊二〇年に際して

二一世紀が始まってからすでに二〇年が経とうとしています。この間のグローバル化の急激な進行は世界のあり方を大きく変えました。世界規模で経済や情報の結びつきが強まるとともに、国境を越えた人の移動は日常の光景となり、今やどこに住んでいても、私たちの暮らしは世界中の様々な出来事と無関係ではいられません。しかし、グローバル化の中で否応なくもたらされる「他者」との出会いや交流は、新たな文化や価値観だけではなく、摩擦や衝突、そしてしばしば憎悪までをも生み出しています。グローバル化にともなう副作用は、その恩恵を遥かにこえていると言わざるを得ません。

今私たちに求められているのは、国内、国外にかかわらず、異なる歴史や経験、文化を持つ「他者」と向き合い、よりよい関係を結び直してゆくための想像力、構想力ではないでしょうか。

新世紀の到来を目前にした二〇〇〇年一月に創刊された岩波現代文庫は、この二〇年を通して、哲学や歴史、経済、自然科学から、小説やエッセイ、ルポルタージュにいたるまで幅広いジャンルの書目を刊行してきました。一〇〇〇点を超える書目には、人類が直面してきた様々な課題と、試行錯誤の営みが刻まれています。読書を通した過去の「他者」との出会いから得られる知識や経験は、私たちがよりよい社会を作り上げてゆくために大きな示唆を与えてくれるはずです。

一冊の本が世界を変える大きな力を持つことを信じ、岩波現代文庫はこれからもさらなるラインナップの充実をめざしてゆきます。

（二〇二〇年一月）

岩波現代文庫[社会]

S286
平和は「退屈」ですか
—元ひめゆり学徒と若者たちの五〇〇日—
下嶋哲朗

沖縄戦の体験を、高校生と大学生が語り継ぐプロジェクトの試行錯誤の日々を描く。社会人となった若者たちに改めて取材した新稿を付す。

S287
野口体操入門
—からだからのメッセージ—
羽鳥操

「人間のからだの主体は脳でなく、体液である」という身体哲学をもとに生まれた野口体操。その理論と実践方法を多数の写真で解説。

S288
日本海軍はなぜ過ったか
—海軍反省会四〇〇時間の証言より—
澤地久枝
半藤一利
戸髙一成

勝算もなく、戦争へ突き進んでいったのはなぜか。「勢いに流されて——」。いま明かされる海軍トップエリートたちの生の声。肉声の証言がもたらした衝撃をめぐる白熱の議論。

S289-290
アジア・太平洋戦争史(上・下)
—同時代人はどう見ていたか—
山中恒

いったい何が自分を軍国少年に育て上げたのか。三〇年来の疑問を抱いて、戦時下の出版物を渉猟し書き下ろした、あの戦争の通史。

S291
戦下のレシピ
—太平洋戦争下の食を知る—
斎藤美奈子

十五年戦争下の婦人雑誌に掲載された料理記事を通して、銃後の暮らしや戦争について知るための「読めて使える」ガイドブック。文庫版では占領期の食糧事情について付記した。

2024. 5

S292
食べかた上手だった日本人
―よみがえる昭和モダン時代の知恵―
魚柄仁之助

八〇年前の日本にあった、モダン食生活のユートピア。食料クライシスを生き抜くための知恵と技術を、大量の資料を駆使して復元！

S293
新版 報復ではなく和解を
―ヒロシマから世界へ―
秋葉忠利

長年、被爆者のメッセージを伝え、平和活動を続けてきた秋葉忠利氏の講演録。好評を博した旧版に三・一一以後の講演三本を加えた。

S294
新島襄
和田洋一

キリスト教を深く理解することで、日本の近代思想に大きな影響を与えた宗教家・教育家、新島襄の生涯と思想を理解するための最良の評伝。〈解説〉佐藤 優

S295
戦争は女の顔をしていない
スヴェトラーナ・アレクシエーヴィチ
三浦みどり訳

ソ連では第二次世界大戦で百万人をこえる女性が従軍した。その五百人以上にインタビューした、ノーベル文学賞作家のデビュー作にして主著。〈解説〉澤地久枝

S296
ボタン穴から見た戦争
―白ロシアの子供たちの証言―
スヴェトラーナ・アレクシエーヴィチ
三浦みどり訳

一九四一年にソ連白ロシアで十五歳以下の子供だった人たちに、約四十年後、戦争の記憶がどう刻まれているかをインタビューした戦争証言集。〈解説〉沼野充義

岩波現代文庫[社会]

S297
フードバンクという挑戦
―貧困と飽食のあいだで―
大原悦子

食べられるのに捨てられてゆく大量の食品。一方に、空腹に苦しむ人びと。両者をつなぐフードバンクの活動の、これまでとこれからを見つめる。

S298
いのちの旅
「水俣学」への軌跡
原田正純

水俣病公式確認から六〇年。人類の負の遺産「水俣」を将来に活かすべく水俣学を提唱した著者が、様々な出会いの中に見出した希望の原点とは。〈解説〉花田昌宣

S299
紙の建築 行動する
―建築家は社会のために何ができるか―
坂茂

地震や水害が起きるたび、世界中の被災者のもとへ駆けつける建築家が、命を守る建築の誕生とその人道的な実践を語る。カラー写真多数。

S300
犬、そして猫が生きる力をくれた
―介助犬と人びとの新しい物語―
大塚敦子

保護された犬を受刑者が介助犬に育てるという米国での画期的な試みが始まって三〇年。保護猫が刑務所で受刑者と暮らし始めたこと、元受刑者のその後も活写する。

S301
沖縄 若夏の記憶
大石芳野

戦争や基地の悲劇を背負いながらも、豊かな風土に寄り添い独自の文化を育んできた沖縄。その魅力を撮りつづけてきた著者の、珠玉のフォトエッセイ。カラー写真多数。

2024. 5

S302
機会不平等
斎藤貴男

機会すら平等に与えられない〝新たな階級社会の現出〟を粘り強い取材で明らかにした衝撃の著作。最新事情をめぐる新章と、森永卓郎氏との対談を増補。

S303
私の沖縄現代史
―米軍支配時代を日本《ヤマト》で生きて―
新崎盛暉

敗戦から返還に至るまでの沖縄と日本の激動の同時代史を、自らの歩みと重ねて描く。日本〈ヤマト〉で「沖縄を生きた」半生の回顧録。岩波現代文庫オリジナル版。

S304
私の生きた証はどこにあるのか
―大人のための人生論―
H・S・クシュナー
松宮克昌訳

私の人生にはどんな意味があったのか？　人生の後半を迎え、空虚感に襲われる人々に旧約聖書の言葉などを引用し、悩みの解決法を提示。岩波現代文庫オリジナル版。

S305
戦後日本のジャズ文化
―映画・文学・アングラ―
マイク・モラスキー

占領軍とともに入ってきたジャズは、アメリカそのものだった！　映画、文学作品等の中のジャズを通して、戦後日本社会を読み解く。

S306
村山富市回顧録
薬師寺克行編

戦後五五年体制の一翼を担っていた日本社会党は、その誕生から常に抗争を内部にはらんでいた。その最後に立ち会った元首相が見たものは。

S307
大逆事件
―死と生の群像―
田中伸尚

天皇制国家が生み出した最大の思想弾圧「大逆事件」。巻き込まれた人々の死と生を描き出し、近代史の暗部を現代に照らし出す。〈解説〉田中優子

S308
「どんぐりの家」のデッサン
漫画で障害者を描く
山本おさむ

かつて障害者を漫画で描くことはタブーだった。漫画家としての著者の経験から考えてきた、障害者を取り巻く状況を、創作過程の試行錯誤を交え、率直に語る。

S309
鎖塚
―自由民権と囚人労働の記録―
小池喜孝

北海道開拓のため無残な死を強いられた囚人たちの墓、鎖塚。犠牲者は誰か。なぜその地で死んだのか。日本近代の暗部をあばく迫力のドキュメント。〈解説〉色川大吉

S310
聞き書 野中広務回顧録
御厨貴
牧原出 編

二〇一八年一月に亡くなった、平成の政治をリードした野中広務氏が残したメッセージ。五五年体制が崩れていくときに自民党の中で野中氏が見ていたものは。〈解説〉中島岳志

S311
不敗のドキュメンタリー
―水俣を撮りつづけて―
土本典昭

『水俣―患者さんとその世界―』『医学としての水俣病』『不知火海』などの名作映画の作り手の思想と仕事が、精選した文章群から甦る。〈解説〉栗原彬

S312
増補 隔離 ―故郷を追われたハンセン病者たち―
徳永 進

らい予防法が廃止され、国の法的責任が明らかになった後も、ハンセン病隔離政策が終わり解決したわけではなかった。回復者たちの現在の声をも伝える増補版。〈解説〉宮坂道夫

S313
沖縄の歩み
国場幸太郎
新川 明
鹿野政直 編

米軍占領下の沖縄で抵抗運動に献身した著者が、復帰直後に若い世代に向けてやさしく説き明かした沖縄通史。幻の名著がいま蘇る。〈解説〉新川 明・鹿野政直

S314
ぼくたちはこうして学者になった ―脳・チンパンジー・人間―
松本 元
松沢哲郎

「人間とは何か」を知ろうと、それぞれ新たな学問を切り拓いてきた二人は、どのような生い立ちや出会いを経て、何を学んだのか。

S315
ニクソンのアメリカ ―アメリカ第一主義の起源―
松尾文夫

白人中産層に徹底的に迎合する内政と、中国との和解を果たした外交。ニクソンのしたたかな論理に迫った名著を再編集した決定版。〈解説〉西山隆行

S316
負ける建築
隈 研吾

コンクリートから木造へ。「勝つ建築」から「負ける建築」へ。新国立競技場の設計に携わった著者の、独自の建築哲学が窺える論集。

岩波現代文庫［社会］

S317
全盲の弁護士　竹下義樹
小林照幸

視覚障害をものともせず、九度の挑戦を経て弁護士の夢をつかんだ男、竹下義樹。読む人の心を揺さぶる傑作ノンフィクション！

S318
一粒の柿の種
―科学と文化を語る―
渡辺政隆

身の回りを科学の目で見れば…。その何と楽しいことか！　文学や漫画を科学の目で楽しむコツを披露。科学教育や疑似科学にも一言。〈解説〉最相葉月

S319
聞き書　緒方貞子回顧録
野林健
納家政嗣編

「人の命を助けること」、これに尽きます――。国連難民高等弁務官をつとめ、「人間の安全保障」を提起した緒方貞子。人生とともに、世界と日本を語る。〈解説〉中満泉

S320
「無罪」を見抜く
―裁判官・木谷明の生き方―
木谷明
山田隆司
嘉多山宗 聞き手・編

有罪率が高い日本の刑事裁判において、在職中いくつもの無罪判決を出し、その全てが確定した裁判官は、いかにして無罪を見抜いたのか。〈解説〉門野博

S321
聖路加病院　生と死の現場
早瀬圭一

医療と看護の原点を描いた『聖路加病院で働くということ』に、緩和ケア病棟での出会いと別れの新章を増補。〈解説〉山根基世

S322
菌世界紀行
―誰も知らないきのこを追って―
星野 保

大の男が這いつくばって、世界中の寒冷地にきのこを探す。雪の下でしたたかに生きる菌たちの生態とともに綴る、とっておきの〈菌道中〉。〈解説〉渡邊十絲子

S323-324
キッシンジャー回想録 中国(上・下)
ヘンリー・A・キッシンジャー
塚越敏彦ほか訳

世界中に衝撃を与えた米中和解の立役者であるキッシンジャー。国際政治の現実と中国の論理を誰よりも知り尽くした彼が綴った、決定的「中国論」。〈解説〉松尾文夫

S325
井上ひさしの憲法指南
井上ひさし

「日本国憲法は最高の傑作」と語る井上ひさし。憲法の基本を分かりやすく説いたエッセイ、講演録を収めました。〈解説〉小森陽一

S326
増補版 日本レスリングの物語
柳澤 健

草創期から現在まで、無数のドラマを描ききる日本レスリングの「正史」にしてエンターテインメント。〈解説〉夢枕 獏

S327
抵抗の新聞人 桐生悠々
井出孫六

日米開戦前夜まで、反戦と不正追及の姿勢を貫きジャーナリズム史上に屹立する桐生悠々。その烈々たる生涯。巻末には五男による〈親子関係〉の回想文を収録。〈解説〉青木 理

2024.5

S328
人は愛するに足り、真心は信ずるに足る
―アフガンとの約束―
中村 哲
澤地久枝(聞き手)

戦乱と劣悪な自然環境に苦しむアフガンで、人々の命を救うべく身命を賭して活動を続けた故・中村哲医師が熱い思いを語った貴重な記録。

S329
負け組のメディア史
―天下無敵 野依秀市伝―
佐藤卓己

明治末期から戦後にかけて「言論界の暴れん坊」の異名をとった男、野依秀市。忘れられた桁外れの鬼才に着目したメディア史を描く。〈解説〉平山 昇

S330
ヨーロッパ・コーリング・リターンズ
―社会・政治時評クロニクル2014-2021―
ブレイディみかこ

人か資本か。優先順位を間違えた政治は希望を奪い貧困と分断を拡大させる。地べたから英国を読み解き日本を照らす、最新時評集。

S331
増補版 悪役レスラーは笑う
―「卑劣なジャップ」グレート東郷―
森 達也

第二次大戦後の米国プロレス界で「卑劣な日本人」を演じ、巨万の富を築いた伝説の悪役レスラーがいた。謎に満ちた男の素顔に迫る。

S332
戦争と罪責
野田正彰

旧兵士たちの内面を精神病理学者が丹念に聞き取る。罪の意識を抑圧する文化において豊かな感情を取り戻す道を探る。

2024.5

岩波現代文庫［社会］

S333
孤塁
―双葉郡消防士たちの3・11―
吉田千亜

原発が暴走するなか、住民救助や避難誘導、原発構内での活動にもあたった双葉消防本部の消防士たち。その苦闘を初めてすくいあげた迫力作。新たに「『孤塁』その後」を加筆。

S334
ウクライナ 通貨誕生
―独立の命運を賭けた闘い―
西谷公明

自国通貨創造の現場に身を置いた日本人エコノミストによるゼロからの国づくりの記録。二〇一四年、二〇二二年の追記を収録。〈解説〉佐藤 優

S335
「科学にすがるな！」
―宇宙と死をめぐる特別授業―
佐藤文隆
艸場よしみ

「死とは何かの答えを宇宙に求めるな」と科学論に基づいて答える科学者 vs. 死の意味を問い続ける女性。3・11をはさんだ激闘の記録。〈解説〉サンキュータツオ

S336
増補 **空疎な小皇帝**
「石原慎太郎」という問題
斎藤貴男

差別的な言動でポピュリズムや排外主義を煽りながら、東京都知事として君臨した石原慎太郎。現代に引き継がれる「負の遺産」を、いま改めて問う。新取材を加え大幅に増補。

S337
鳥肉以上、鳥学未満。
―Human Chicken Interface―
川上和人

ボンジリってお尻じゃないの？ 鳥の首はろくろ首!? トリビアもネタも満載。キッチンから始まる、とびっきりのサイエンス。〈解説〉枝元なほみ

岩波現代文庫［社会］

S338-339
あしなが運動と玉井義臣（上・下）
―歴史社会学からの考察―
副田義也

日本有数のボランティア運動の軌跡を描き出し、そのリーダー、玉井義臣の活動の意義を歴史社会学的に考察。〈解説〉苅谷剛彦

S340
大地の動きをさぐる
杉村新

地球の大きな営みに迫ろうとする思考の道筋と、仲間とのつながりがからみあい、研究は深まり広がっていく。プレートテクトニクス成立前夜の金字塔的名著。〈解説〉斎藤靖二

S341
歌うカタツムリ
―進化とらせんの物語―
千葉聡

実はカタツムリは、進化研究の華だった。行きつ戻りつしながら前進する研究の営みと、カタツムリの進化を重ねた壮大な歴史絵巻。〈解説〉河田雅圭

S342
戦慄の記録 インパール
NHKスペシャル取材班

三万人もの死者を出した作戦は、どのように立案・遂行されたのか。牟田口司令官の肉声や兵士の証言から全貌に迫る。〈解説〉大木毅

S343
大災害の時代
―三大震災から考える―
五百旗頭真

阪神・淡路大震災、東日本大震災、熊本地震に被災者として関わり、東日本大震災の復興構想会議議長を務めた政治学者による報告書。〈緒言〉山崎正和

2024. 5

S344-345
ショック・ドクトリン（上・下）
―惨事便乗型資本主義の正体を暴く―
ナオミ・クライン
幾島幸子
村上由見子 訳

戦争、自然災害、政変などの惨事につけこみ多くの国で断行された過激な経済改革の正体を鋭い筆致で暴き出す。〈解説〉中山智香子

S346
増補 教育再生の条件
経済学的考察
神野直彦

日本の教育の危機は、学校の危機だけではなく、社会全体の危機でもある。工業社会から知識社会への転換点にある今、真に必要な教育改革を実現する道を示す。〈解説〉佐藤 学

S347
秘密解除 ロッキード事件
―田中角栄はなぜアメリカに嫌われたのか―
奥山俊宏

田中角栄逮捕の真相は？ 中曽根康弘と米政府との知られざる秘密とは？ 秘密指定解除が進む当時の米国公文書を解読し、戦後最大の疑獄事件の謎に挑む。〈解説〉真山 仁

2024. 5